一冊 に 凝縮

いちばんやさしい
ワード&エクセル
超入門

早田絵里・大石賢治

JN112053

SB Creative

本書に関するお問い合わせ

この度は小社書籍をご購入いただき誠にありがとうございます。小社では本書の内容に関するご質問を受け付けております。本書を読み進めていただきます中でご不明な箇所がございましたらお問い合わせください。なお、ご質問の前に小社Webサイトで「正誤表」をご確認ください。最新の正誤情報を下記Webページに掲載しております。

| 本書サポートページ | https://isbn2.sbcr.jp/08958/ |  |

上記ページのサポート情報にある「正誤情報」のリンクをクリックしてください。
なお、正誤情報がない場合、リンクは用意されていません。

ご質問送付先
ご質問については下記のいずれかの方法をご利用ください。

Webページより
上記サポートページ内にある「お問い合わせ」をクリックしていただき、ページ内の「書籍の内容について」をクリックすると、メールフォームが開きます。要綱に従ってご質問をご記入の上、送信してください。

郵送
郵送の場合は下記までお願いいたします。
　〒106-0032
　東京都港区六本木2-4-5
　SBクリエイティブ 読者サポート係

はじめに

仕事で事務作業をする際、必ずといってよいほど利用するのが、ワードとエクセルです。「ワードとエクセルを使わずに仕事をしている会社はないのではないか」というほど、この2つのアプリケーションは使われています。

ワードとエクセルは、社内だけで回覧するようなちょっとした文書や経費精算の表計算といった身近なものから、ビジネスの最前線で使われる分析レポートや見積書、請求書、営業成績報告書など、ありとあらゆる幅広いシーンで使われています。

本書は、
「仕事などで必要だけど、使い方がよくわからない……」

といったワードとエクセルの超初心者に向けた1冊です。本書を読めば、自信を持ってワードとエクセルの基本操作が行えるようになります。紙面はすっきり理解できるよう読みやすいデザインを採用し、また、操作の解説は重要な部分のみを簡潔に伝えるようにしました。文字の入力方法から、文書や表計算の作成、編集、保存、プリンターでの印刷まで、一通りが行えるようになります。各ステップを1つずつ学習してもよいですし、わからないところだけを読むのもよいでしょう。付録の練習用ファイルも存分に使ってください。

読者のみなさまがワードとエクセルを快適に使えるようになれば幸いです。

2021年3月
大石 賢治

本書の使い方

本書は、これからワード＆エクセルをはじめる方の入門書です。
56のレッスンを順番に行っていくことで、ワード＆エクセルの基本がしっかり身につくように構成されています。

紙面の見方

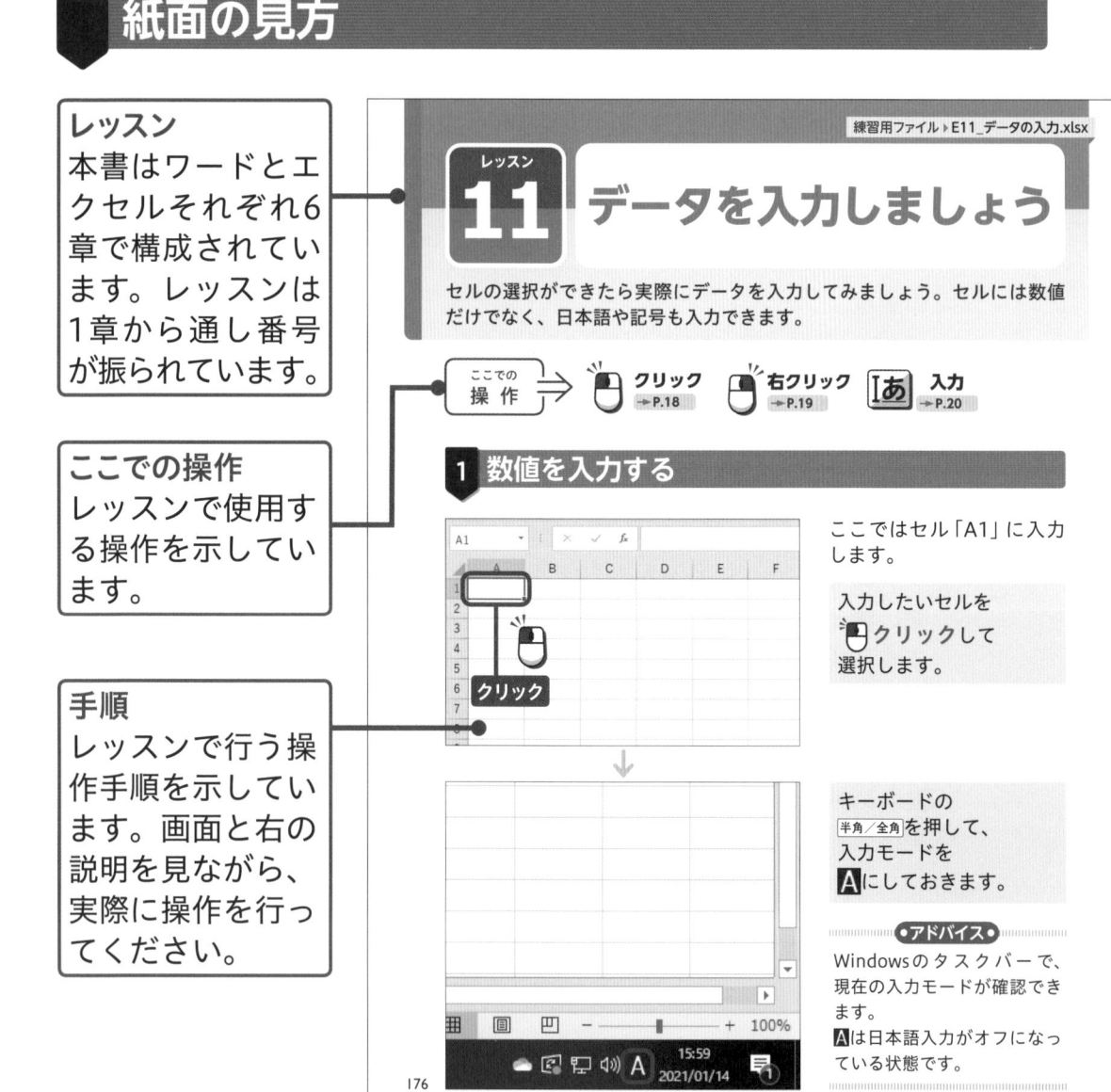

レッスン
本書はワードとエクセルそれぞれ6章で構成されています。レッスンは1章から通し番号が振られています。

ここでの操作
レッスンで使用する操作を示しています。

手順
レッスンで行う操作手順を示しています。画面と右の説明を見ながら、実際に操作を行ってください。

練習用ファイル ▶ E11_データの入力.xlsx

レッスン 11 データを入力しましょう

セルの選択ができたら実際にデータを入力してみましょう。セルには数値だけでなく、日本語や記号も入力できます。

ここでの操作 ⇒ クリック →P.18　右クリック →P.19　入力 →P.20

1 数値を入力する

ここではセル「A1」に入力します。

入力したいセルをクリックして選択します。

クリック

キーボードの半角/全角を押して、入力モードをＡにしておきます。

●アドバイス●
Windowsのタスクバーで、現在の入力モードが確認できます。
Ａは日本語入力がオフになっている状態です。

176

15:59
2021/01/14

読みやすい！	書籍全体にわたって、読みやすい、太く、大きな文字を使っています。
安心！	1つひとつの手順を全部掲載。初心者がつまずきがちな落とし穴も丁寧にフォローしています。
役立つ！	多くの人がやりたいことを徹底的に研究して、仕事に役立つ内容に仕上げています。

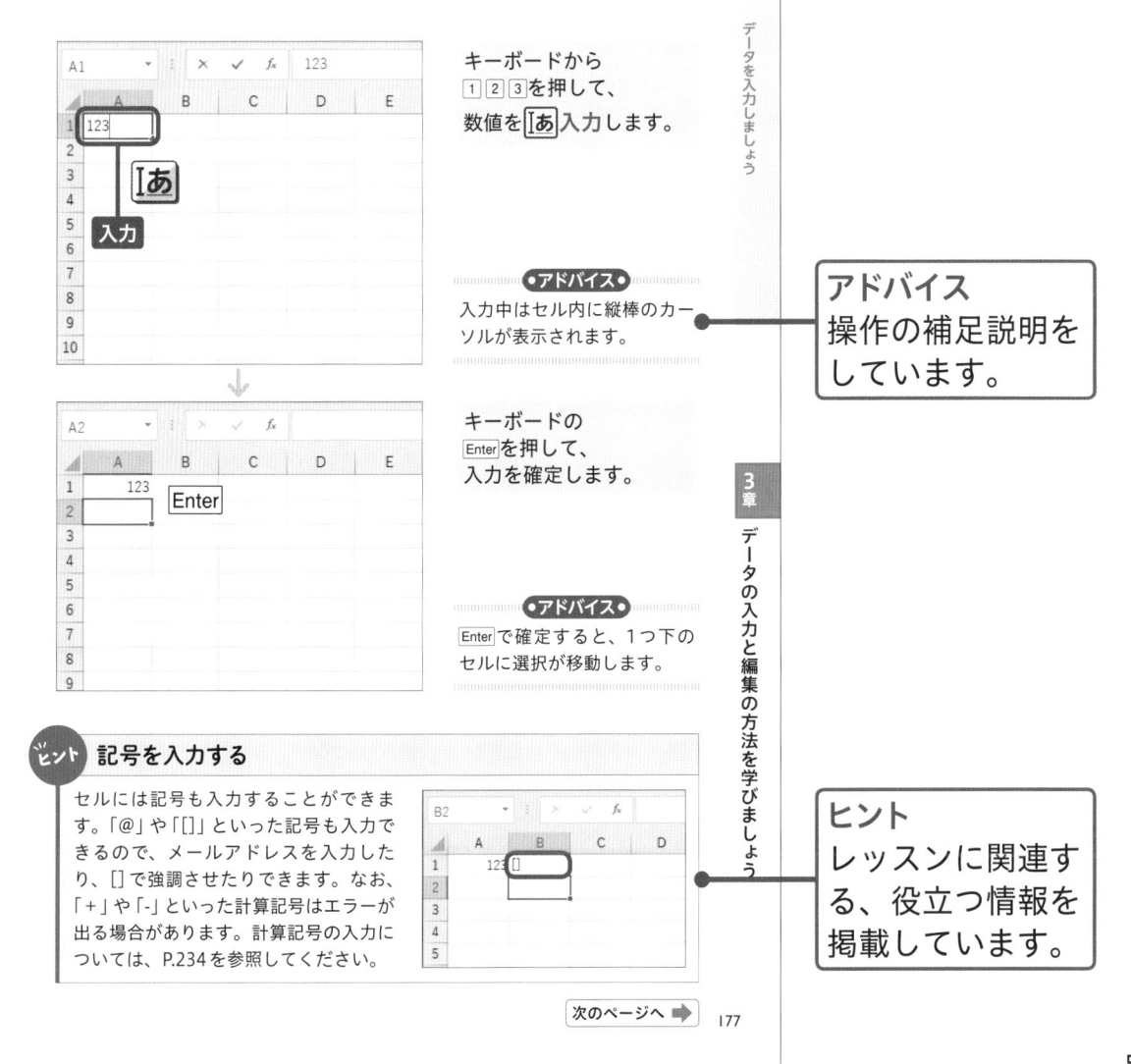

キーボードから
1 2 3 を押して、
数値を [あ] 入力します。

●アドバイス●
入力中はセル内に縦棒のカーソルが表示されます。

アドバイス
操作の補足説明をしています。

キーボードの
Enter を押して、
入力を確定します。

3章
データの入力と編集の方法を学びましょう

●アドバイス●
Enter で確定すると、1つ下のセルに選択が移動します。

ヒント 記号を入力する

セルには記号も入力することができます。「@」や「[]」といった記号も入力できるので、メールアドレスを入力したり、[]で強調させたりできます。なお、「+」や「-」といった計算記号はエラーが出る場合があります。計算記号の入力については、P.234を参照してください。

ヒント
レッスンに関連する、役立つ情報を掲載しています。

次のページへ ➡ 177

5

練習用ファイルの使い方

学習を進める前に、本書の各レッスンで使用する練習用ファイルをダウンロードしてください。以下のWebページからダウンロードできます。

練習用ファイルのダウンロード

https://www.sbcr.jp/support/4815607389/

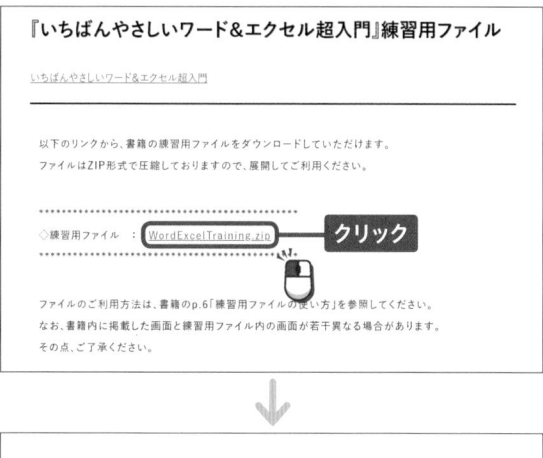

ここでは、Microsoft Edgeを使ったダウンロード方法を紹介します。

❶上記のURLを入力してWebページを開いて、「WordExcelTraining.zip」をクリックしてダウンロードします。

※ Microsoft Edgeのバージョンによっては「保存」をクリックしてダウンロードを行ってください。

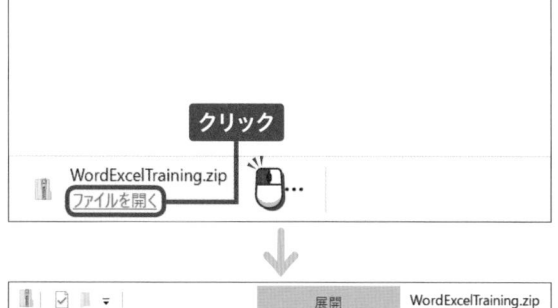

❷「ファイルを開く」をクリックします。

※ Microsoft Edgeのバージョンによっては「フォルダーを開く」をクリックして、「ダウンロード」フォルダーで「WordExcelTraining.zip」をダブルクリックしてください。

❸ZIPファイルの内容が表示されたら、「WordExcelTraining」フォルダーをデスクトップなどの好きな場所に、ドラッグしてコピーしてください。

以降はコピーしたファイルをワードやエクセルで開いて使用します。

練習用ファイルの内容

練習用ファイルの内容は下図のようになっています。ファイルの先頭の数字がレッスン番号を表します。なお、レッスンによっては練習用ファイルがない場合もあります。

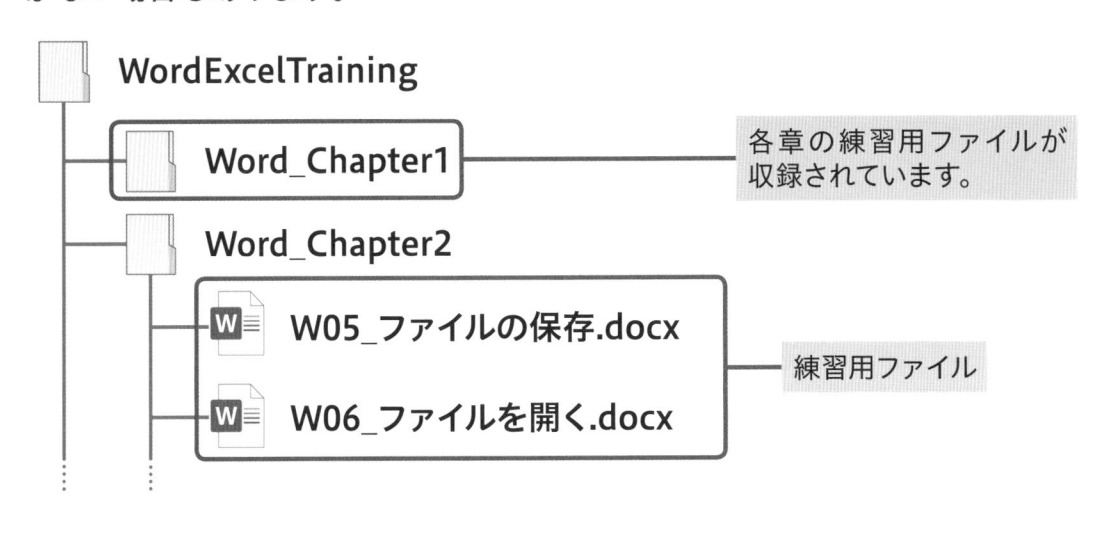

各章の練習用ファイルが収録されています。

練習用ファイル

使用時の注意点

練習用ファイルを開こうとすると、画面の上部に警告が表示されます。これはインターネットからダウンロードしたファイルには危険なプログラムが含まれている可能性があるためです。本書の練習用ファイルは問題ありませんので、「編集を有効にする」をクリックして、各レッスンの操作を行ってください。

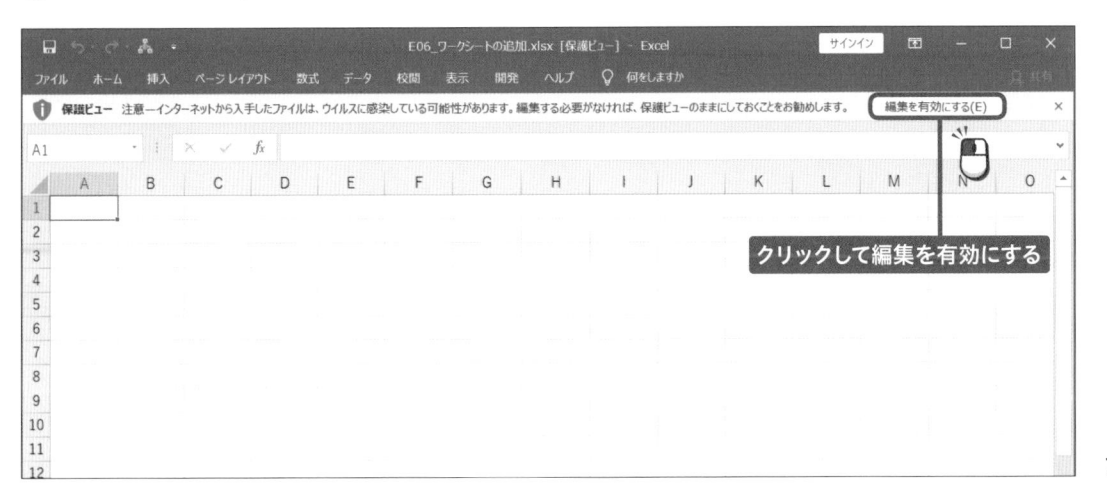

目次

目次

3章 文書の作成と編集の方法を学びましょう

4章 文書のデザインを行いましょう

5章 文書に表や写真を挿入しましょう

6章 文書の印刷を行いましょう

3章 データの入力と編集の方法を学びましょう

4章 表の作り方を学びましょう

1 マウス操作の基本を覚えましょう

ワード＆エクセルの操作では、マウスを使用する場面が多くあります。ここで、マウス操作の基本を身につけましょう。

1 クリック

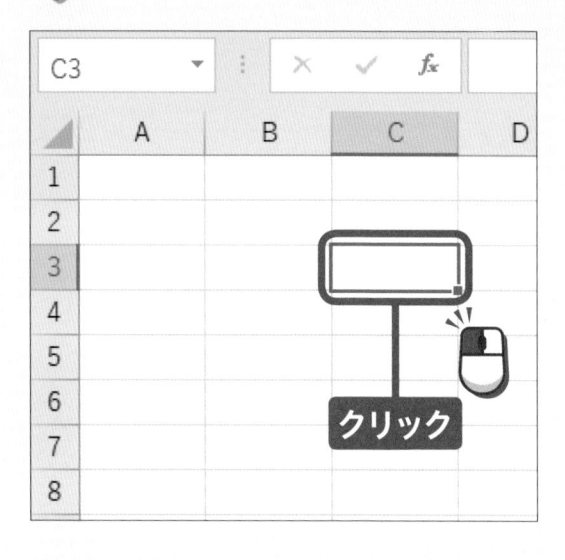

マウスの左側のボタンを「カチ」と押す操作です。メニューやボタンによる操作の際や、ワードで文書内にマウスカーソルを置くとき、エクセルでセルを選択するときなどに使用します。マウス操作の中で、いちばん使う機会が多い操作です。

2 ダブルクリック

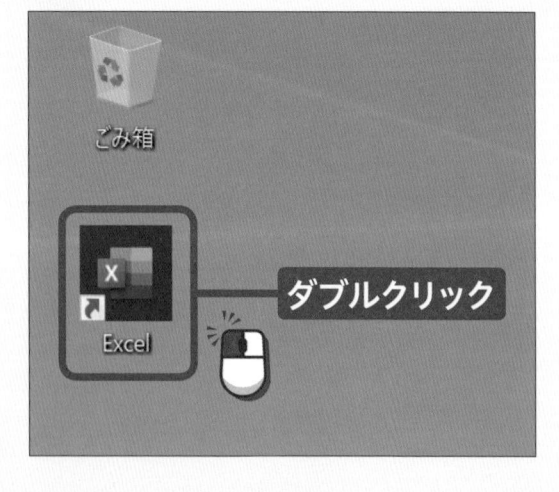

マウスの左側のボタンを「カチカチ」と素早く2回続けてクリックする操作です。デスクトップ画面のアイコンからワードやエクセルを起動するときや、エクセルのセルに入力されたデータを編集するときなどに使用します。

3 ドラッグ（＆ドロップ）

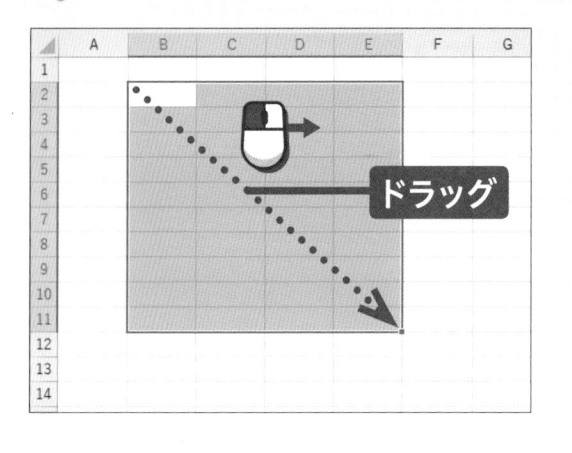

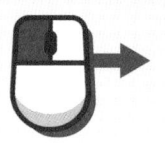

マウスの左側のボタンを押したまま、マウスを移動させる操作です。移動させた先で指を離す操作を「ドロップ」といいます。ワードで文字を選択するときや、エクセルで複数のセルを選択するときなどに使用します。

4 右クリック

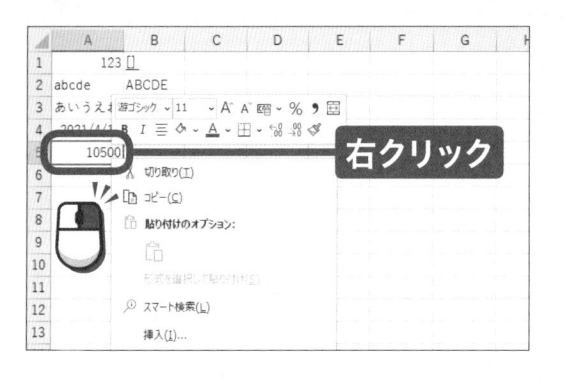

マウスの右側のボタンを「カチ」と押す操作です。ワードの編集領域内やエクセルのワークシート上で行うと、操作メニューが表示されます。

5 ホイール

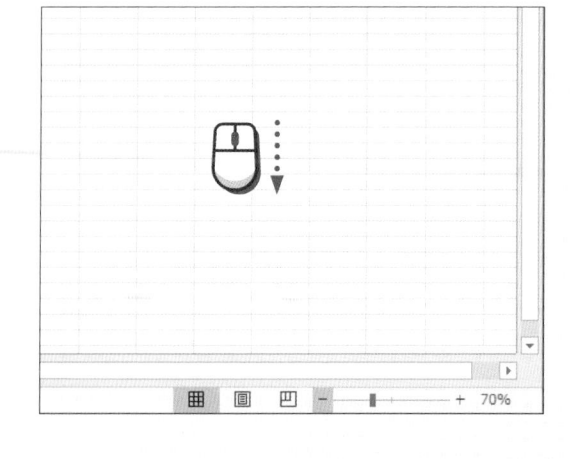

マウス中央にある回転する部分を「ホイール」といいます。これを上下に回転することで、画面を上下にスクロールすることができます。また、キーボードのCtrlと組み合わせて画面の拡大・縮小をすることもできます。

キーボード操作の基本を覚えましょう

ワード＆エクセルでは、文字や数値などをキーボードから入力してデータを作成します。ここで、キーボード操作の基本を身につけましょう。

1 キーボードの基本

ここではキーボードの基礎について解説します。なお、入力については3章でも詳しく解説をしています。

デスクトップパソコンのキーボード

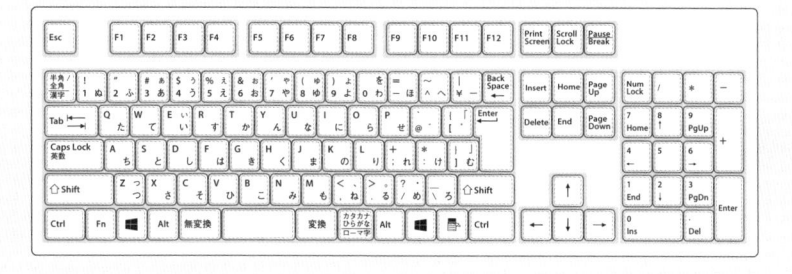

通常のキーボードの配列です。アルファベットとひらがなの記入されているキーで日本語を、数字の記入されているキーで数値を入力します。また、数値は右側にある電卓のようなキーでも入力することができます。

ノートパソコンのキーボード

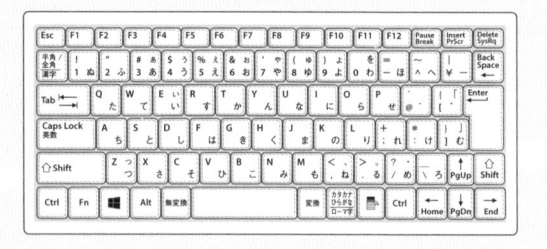

ノートパソコンのキーボードの配列です。デスクトップパソコンのキーボードとは違い、右側の電卓のようなキーがなくなっています。最上部のファンクションキーの幅が隙間なく配列されているのも特徴です。

2 数値の入力

数値の入力は、数字が記入されているキーを押して行います。

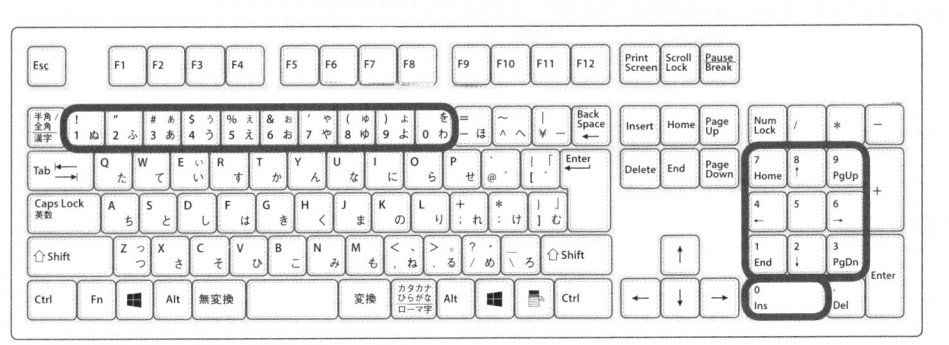

たとえば、1のキーを押すと、パソコン上で数字の「1」が入力されます。

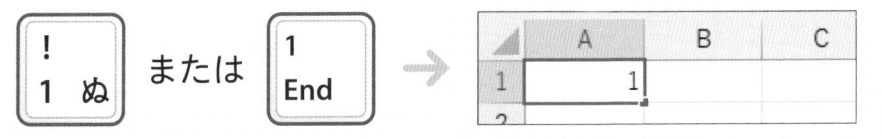

3 アルファベットの入力

アルファベットの入力は、アルファベットが記入されているキーを押して行います。

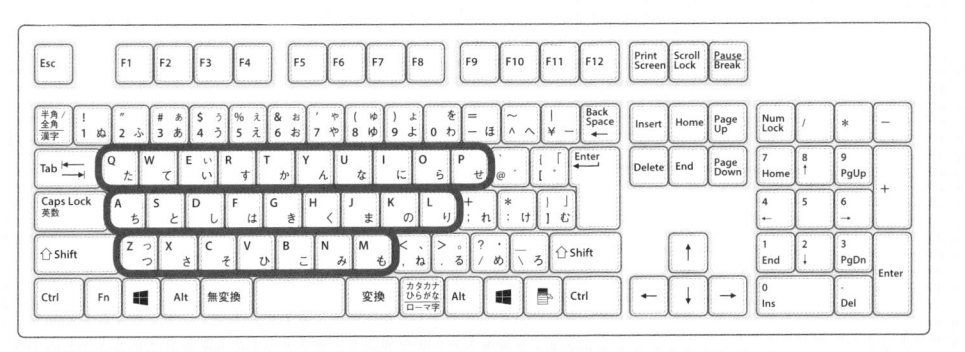

たとえば、Tのキーを押すと、パソコン上でアルファベットの「t」が入力されます（初期設定では小文字が入力されます）。

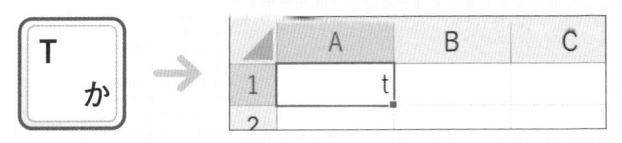

4 日本語の入力

日本語の入力は、アルファベットが記入されているキーを押して行います（ローマ字で入力の場合）。なお、「ひらがな」を使った入力については P.70 を参照してください。

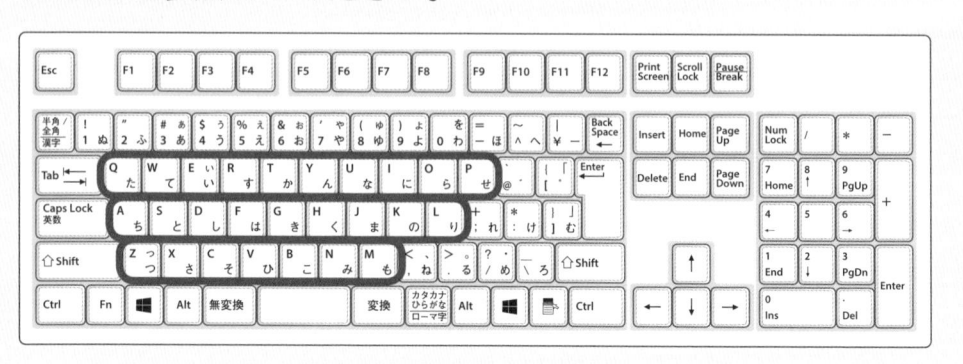

たとえば、Kのキーを押してAのキーを押すと、パソコン上でひらがなの「か」が入力されます。

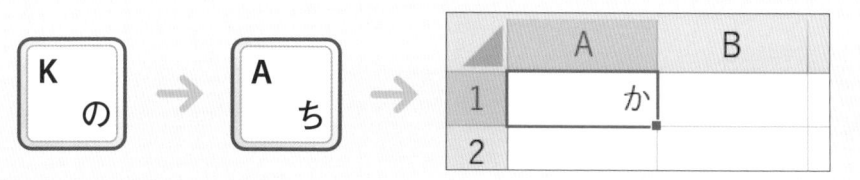

ローマ字の母音

A	I	U	E	O
あ	い	う	え	お

ローマ字の子音

K	S	T	N	H
か行	さ行	た行	な行	は行

M	Y	R	W
ま行	や行	ら行	わ行

また小さい「ゃ」「ゅ」「ょ」を入力したい場合は、まず子音のキーを入力してから「Y」を入力して、その後に母音を入力します。たとえば T の キーを押して Y のキーを押し、A のキーを押すと、「ちゃ」が入力されます。

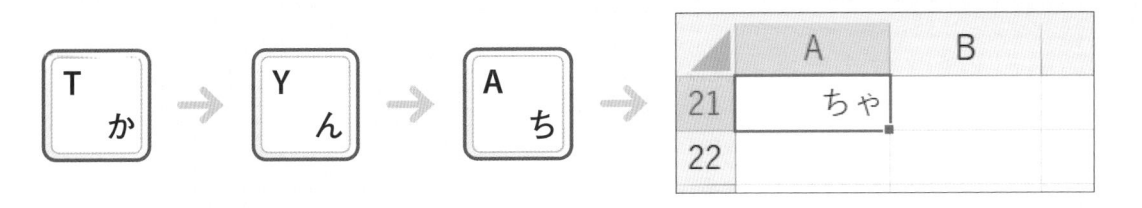

さらに小さい「っ」を入力したい場合は、子音のキーを2回入力してからその後に母音を入力します。たとえば S のキーを2回押して I のキーを押すと、「っし」が入力されます。

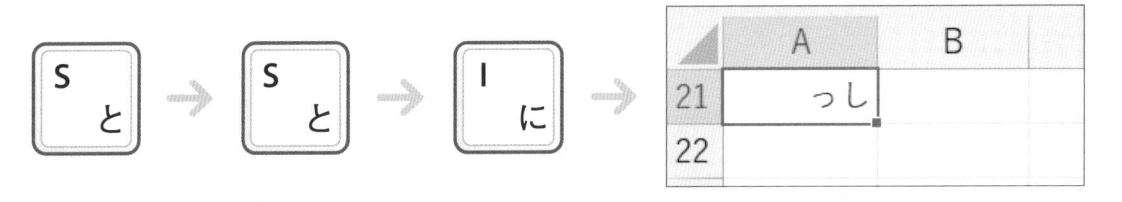

入力した日本語を漢字に変換したい場合は、変換または Space キーを押しましょう。変換候補が表示されます（P.72参照）。入力を確定したい場合は Enter キーを押しましょう。

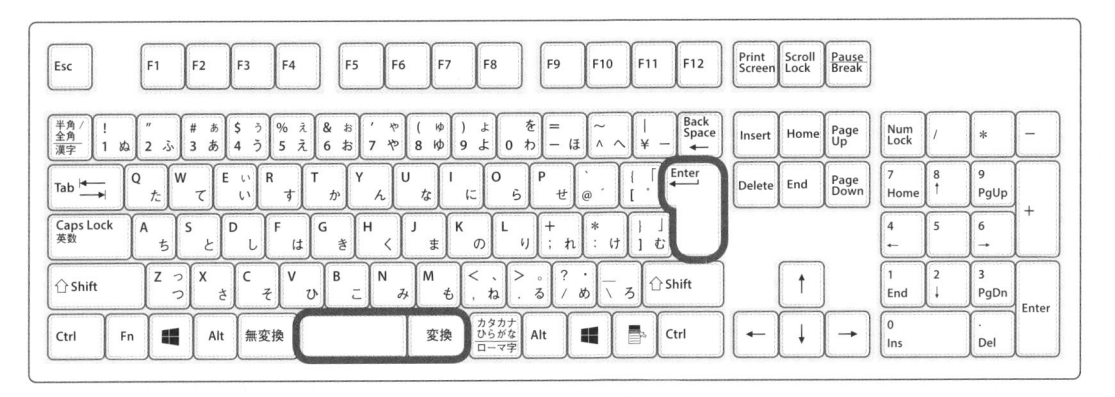

入力モードの切り替えやローマ字入力とかな入力の切り替え、全角と半角の切り替えについては、ワード編の3章で詳しく解説をしています。

ワード＆エクセルの種類と導入

ワード＆エクセルを導入するには、パッケージ版のOfficeを購入するか、Microsoftのサブスクリプションに契約する必要があります。

1 パッケージ版（Office 2019）

家電量販店やインターネットの通販サイトで購入ができるパッケージ版からは、「ワード2019」「エクセル2019」をインストールすることができます（本書ではこの2019版で解説しています）。パッケージ版は一度買えば永久に使い続けることができます。
購入後はパッケージに記載されている方法でパソコンにインストールしてから、ライセンス認証を行います。

2 サブスクリプション版（Microsoft 365）

Microsoftの公式ホームページから契約することのできるサブスクリプション版からは、「Microsoft 365」をインストールすることができます（この中にワードやエクセルが含まれています）。サブスクリプションとは、月額もしくは年額を支払うことで、そのアプリやサービスを利用できる定額制のサービスです。契約を解除するとそのアプリやサービスを使うことができなくなります。
契約後は画面の指示に従ってパソコンにMicrosoft 365をインストールします。

3 Microsoftアカウントにサインインする

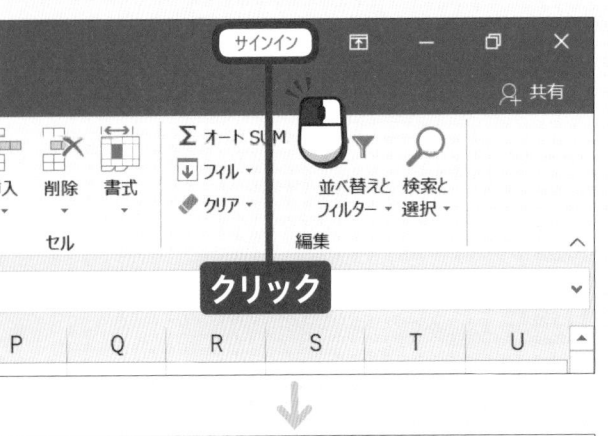

ワードやエクセルなどのパッケージ版 (Office 2019) は、Microsoftアカウントにサインインしないでも利用できます。しかし、サインインすることで、ストレージサービス「OneDrive」にファイルが簡単に保存できるなどのメリットがあります。サインインは、ワードの文書作成画面、エクセルの表計算画面ともに、右上にある「サインイン」をクリックして行います。

ヒント **ファイルをOneDriveに保存する**

OneDriveとは、Microsoftが提供するクラウドストレージサービスです。Microsoftアカウントがあれば無料で利用できます。OneDrive (クラウド) 上にファイルを保存しておけば、そのファイルを複数人での共有できたり、いろいろなデバイスでファイルを開いて閲覧、編集を行ったりすることができるようになります。

ワード＆エクセルの起動と終了の方法を覚えましょう

まずは起動・終了する方法を覚えましょう。ここでは、エクセルを例に起動と終了の方法を解説しますが、ワードも同様の手順で行えます。

ここでの **操 作** ⇒ クリック →P.18　入力 →P.20

1 スタート画面から起動する

パソコンを起動してデスクトップ画面を表示します。

デスクトップ画面の
左下にある 田 を
クリックします。

クリック

ここに入力して検索

クリック

E START アップデート

E START アプリ

ebi.BookReader4

X Excel

F

FileZilla FTP Client

Microsoft Store

天気

アプリケーションの
一覧から X Excel を
クリックします。

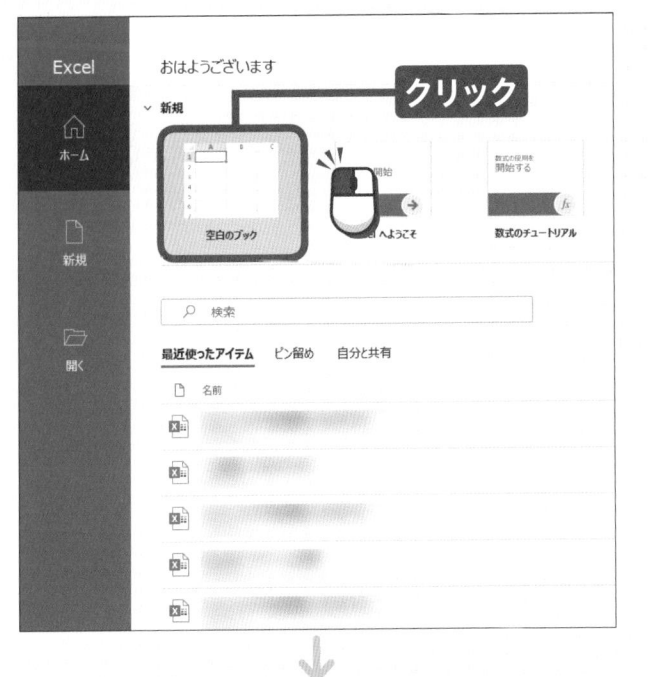

エクセルが起動して、ホーム画面が表示されます。

 を
クリックします。

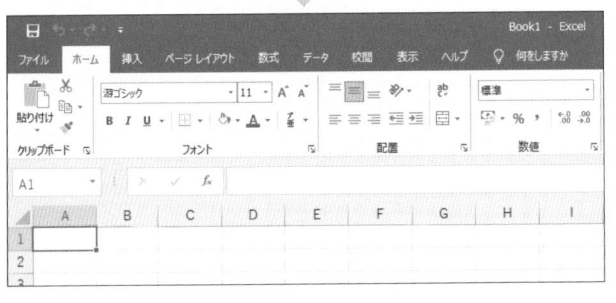

表計算画面が表示されます。

ヒント ## Microsoft アカウントの作成方法

Microsoftアカウントは、インターネットブラウザーでMicrosoftのWebサイト「https://account.microsoft.com/account」にアクセスし、「Microsoftアカウントを作成」をクリックして作成することができます。アカウントはメールアドレスがなくても無料で作成することができます。

■ Microsoft ｜ アカウント ヘルプ

1つのアカウントで Microsoft のすべてを提供

1つのアカウント。1つの場所ですべてを管理。アカウントダッシュボードへようこそ。

サインイン ＞ 　Microsoft アカウントを作成 ＞

2 パソコン内を検索して起動する

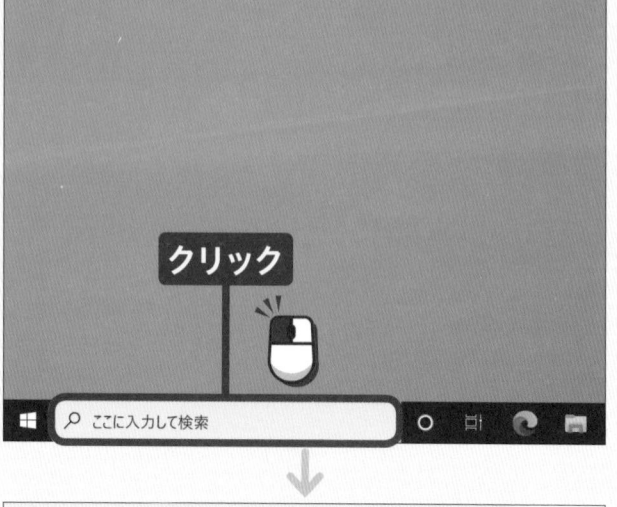

パソコンを起動してデスク
トップ画面を表示します。

デスクトップ画面の
左下にある
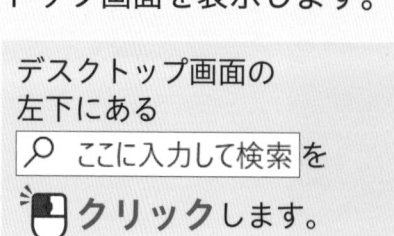 をクリックします。

入力ができる状態に
なるので、「エクセル」と
[あ]入力して、
キーボードの Enter を
押します。

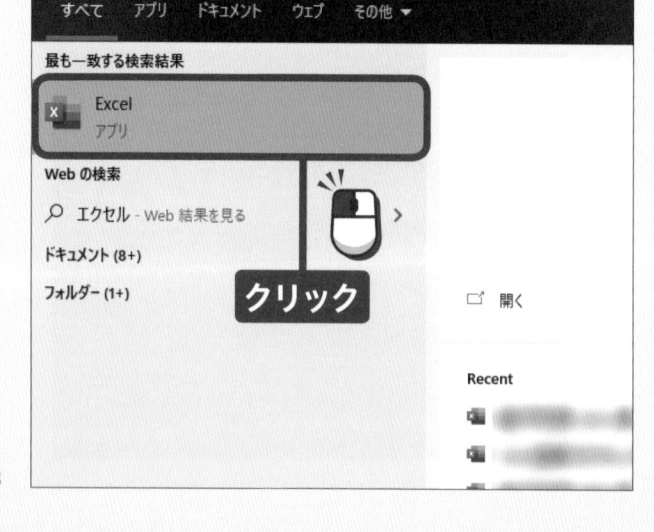

検索された一覧から
Excel アプリ を クリック
します。

エクセルが起動してホーム
画面が表示されるので、
空白のブック を選択します。

3 エクセルを終了する

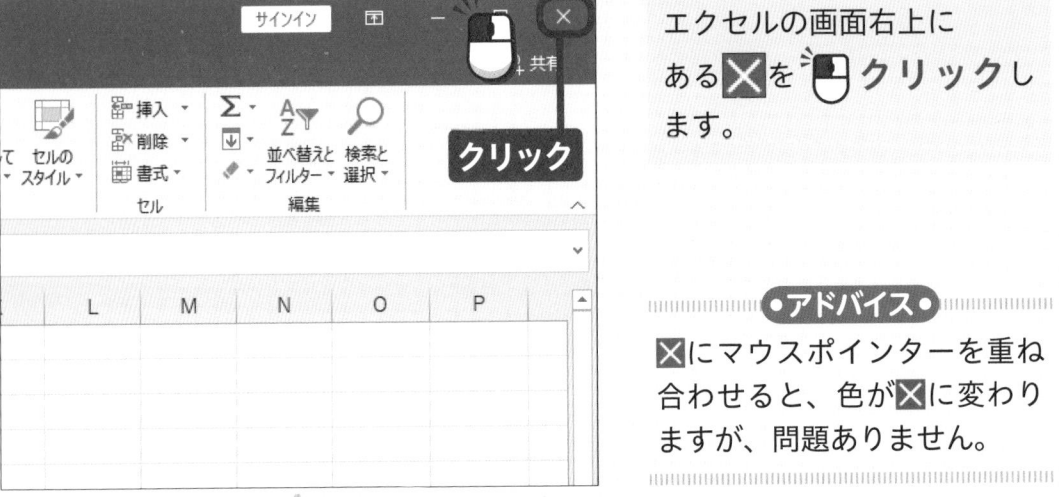

エクセルの画面右上に
ある⊠を🖱クリックし
ます。

●アドバイス●

⊠にマウスポインターを重ね
合わせると、色が⊠に変わり
ますが、問題ありません。

エクセルが終了します。

ヒント 「変更内容を保存します」と表示された場合

終了する際に、「’〇〇’の変更内容を保
存します」と表示される場合がありま
す。
これは、文書作成画面や表計算画面に何
か入力や変更、編集などを行った際に、
保存せずに終了しようとすると表示され
ます。
表示された場合は、「保存」または「保存
しない」のどちらかを選択しましょう。

Microsoft Excel ✕

⚠ ’売上計算.xlsx’ の変更内容を保存しますか?

保存(S)　保存しない(N)　キャンセル

ご購入・ご利用の前に必ずお読みください

● 本書では、2021年3月現在の情報に基づき、ワード＆エクセルについての解説を行っています。

● 画面および操作手順の説明には、以下の環境を利用しています。ワード＆エクセルのバージョンによっては異なる部分があります。あらかじめご了承ください。
　・エクセル：Office 2019
　・パソコン：Windows 10

● 本書の発行後、ワード＆エクセルがアップデートされた際に、一部の機能や画面、操作手順が変更になる可能性があります。あらかじめご了承ください。

ワード

1章

ワードの基本を
学びましょう

レッスンをはじめる前に

ワードって何？

ワードは、パソコンで文書を作成するときに最も使われているワープロアプリケーションです。ひらがなやカタカナ、漢字、英字や数字、記号などの文字を入力して、文書を作成することができます。

作成した文書は、見出しの位置を変えたり、文字のサイズを変えたり、太字や斜体にしたりして、見やすくなるように調整することもできます。

本書では、ビジネス文書の作成を例に、ワードの使い方について解説をしていきます。

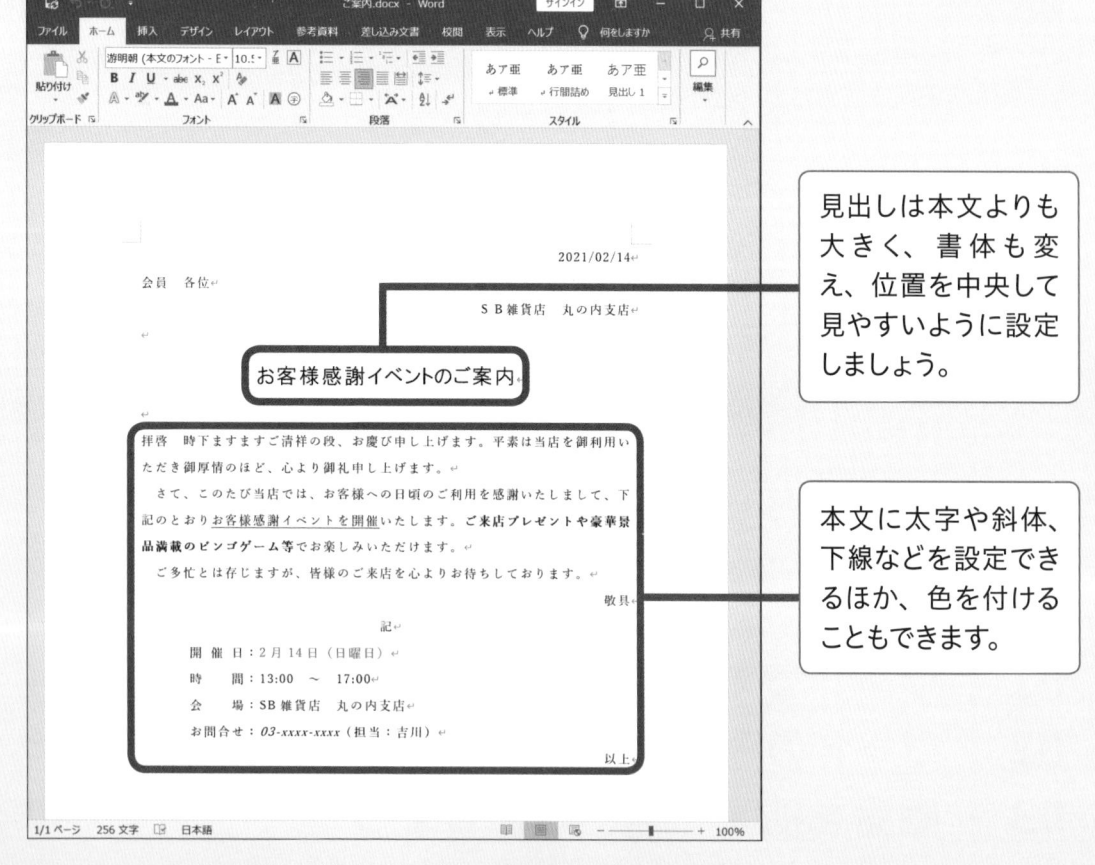

見出しは本文よりも大きく、書体も変え、位置を中央して見やすいように設定しましょう。

本文に太字や斜体、下線などを設定できるほか、色を付けることもできます。

どのようなものが作れる？

ワードでは、さまざまな文書を作成することができます。章や節、項の見出しを付けて構成し、長文となるレポートや論文から、1枚程度の簡単な社内文書や報告書なども作成できます。また、本書では紹介していませんが、お店のチラシやサークルの案内、名刺、はがきの文面や宛名の印刷などの作成も行えます。

▶ レポート

企画推進部
山崎悦夫

B社のインターネット販売促進 報告レポート

昨今、我が業界内において、インターネットでの販売促進活動が急速に進んでいる。特にB社のFacebookやTwitter、Instagramなどの主要SNSでの販売促進は、業界シェア向上、同社の躍進にも繋がっていると推測することができ、業界内で大きな注目を集めている。

そこで、2020年後期において、六本木マーケティングリサーチ株式会社と提携し、B社がどのようなインターネットマーケティングを行っているのか調査を行った。以下、簡略版を掲載する。

1、序論　業界各社のSNSマーケティングの現状

現在、業界内トップ4社すべてで主要SNSでのアカウント運用を行っているが、各社の運用体制やアカウントフォロワー数、投稿数などは大きくばらついている。

複数のページにわたる章、節、項で構成する長文のレポートや論文が作成できます。見出しの位置や大きさにメリハリを付け、読みやすい文書になるよう調整を行いましょう。

▶ ビジネス文書

1，2月分店別売上集計結果報告

	丸の内店	渋谷店	浅草店
マグカップ	154	201	97
クリアファイル	188	103	130
スマホケース	79	188	231
合計	421	492	458

2．考察

インフルエンサーによるスマホケース紹介が話題を呼び、全店舗共通して突出した売り上げを記録した。特に渋谷店では月別集計史上過去最高の販売個数を記録した。しかしその一方で丸の内店では客層の影響もあり、売り上げの伸び率はいまいちな結果となった。しかし

社内のお知らせや報告書など、ビジネスシーンで使うビジネス文書は、表や写真の挿入、文字の装飾を利用して作成します。

レッスン 01 ワードでできることを確認しましょう

まずはワードで何ができるかを簡単に確認しましょう。大きく分けると、文書の作成、編集、調整、印刷が行えます。

1 文書を作成、編集する（3章）

昨今、我が業界内において、インターネットでの販⟨
B 社の Facebook や Twitter、Instagram などの主要⟨
上、同社の躍進にも繋がっていると推測することが⟨
る。↵
そこで、2020 年後期において、六本木マーケティン⟨
どのようなインターネットマーケティングを行って⟨
を掲載する。↵
↵
1、序論　業界各社の SNS マーケティングの現状↵
↵
現在、業界内トップ 4 社すべてで主要 SNS でのアカ⟨

ひらがな、カタカナ、漢字、アルファベットなどの文字や数字を入力して、文書を作成することができます。

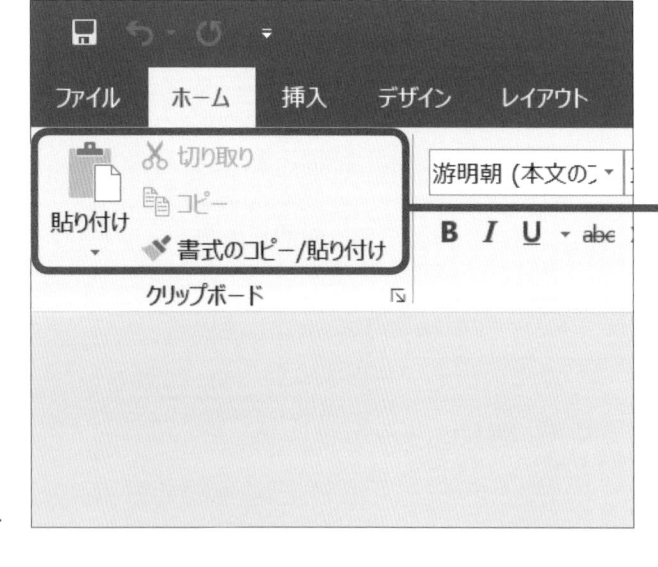

作成した文章は修正・削除したり、コピー・移動などを行って、編集することができます。

2 文書をデザインする（4章）

そこで今月は、スマートフォンの使い方の基本を学んでいきたい
講師は、テレビやラジオでスマートフォンの使い方講師の鈴木五.
（○○区在住でもあるのです！）

※本講座はiPhone、Androidどちらでも対応可能な内容となりま
お気軽にご参加ください！

●鈴木五郎先生プロフィール
1978 年生まれ。スマートフォンの使い方の先生としてテレビや.
籍も多数出版。わかりやすい教え方が好評。

・開催日：毎週金曜日 3 時より開催
・参加料：無料
・場所：地域センター中会議室 第 1 会議室（場所が変更になりま
・申し込み：2 枚目の申し込み書を受付の佐藤まで

文書を読みやすくするよう、文字の書式やサイズを変えたり、太字や斜体といった装飾を加えてデザインしたりすることができます。

▶ ふりがなを振る

（○○区在住でもあるのです！）

※本講座はiPhone、Androidどちら

お気軽にご参加ください！

▶ 取り消し線を引く

：毎週金曜日 3 時より開催

：無料

地域センター中会議室 第 1 会議室

み：2 枚目の申し込み書を受付の佐

▶ 見出し位置を調整する

2021 年 4 月 1 日
○○区地域センター

スマートフォン講座 初級編（全 5 回）

こんにちは。地域センターの佐藤です。
突然ですが、皆さんは、スマートフォンをお持ちでしょうか？
持ってはいるけど、いまいち使いこなせていない……。
そんな人も多いと思います。
そこで今月は、スマートフォンの使い方の基本を学んでいきたいと思います。
講師は、テレビやラジオでスマートフォンの使い方講師の鈴木五郎先生です。
（○○区在住でもあるのです！）

▶ 箇条書きを作成する

・開催日：毎週金曜日 3 時より開催
・参加料：無料
・場所：地域センター中会議室 第 1 会
・申し込み：2 枚目の申し込み書を受付

次のページへ ➡

35

2021 年 2 月 1 日

営業本部長

営業1課
加藤 裕二

1月度売上報告

1月度支店別商品別の売上状況を集計いたしました。
全支店と共通して、マグカップの売上が好調です。特に丸の内支店での売り上げが目覚ましく、販売促進の成果が見られます。その一方、ランチプレートの売上が他支店に比べて低く、今後の営業活動の課題となっています。

●商品別・支店別売上状況

	恵比寿	丸の内	高輪	合計
マグカップ	100,000	150,000	85,000	335,000
ランチプレート	80,000	38,000	55,000	173,000
しおり	75,000	90,000	70,000	235,000
合計	255,000	278,000	210,000	743,000

●売上グラフ

商品別売上グラフ
■ 恵比寿　　■ 丸の内
■ 高輪GW

	マグカップ	ランチプレート	しおり
恵比寿	100,000	80,000	75,000
丸の内	150,000	38,000	90,000
高輪	85,000	55,000	70,000

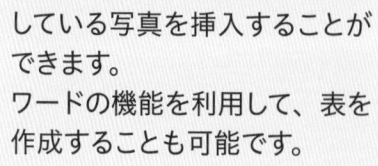

文書に、エクセルで作成した表やグラフ、パソコン内に保存している写真を挿入することができます。
ワードの機能を利用して、表を作成することも可能です。

名前	住所	電話	メール
田中太郎	静岡県静岡市123	111-111-1111	yamada@△△△.co.jp
鈴木貴志	熊本県熊本市456	222-222-2222	suzuki@△△△.co.jp
佐藤明	愛媛県松山市789	333-333-3333	akisato@△△△.co.jp
高橋浩志	長野県長野市890	444-444-4444	hirositaka@△△△.co.jp

● 表

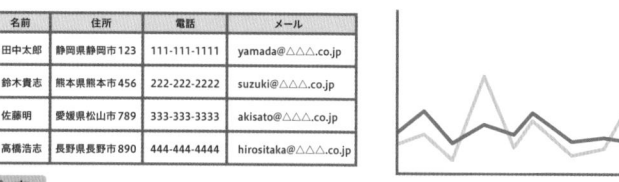

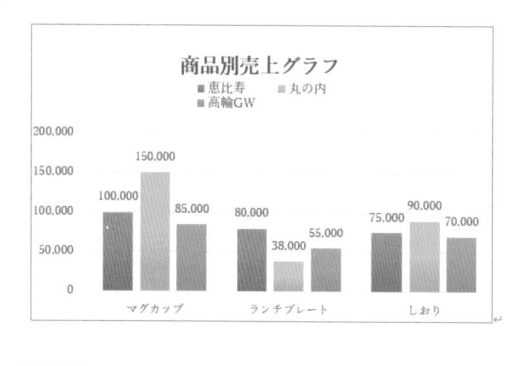

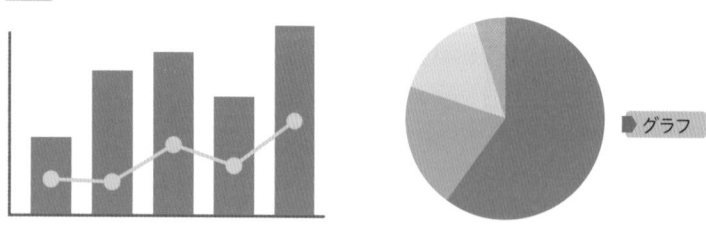

グラフ

写真

4 文書を印刷する（6章）

文書を作成したら、ワードから印刷を行いましょう。印刷範囲を限定したり、1枚の用紙に複数のページを印刷したりするなど、印刷に使える機能は多数あります。

紙に印刷する以外にも、PDF形式で書き出すこともできます。メールでデータを送るときなど、PDFデータにする頻度は多いでしょう。

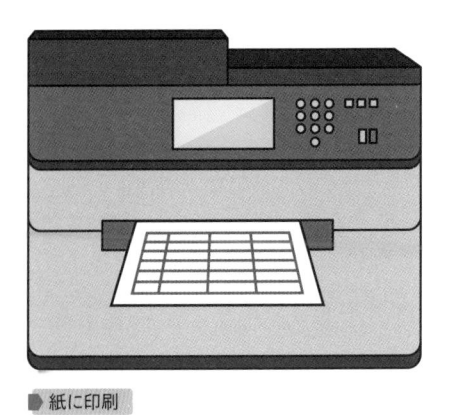

▶ 紙に印刷

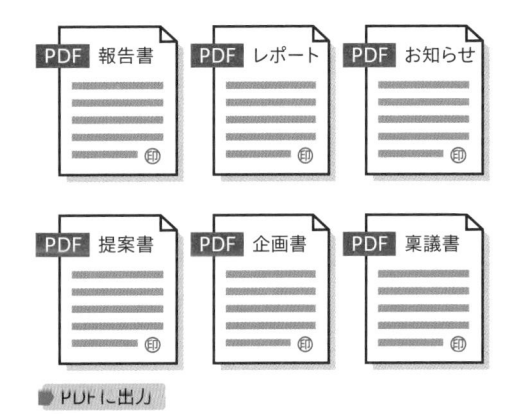

▶ PDFに出力

終わり ✔

02 ワードの画面の見方と 役割を知りましょう

ワードを起動したら、画面の見方を覚えましょう。ここでは、起動時の画面と実際の文書作成画面について解説します。

1 起動画面を確認する

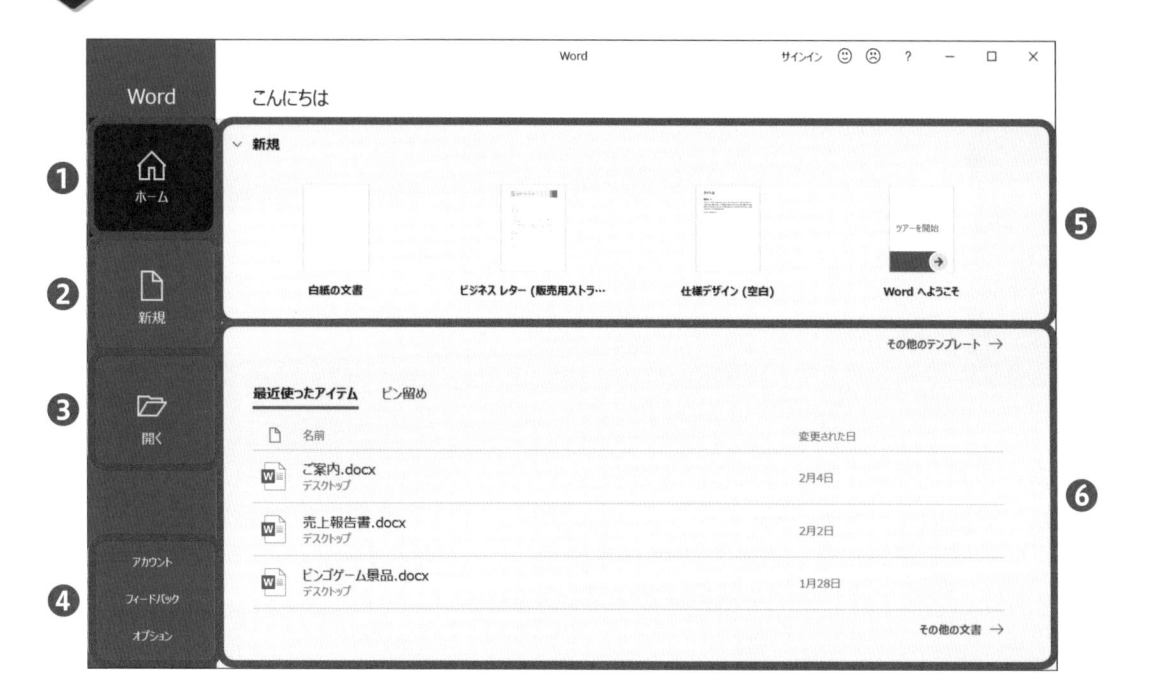

❶ホーム画面（起動画面）が表示されます。

❷新規にワードの文書作成画面を開くことができます。

❸過去に作成して保存したワードファイルを選択して開くことができます。

❹ワードのオプションやアカウント情報を開くことができます。

❺「新規」のショートカット画面です。ここに表示されているテンプレートによって文書作成画面を開くことができます。

❻最近開いたファイルなどが一覧で表示されます。

2 文書作成画面を確認する

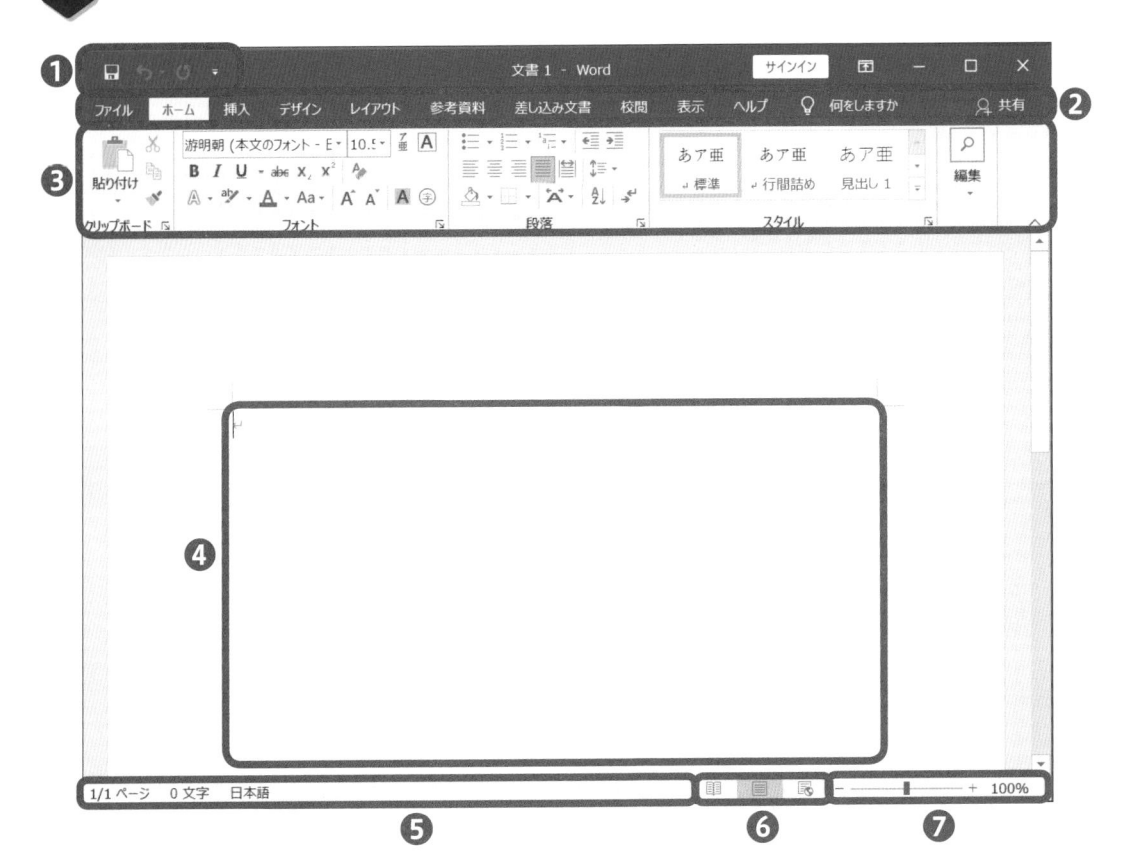

① 「クイックアクセルツールバー」です。初期設定では、「上書き保存」と「元に戻す」、「やり直し」のアイコンが表示されています。

② 「タブ」が表示されています。それぞれのタブをクリックするとことで、対応する「リボン」がその下に表示されます。

③ 「リボン」が表示されています。リボンに表示された項目を選択すると、対応する機能が実行されます。リボンは機能の種類ごとに「グループ」に分けられています。

④ 編集領域です。文字を入力するなど、文章を作成する領域になります。

⑤ 「ステータスバー」です。ページ数や文字数、言語など、文書の作成状態を確認できます。

⑥ 表示選択ショートカットが表示されています。ショートカットを選択すると、文書の表示モードを切り替えることができます。

⑦ 作成中の文書の表示を拡大・縮小することができます。

終わり ✔

画面を拡大・縮小しましょう

ワードの文書作成画面では、文書の全体を確認するために画面を縮小したり、一部分を確認するために拡大することができます。

1 画面を拡大・縮小する

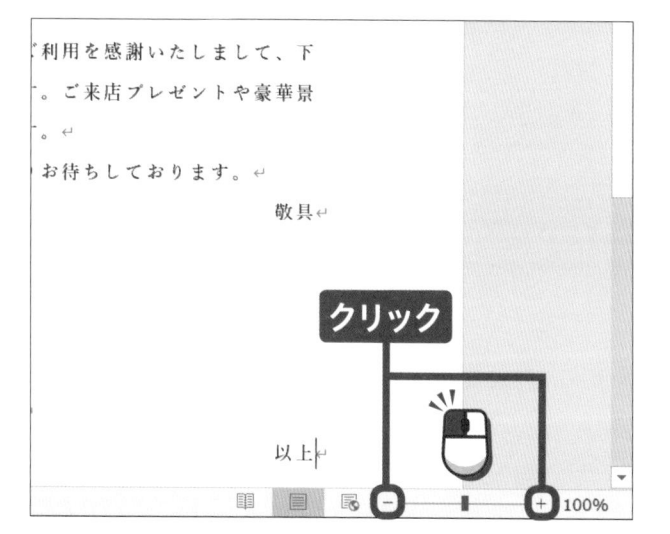

文書作成画面の右下の ✚ を 🖱 クリックすると画面が拡大し、➖ を 🖱 クリックすると画面が縮小します。

●アドバイス●

クリックした回数が多いほど画面の拡大率・縮小率が上がります。

ヒント そのほかの拡大・縮小方法

文書作成画面の右下の中央にある ▮ を左右にドラッグすることでも拡大・縮小が行えます。
また、キーボードの Ctrl を押しながら、マウスのホイールを上下に回すことでも拡大・縮小が行えます。上に回すことで拡大、下に回すことで縮小となります。

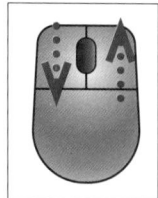

終わり ✔

ワード

2章

ファイルの作成と保存の
方法を学びましょう

レッスンをはじめる前に

ファイルを作成し、保存しましょう

ワードで文書を入力するために、まずは最初にファイルを新規で作成しましょう。新規で作成したファイルは何も入力がされていない、白紙の状態で表示されます。ここから自分の入力したい文字を入力し、文書を作成していきます。

データを入力して作成した文書のファイルは保存をしておかないと、次にファイルを開いたときにもう一度データを入力し直さないといけません。データを保存しておけば、入力が途中になってしまっても続きから再開することができたり、保存したデータをほかの人に渡して確認してもらったりすることができます。保存する際は、自分がわかるように名前を付けて保存しましょう。ほかの人に渡すデータには、相手にもわかるような名前を付けるとよいでしょう。編集を更新する「上書き保存」もできます。

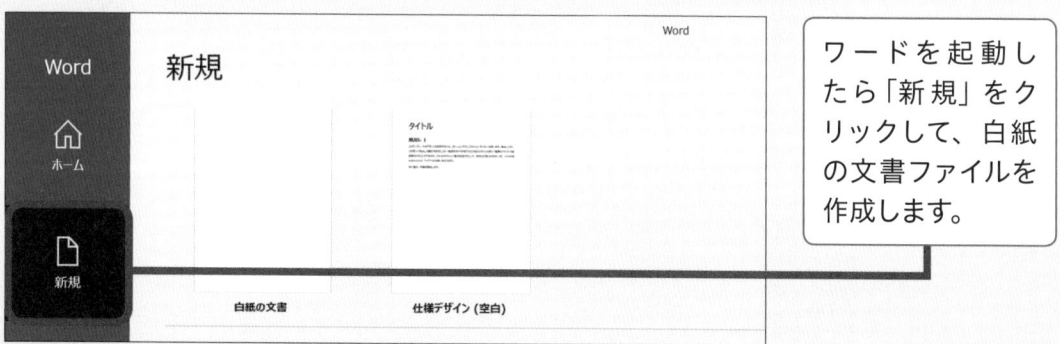

ワードを起動したら「新規」をクリックして、白紙の文書ファイルを作成します。

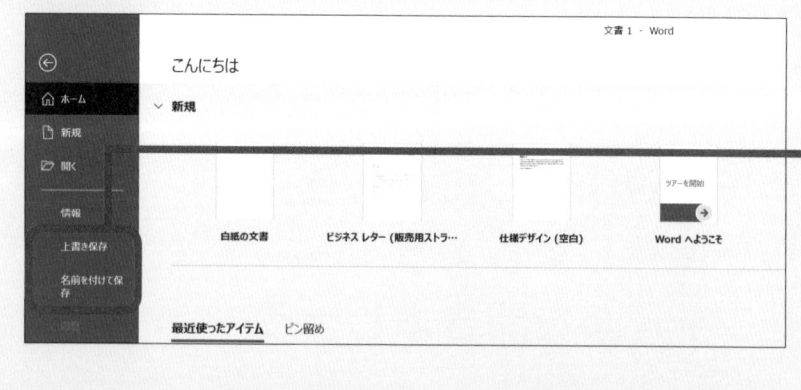

作成した文書ファイルは、「上書き保存」または「名前を付けて保存」をクリックして保存します。

保存したファイルを開きましょう

保存したファイルを開くと、途中まで作成していた文書ファイルが表示され、続きの作業を再開することができます。たとえば、やむを得ず文書の入力作業を中断したときなどは、その翌日などに再び作業の続きを開始することができます。また、ほかの人から受け取ったワードファイルを開いて、文書を編集するということもできます。

> ワードを起動したら「開く」をクリックし、作成した文書ファイルを開きます。

> パソコン内に保存されているワード文書ファイルを開くことができます。

43

ファイルを新規作成しましょう

ワードで文書を作成する前に、まずは新規でファイルを作成しましょう。
今回は何も入力されていない状態のファイルを作成します。

1 白紙の文書から作成する

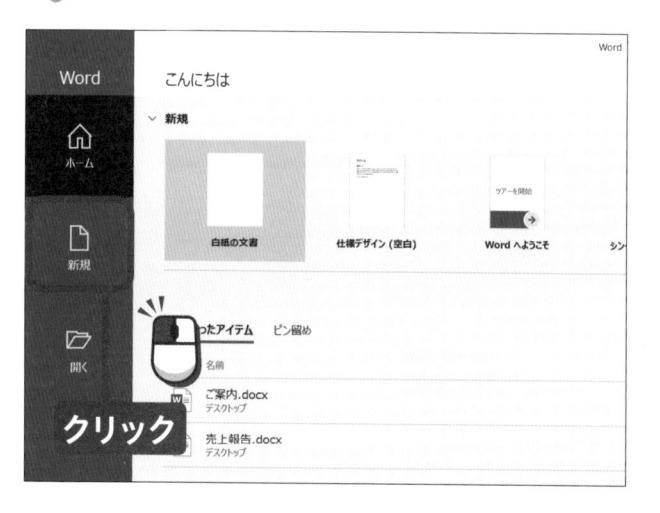

P.26を参考に、ワードを起動してホーム画面を表示します。

します。

ヒント すでに文書を開いている場合

すでに文書を開いている場合は、「ファイル」タブをクリックするとホーム画面が表示されます。

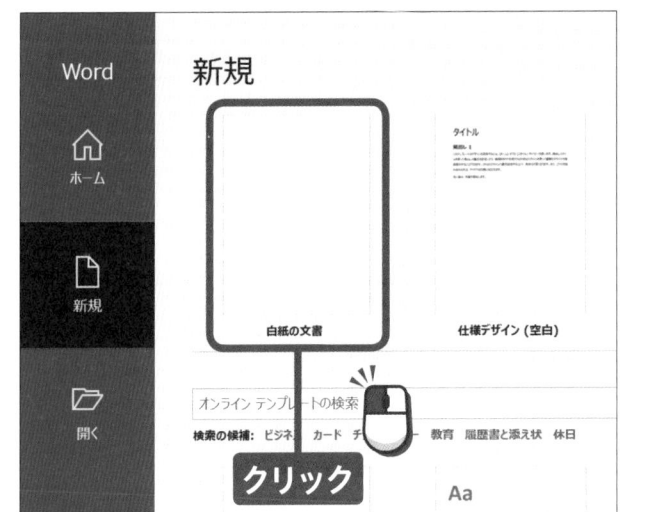

白紙の文書を
クリックします。

新規に白紙の文書作成画面
が表示されます。

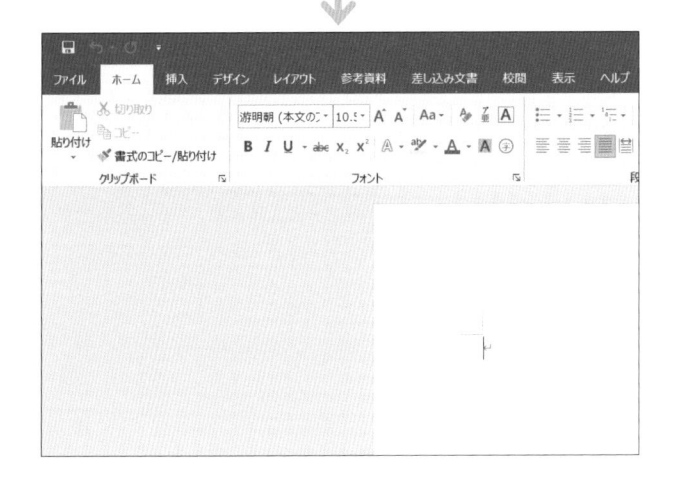

ヒント ショートカットキーで白紙の文書を新規作成する

文書を開いている状態で、キーボードの
CtrlとNを同時に押すと、新規の白紙の
文書作成画面が表示されます。

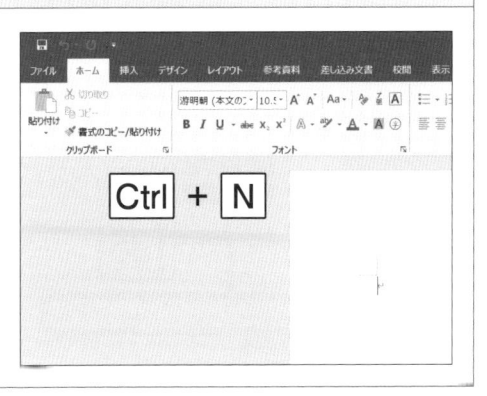

Ctrl + N

次のページへ ➡

2 テンプレートからファイルを新規作成する

ワードを起動して、ホーム画面を表示します。

 を クリックします。

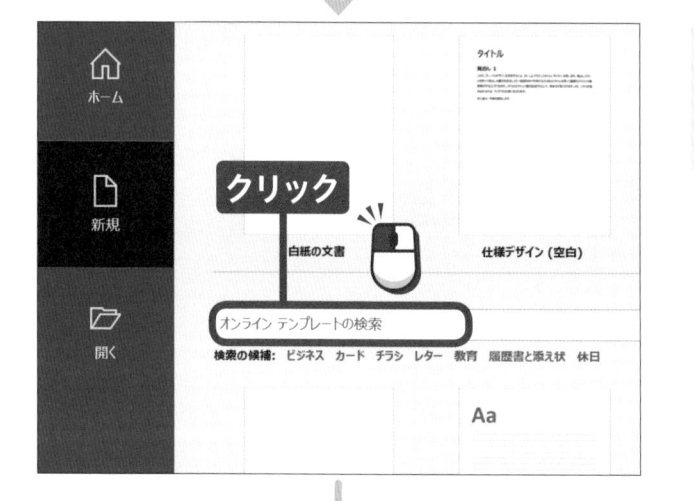

オンライン テンプレートの検索 を クリックします。

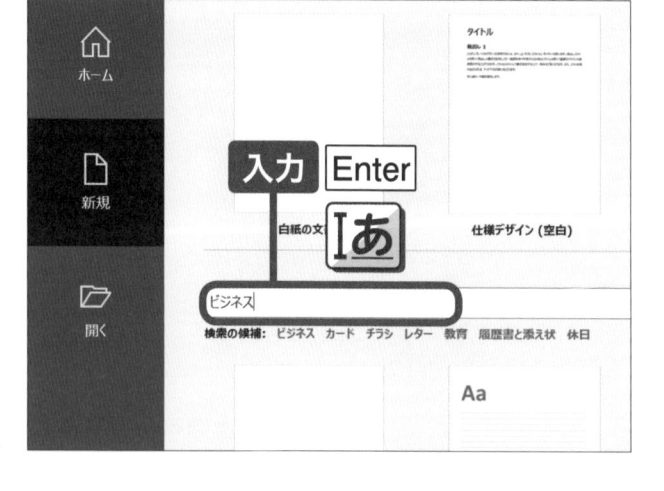

作成する文書の内容に関するキーワード（今回は「ビジネス」）を 入力します。

入力後にキーボードの Enter を押します。文字入力の方法は、P.70を参照してください。

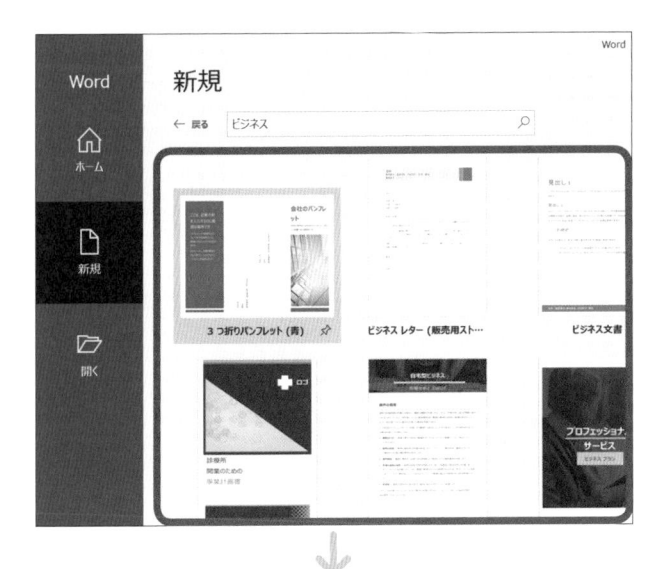

入力したキーワードに関連するテンプレートが表示されます。

利用したい
テンプレートを
クリックします。

<hr>

・アドバイス・

ダブルクリックすると、下の画面を省略してテンプレートの文書作成画面が開きます。

<hr>

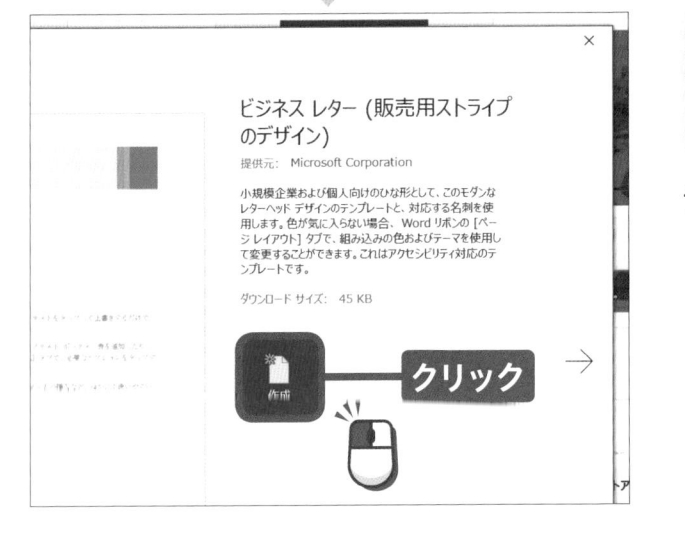

をクリックします。

テンプレートがダウンロードされます。

次のページへ ➡

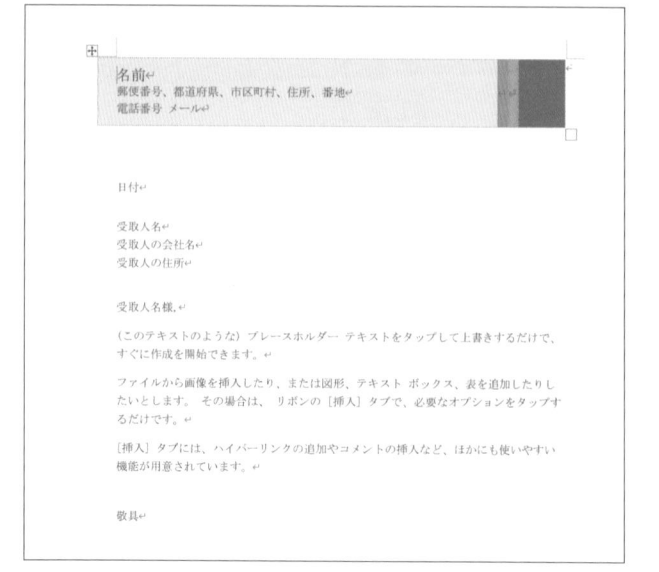

テンプレートのサンプル文書が入力された状態で文章作成画面が表示されます。

ヒント 仕事で使えるテンプレート

テンプレートは家庭やサークル活動などで使えるものから、ビジネスで使えるものまで幅広く用意されています。P.46を参考に、検索欄に下記のキーワードを入力してみると、仕事に関連したテンプレートが検索されるので試してみましょう。

- ・請求書
- ・見積書
- ・業務計画
- ・お詫び
- ・FAX送付状
- ・プロジェクト提案書
- ・イベント予定表
- ・ニュースレター
- ・レターヘッド
- ・カバーレター
- ・ビジネスレポート
- ・パンフレット

- ・領収書
- ・議事録
- ・進捗レポート
- ・社報
- ・書類送付状

など

3 用紙サイズを設定する

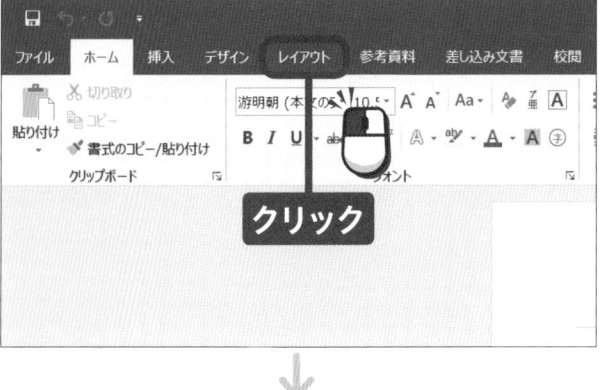

レイアウトを
クリックします。

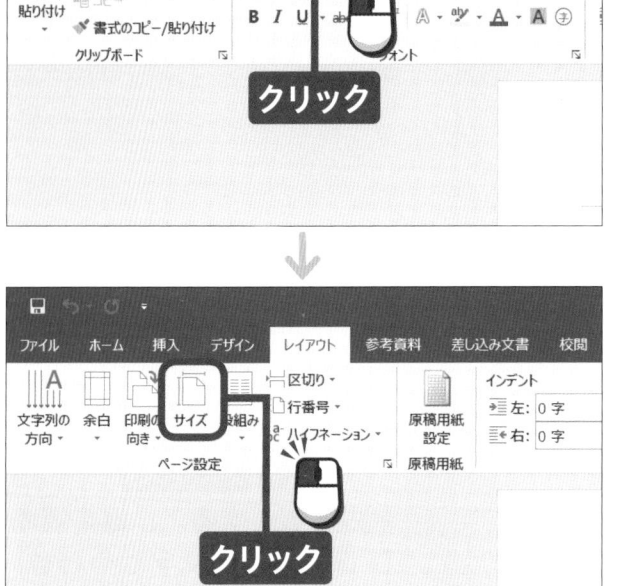

「ページ設定」グループの
サイズ を クリック
します。

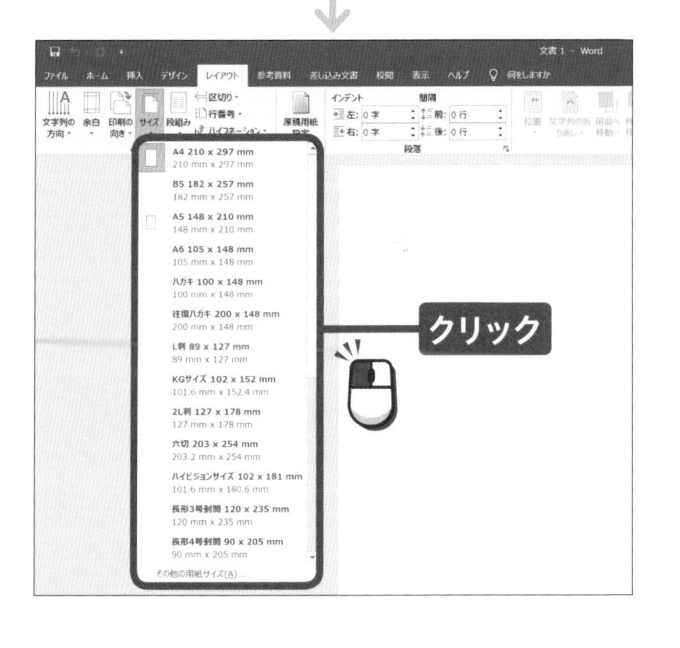

利用する用紙サイズを
クリックします。

•アドバイス•

新規で作成する白紙の文書
は、A4サイズで設定されて
います。

次のページへ ➡

49

4 余白を設定する

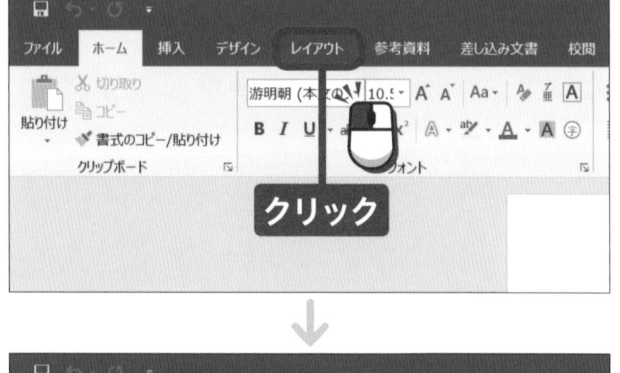

レイアウトを
クリックします。

「ページ設定」グループの
余白をクリック
します。

●アドバイス●

余白を広くすると、編集領域
（1行あたりの文字数や行数）
が狭くなり、余白を狭くする
と、編集領域が広くなりま
す。

設定したい余白を
クリックします。

●アドバイス●

「ユーザー設定の余白」をク
リックすると、自由に余白を
設定することができます。

5 ページあたりの文字数を設定する

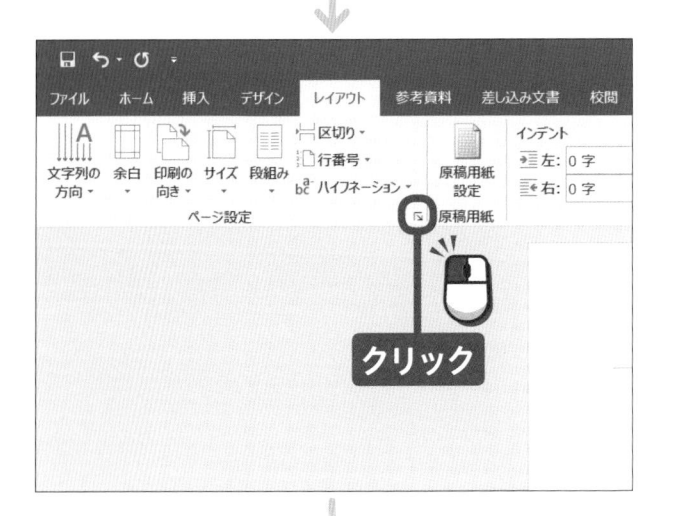

レイアウトを
🖱クリックします。

「ページ設定」グループの
右下にある🔽を
🖱クリックします。

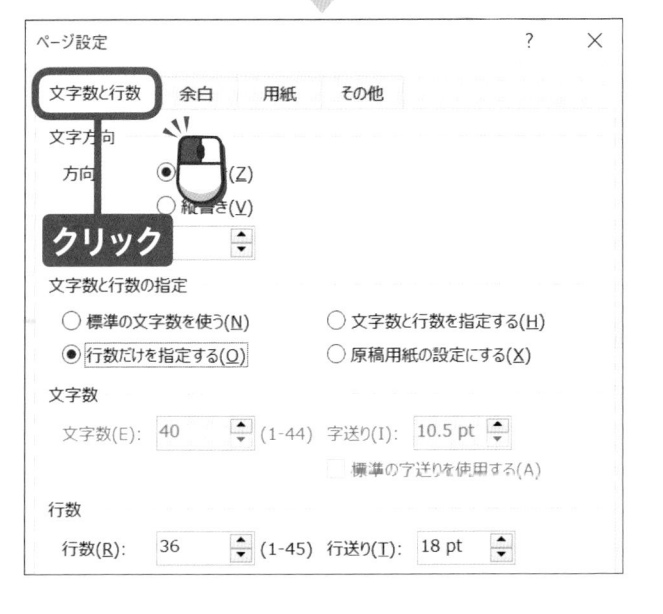

「ページ設定」ダイアログ
ボックスが表示されます。

文字数と行数 を
🖱クリックします。

次のページへ ➡ 51

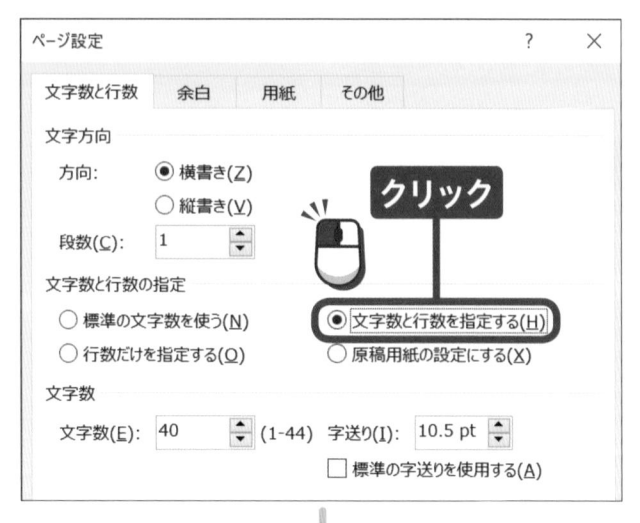

文字数と行数を指定する(H) を
クリックして
オンにします。

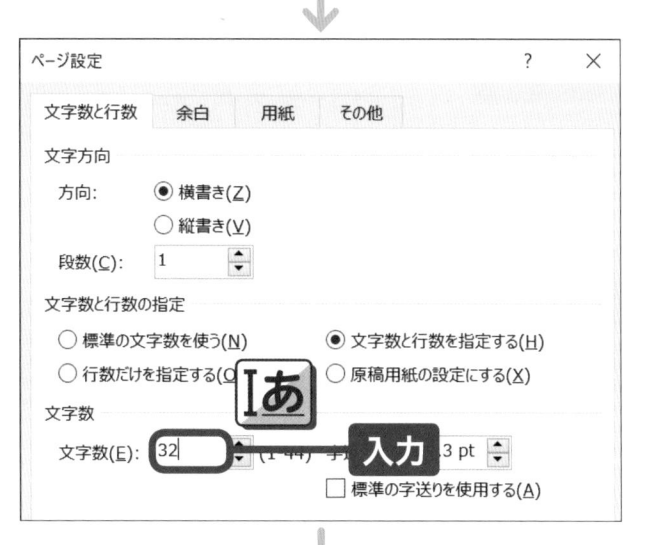

「文字数」の右に
1行あたりの文字数を
入力します。

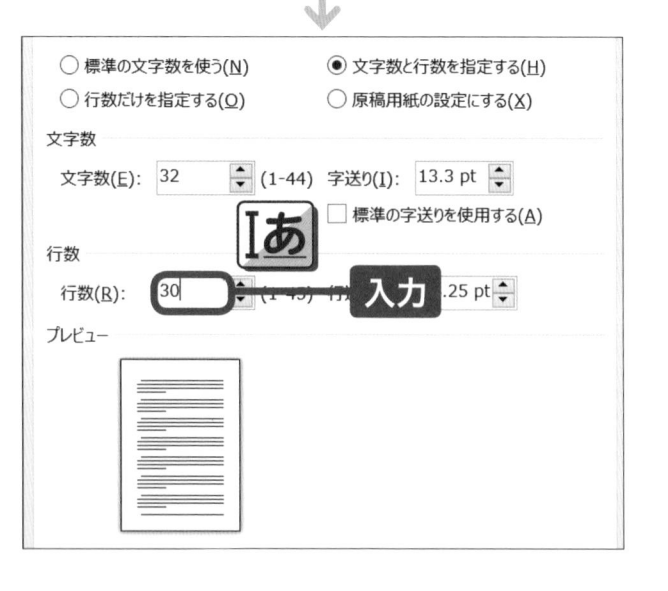

「行数」の右に
1ページあたりの行数を
入力します。

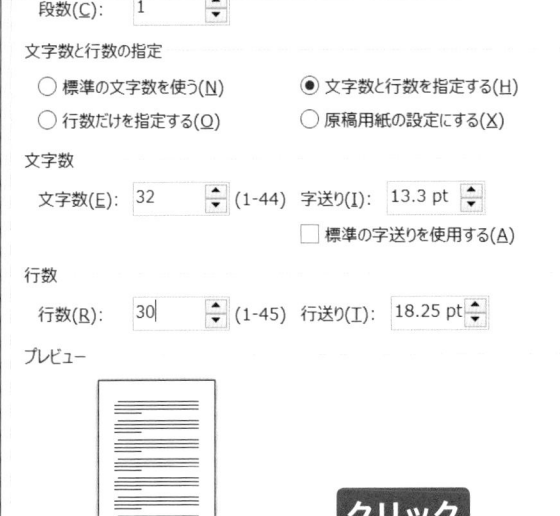

段数(C): 1

文字数と行数の指定

○ 標準の文字数を使う(N)　　● 文字数と行数を指定する(H)

○ 行数だけを指定する(O)　　○ 原稿用紙の設定にする(X)

文字数

文字数(E): 32 (1-44)　字送り(I): 13.3 pt

□ 標準の字送りを使用する(A)

行数

行数(R): 30 (1-45)　行送り(T): 18.25 pt

プレビュー

クリック

設定対象(Y): 文書全体 ∨　グリッド線(W)...　フ□□ト設定(F)...

既定に設定(D)　　OK　　キャンセル

OK を
クリックします。

|||||||||||||||||||| ●アドバイス● ||||||||||||||||||||

「字送り」と「行送り」の数値
を変更することで、それぞれ
字間や行間を調整することが
できます。

|||||||||||||||||||||||||||||||||||||||||||||||||||||||||||||||

ヒント うまく設定されない場合

利用しているフォントにより、P.51〜
53の操作を行ってもうまく設定されな
い場合があります。

文書作成画面の「ホーム」タブから「段
落」グループの右下にある⬎をクリック
して「段落」ダイアログボックスを表示
して、「インデントと行間幅」タブにあ
る「1ページの行数を指定時に文字を行
グリッド線に合わせる」をクリックして
チェックをオフにして、「OK」をクリッ
クします。

また、P.98を参考に、利用するフォント
の書体を「MSゴシック」や「MS明朝」、
「MSPゴシック」、「MSP明朝」などに変
更することでも、設定が適用されます。

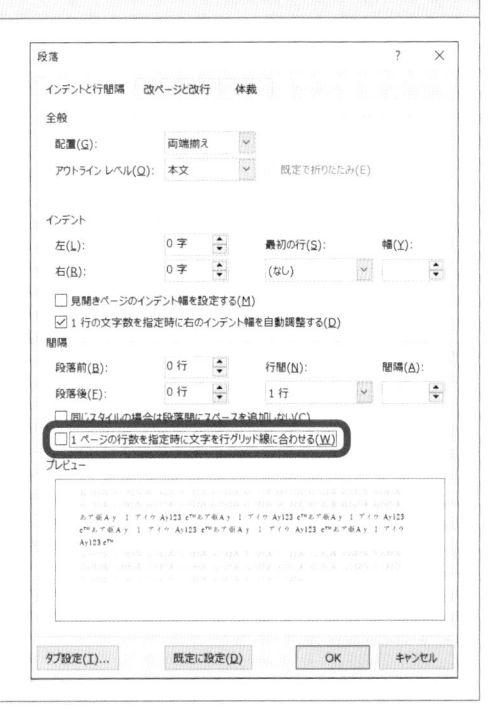

終わり✔

ワードで文書を作成したら、忘れずに保存を行いましょう。保存しないと、作成した文書が消去されてしまいます。

1 ファイルを名前を付けて保存する

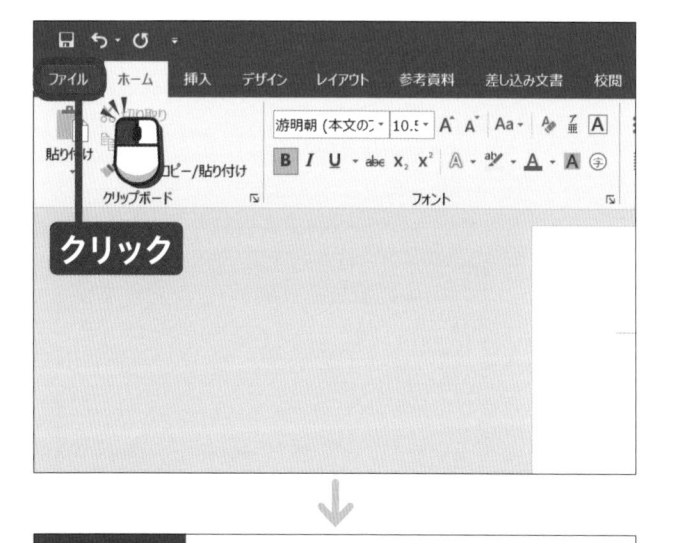

ファイルを
クリックします。

名前を付けて保存を
クリックします。

●アドバイス●

キーボードの Ctrl + W を押すことでも、ファイルを保存して文書を閉じることができます。

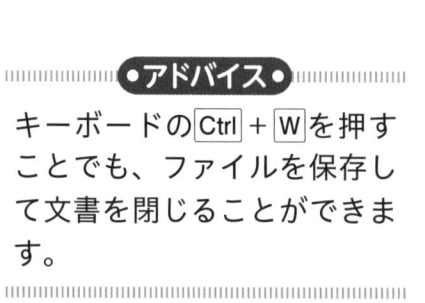

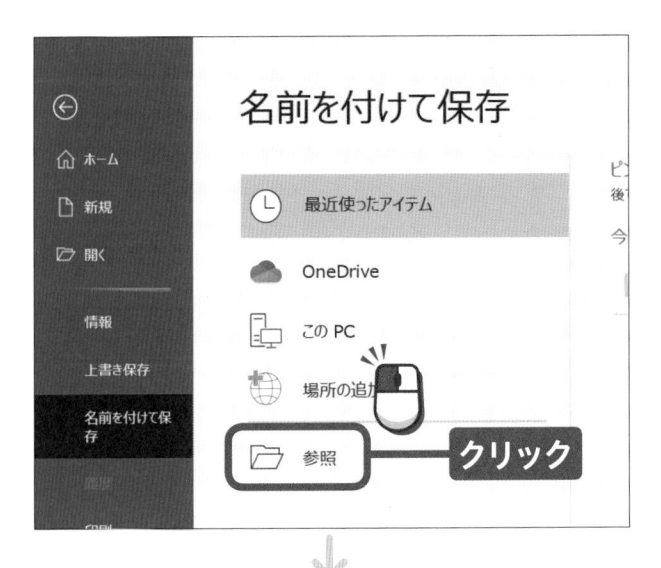

保存先を指定します。

画面左上の ☐ 参照 を
🖱 クリックします。

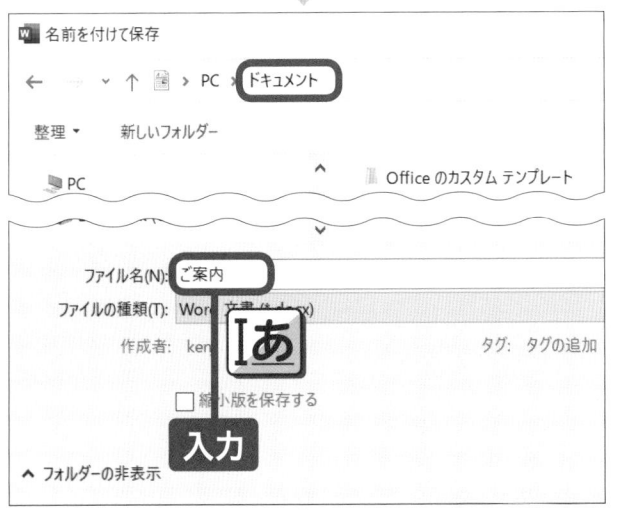

ここでは「ドキュメント」
フォルダーに保存します。
「ドキュメント」フォル
ダーを指定しておきます。

ファイル名を
[あ] 入力します。

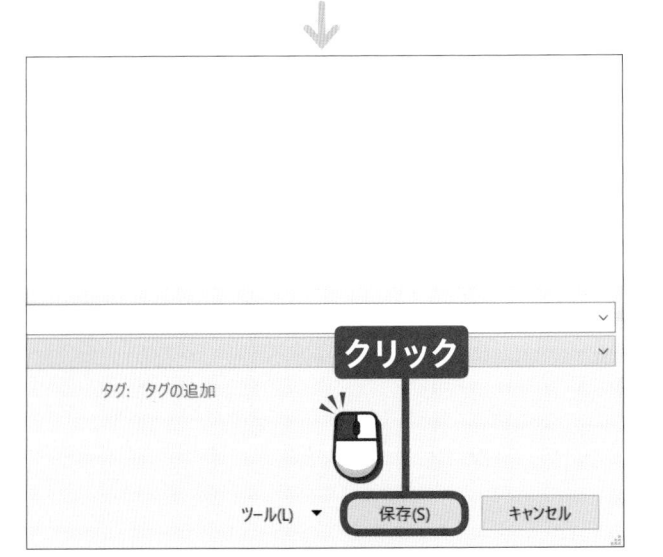

保存(S) を
🖱 クリックします。

指定した「ドキュメント」
フォルダーにファイルが保
存されます。

次のページへ ➡

55

ワードのファイルを異なる名前で複数保存しておくと、何らかの理由でファイルが破損してしまった場合にも、もう一方のファイルで問題なく作業を行うことができます。仕事でデータを管理している場合は、バックアップファイルとして別名のファイルを用意しておくとよいでしょう。バックアップファイルを用意する場合は、通常のファイルとは分けて名前を付けます。その際、「〇〇_バックアップ」など付けるとよいですが、その後ろに日付をさらに入れておくと、いつのバックアップファイルなのかが一目瞭然です。「〇〇_バックアップ_20210515」と付けると、2021年5月15日にバックアップしたデータだということがすぐにわかります。

▶わかりにくい例

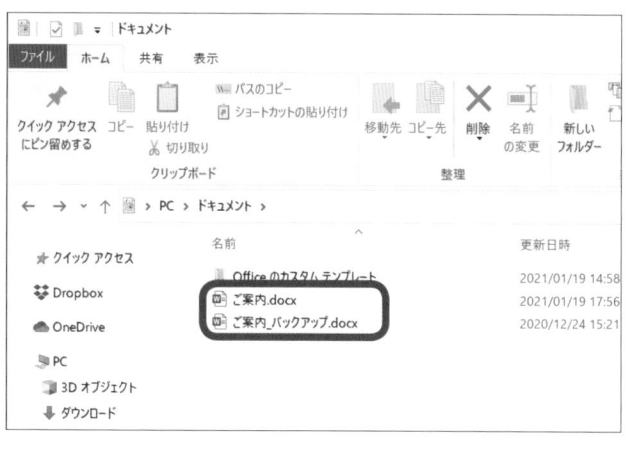

ファイル名ではたしかにバックアップファイルということがわかりますが、いつのバックアップファイルなのかがわかりません。

▶わかりやすい例

バックアップファイルを作る際には、バックアップだとわかるように名前を付けて、さらに後ろに日付を付けるなどすると非常にわかりやすいです。

2 ファイルを上書き保存する

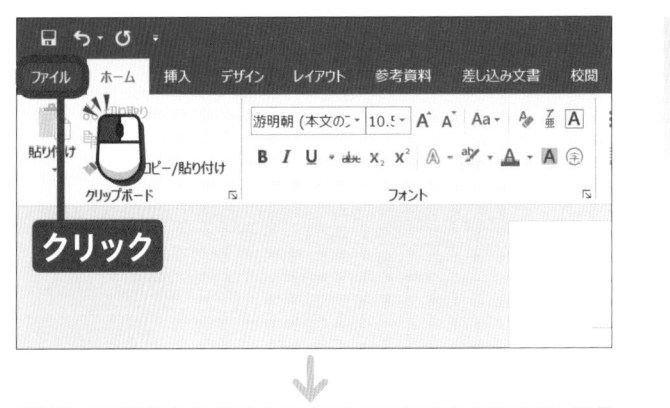

ファイル を
 クリックします。

クリック

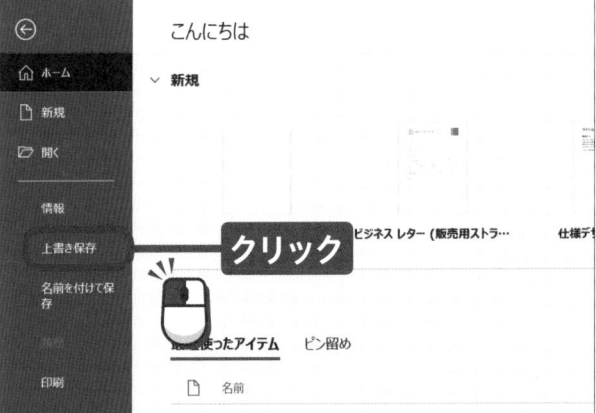

クリック

上書き保存 を
 クリックします。

ファイルが保存されます。

●アドバイス●

キーボードの Ctrl + S を押す
ことでも、上書き保存を行う
ことができます。

ヒント 画面上部のアイコンから上書き保存する

文書作成画面のクイックアクセスツール
バーには、💾（上書き保存のアイコン）
が表示されています。これをクリックす
ることでも、上書き保存を行うことがで
きます。

次のページへ ➡

3 PDFファイルとして保存する

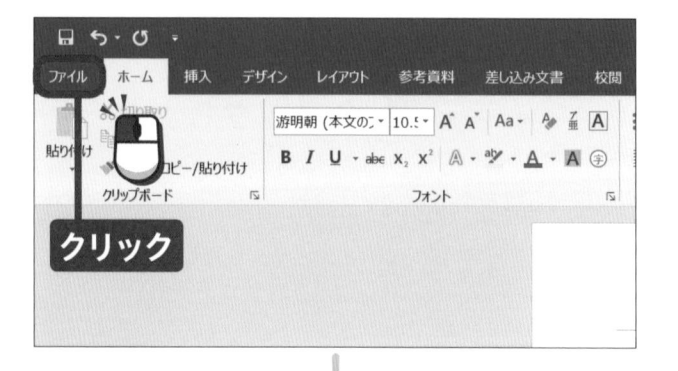

ファイルを
クリックします。

エクスポートを
クリックします。

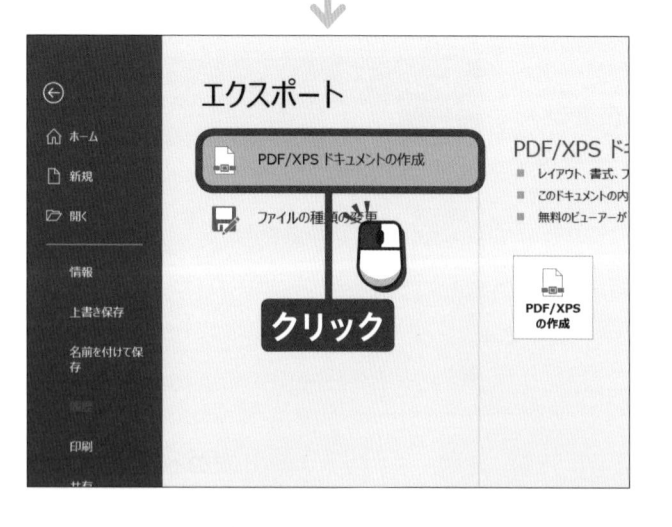

PDF/XPS ドキュメントの作成を
クリックします。

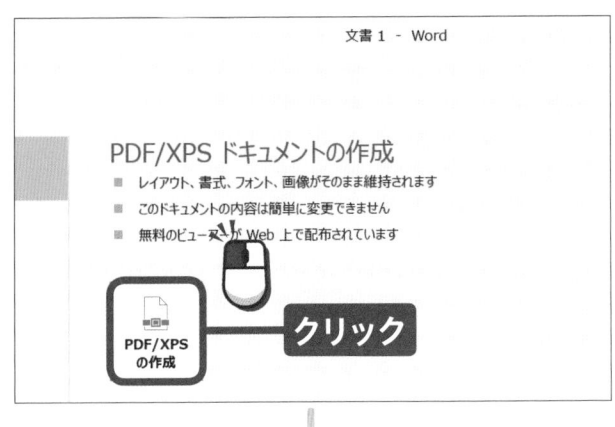

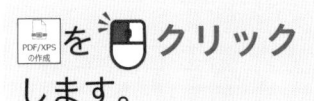をクリック
します。

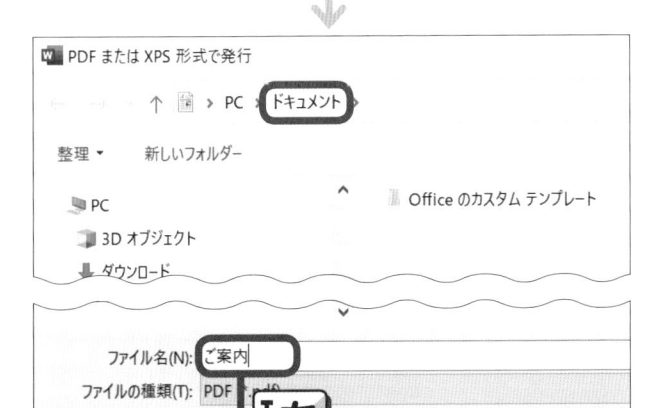

ここでは「ドキュメント」
フォルダーに保存します。
「ドキュメント」フォル
ダーを指定しておきます。

ファイル名を
[あ]入力します。

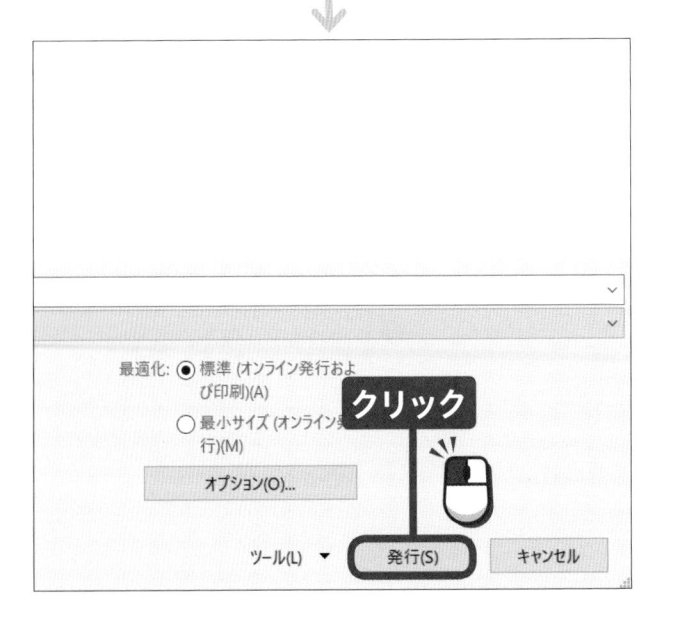

発行(S) を
クリックします。

●アドバイス●

PDFファイルで保存すると、
異なるパソコンの環境下でも、
同じように表示や印刷を行うこ
とができます。

終わり✔ 59

保存したファイルを開きましょう

保存したデータの続きから作業したい場合は、以前のデータを選択してファイルを開きましょう。

ここでの操作 ⟹ クリック →P.18

1 ワードを起動してからファイルを選択する

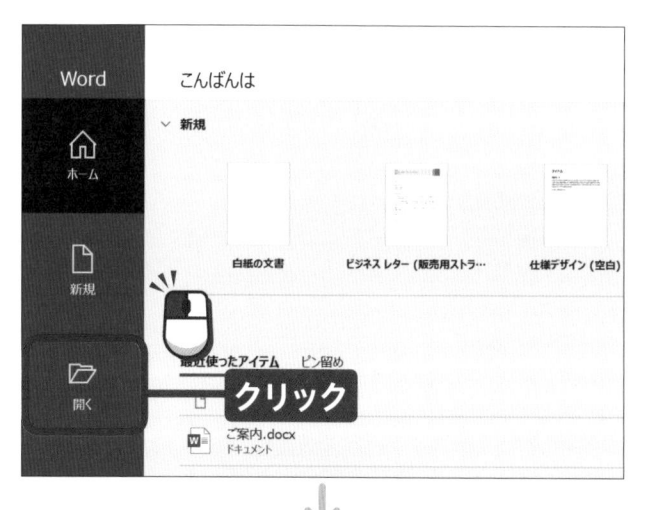

ワードを起動して、ホーム画面を表示します。

開くを クリックします。

保存されたファイルを指定します。

ここでは、参照をクリックします。

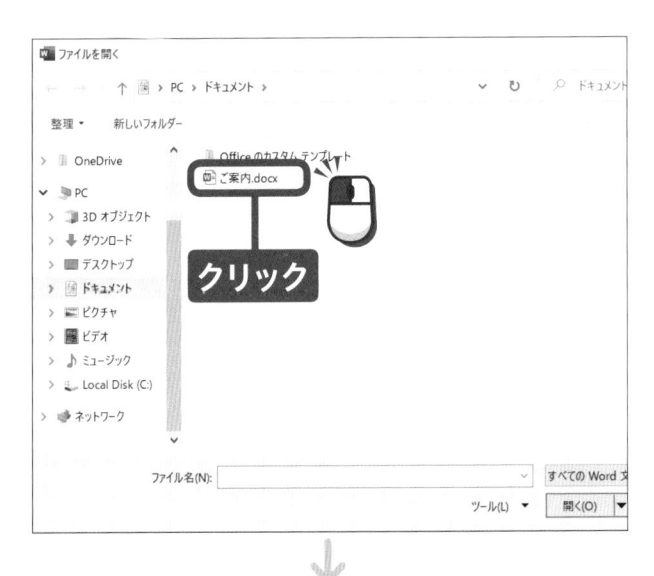

保存されたファイルがある
フォルダーを表示します。

開きたいファイルを
🖱️クリックして
選択します。

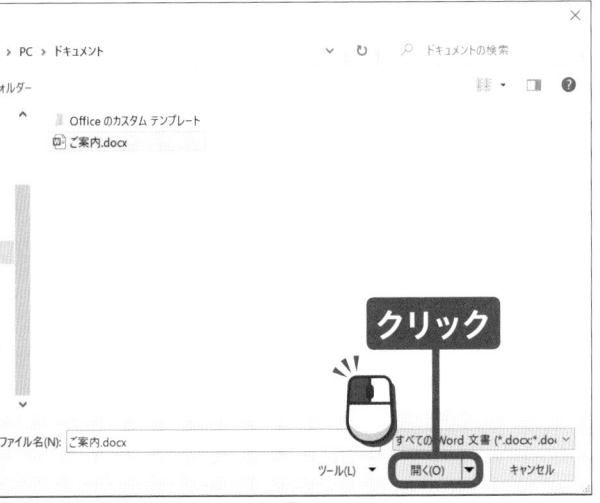

開く(O) ▼を
🖱️クリックします。

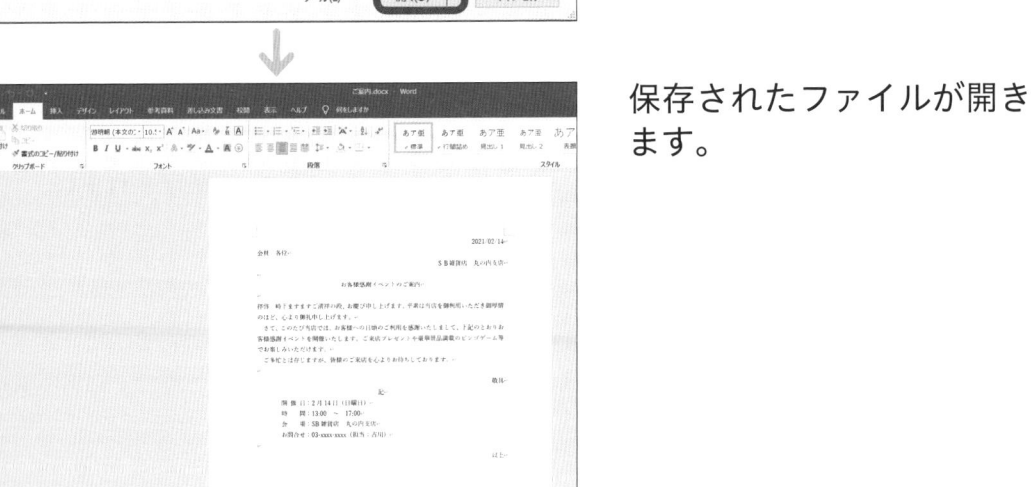

保存されたファイルが開き
ます。

終わり ✔ 61

Q. 変更前のファイルに上書きしないで、別のファイルとして保存したい！

A. 名前を付けて別ファイルとして保存しましょう。

たとえば、変更前と変更後のデータを比較したい場合、変更後のデータを別名ファイルとして保存しておくとよいでしょう。通常では、続きのデータに上書きして保存しておくことが一般的ですが、前のデータを取っておくことによって、万が一ミスがあって前のデータのほうが正しかった場合、上書きしたデータからやり直す必要がないでしょう。名前を付けて保存する場合は、P.54を参考に操作しましょう。

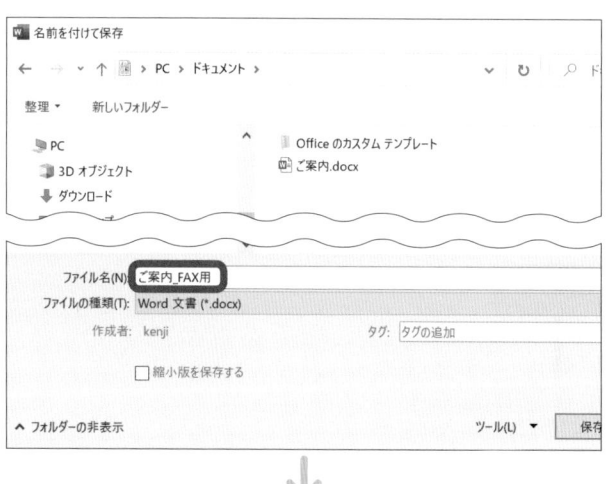

「上書き保存」ではなく、「名前を付けて保存」を選択して、別の名前を入力して保存します。

入力前のデータを残したまま、新しいファイルとして保存されました。

ワード

3章

文書の作成と編集の
方法を学びましょう

レッスンをはじめる前に

ワードで文書を作成します

ここからは、ワードで実際に文字を入力し、文書を作成する方法を解説します。ワードはひらがなやカタカナ、漢字といった日本語やアルファベット、数字、記号を入力して文書を作成することができます。入力にはキーボードのキーを打つとキーボードに書かれているひらがながそのまま入力される「かな入力」と、キーボードに書かれているアルファベットをローマ字読みで入力する「ローマ字入力」の2種類があります。

なお、日本語を入力する際、文節単位で入力し、細かく変換しながら確定していく入力方法と、文章単位で入力する方法がありますが、自分のやりやすいほうで入力するとよいでしょう。

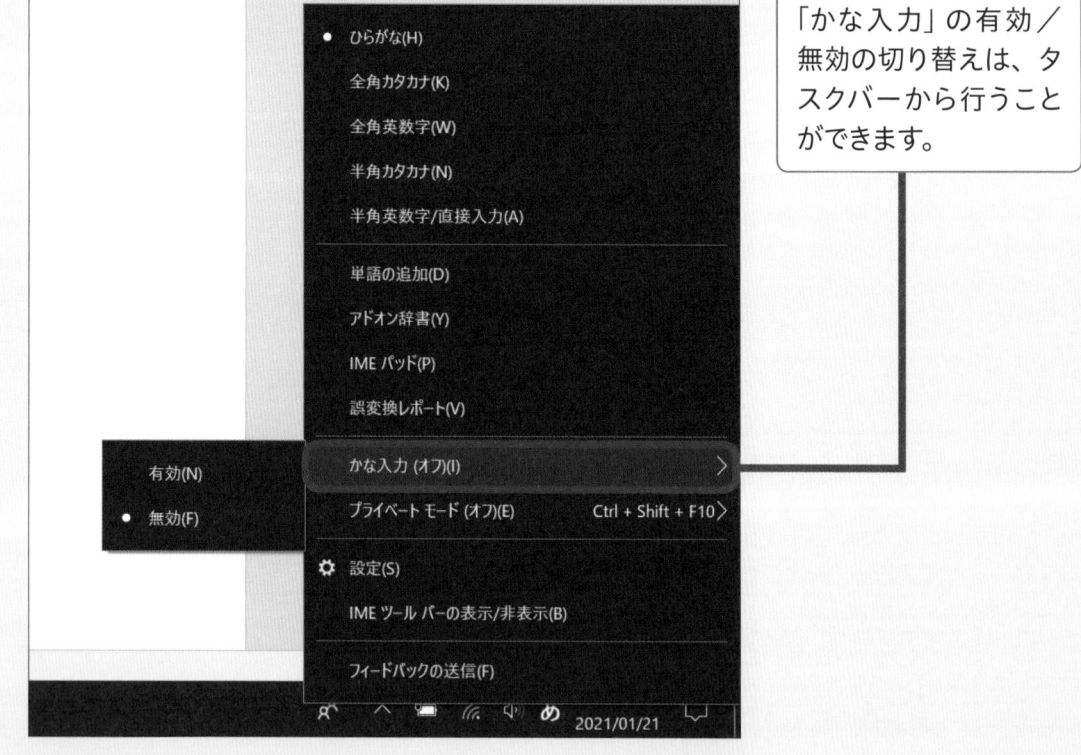

「かな入力」の有効／無効の切り替えは、タスクバーから行うことができます。

文章を入力した後に、文節単位で変換することができます。

作成した文書を編集します

文字を入力して作成した文書は、後から文字の削除や追加、修正などの編集を行うことができます。また、文字をコピーしたり、移動したりすることもできます。

編集は文書の作成には欠かせない基本的な操作ですので、本章でしっかりマスターするようにしましょう。

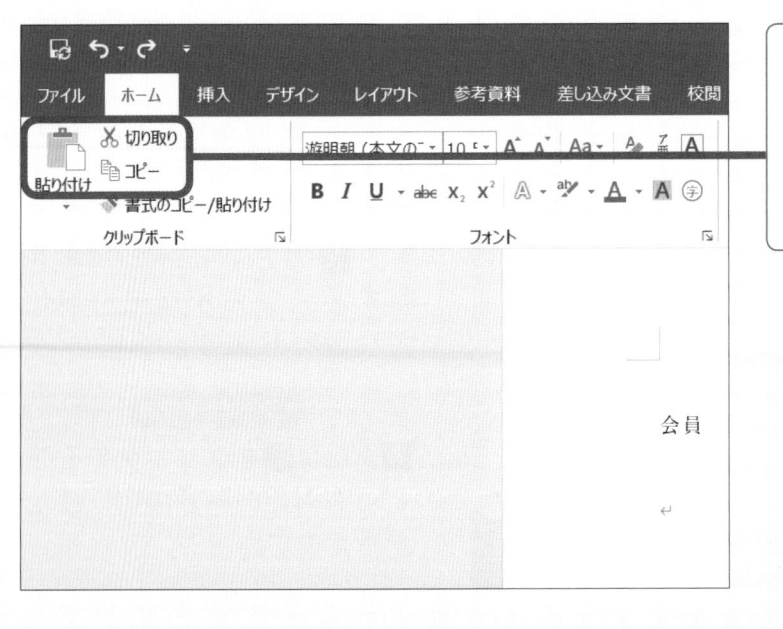

文字のコピーや移動のやり方をマスターして、スムーズに文書の編集を行えるようになりましょう。

レッスン 07 入力する方法を切り替えましょう

ワードに文字を入力する際、「ひらがな／半角英数字」モードや「かな／ローマ字」入力を切り替えます。

ここでの操作 ⇒

1 「ひらがな／半角英数字」モードを切り替える

入力モードはWindowsのタスクバーで確認、切り替えを行います。

あ（ひらがなモード）のときにキーボードの 半角／全角 を押します。

半角／全角

入力モードが A （半角英数字モード）に切り替わります。 A のときに 半角／全角 を押すと、ひらがなモードに切り替わります。

●アドバイス●

あ または A をクリックすることでも入力モードの切り替えが行えます。

2 「かな／ローマ字」入力を切り替える

入力モードが **あ**（ひらがなモード）になっていることを確認します。

●アドバイス●

かな入力はひらがなモードの状態でないと利用できないので、**A** となっていたら、P.66 を参考にひらがなモードに切り替えましょう。

キーボードの Alt + カタカナひらがな を押すと、ローマ字入力とかな入力が交互に切り替わります。

●アドバイス●

パソコンによっては確認メッセージが表示される場合があるので、表示されたら「はい」をクリックしましょう。

ヒント メニューから「かな入力」に切り替える

タスクバーに表示されている**あ**または**A**❶を右クリックすると、メニューが表示されます。「かな入力」❷にマウスポインターを重ね合わせ、「有効」❸をクリックすると、かな入力に切り替わります。

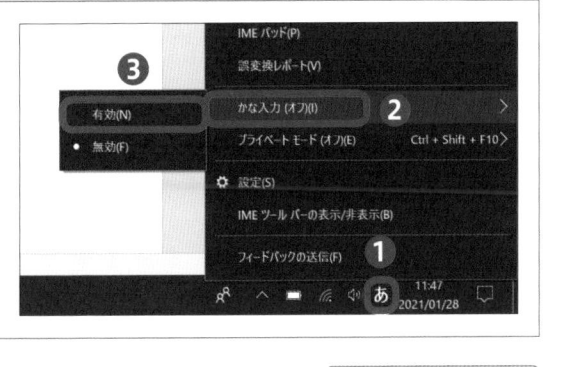

次のページへ ➡

かな入力に切り替え、ひらがなモードとなっているのを確認します。

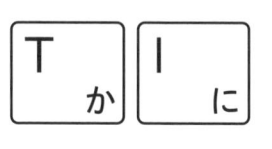

キーボードの T I を順番に押します。

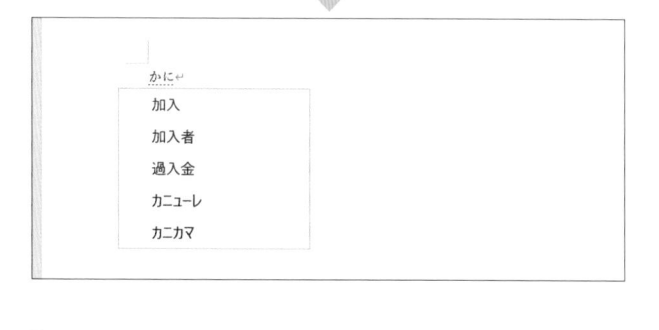

「か」「に」と入力されます。

●アドバイス●

かな入力ではキーの右下に書かれているひらがなが入力されます。

濁音や促音などをかな入力する

かな入力で「ば」などの濁音を入力するには、もととなる文字キーを押した後に、@ を押すことで入力ができます。また、半濁音の「ぱ」の場合は「、促音の「っ」や「ゃ」などの拗音、「ぁ」などの小さい文字の場合は Shift と一緒に文字キーを押します。

▶ **入力例**

ばく → F @ H   しゃけ → D Shift 7 *

ぱり → F 「 L   てぃー → W Shift E ¥

きって → G Shift Z W   を → Shift 0

4 ローマ字入力で文字を入力する

ローマ字入力に切り替え、ひらがなモードとなっているのを確認します。

キーボードの KANI を順番に押します。

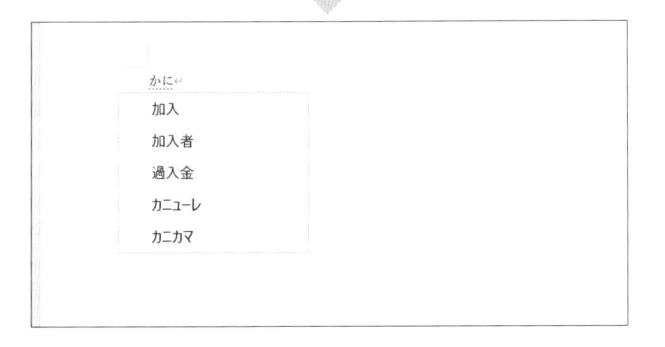

「か」「に」と入力されます。

ローマ字入力では、キーの左上に書かれているアルファベットをローマ字読みにして入力します。

ヒント 濁音や促音などをローマ字入力する

ローマ字入力で「ば」などの濁音を入力するには、たとえば「ば行」の場合、B を押して母音の文字キーを押します（が行は G 、ざ行は Z 、だ行は D ）。また、半濁音の「ぱ」の場合は P を押して母音となる文字キー、促音（「っ」）の場合は次に続く子音を2回押して入力します。また、「ゃ」などの拗音や「ぁ」などの小さい文字の場合は子音と母音の間に Y または H を押すか、 L か X を押して小さくしたい文字キーを押します。

▶入力例

ばく　→ B A K U
ぱり　→ P A R I
きって → K I T T E

しゃけ → S Y A K E
てぃー → T E X I −
を　　→ W O

終わり✔

レッスン 08 文字を入力しましょう

ワードにひらがなや漢字、カタカナなどの日本語やアルファベット、数字、記号などの文字を入力してみましょう。

ここでの
操作 ➡  **クリック** ➡P.18   **右クリック** ➡P.19  **入力** ➡P.20

1 日本語（ひらがな）を入力する

日本語を入力する場合、必ず **あ**（ひらがなモード）が表示されていることを確認します。

━━━━━ ●アドバイス● ━━━━━
A（半角英数字モード）となっている場合は、P.66を参考に、ひらがなモードに切り替えます。
━━━━━━━━━━━━━━━━━

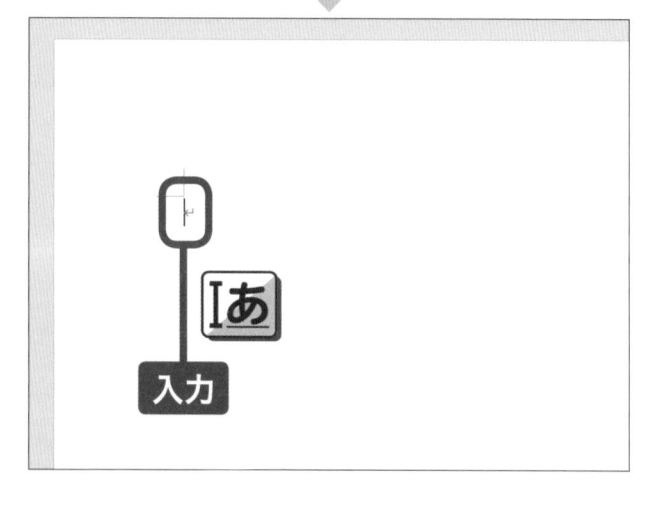

文書入力画面上のカーソルのある位置に、文字が入力されます。ここでは、ローマ字入力（P.69参照）で文字を入力します。

「おはよう」（OHAYOU）と **あ** 入力します。

カーソルの左側に「おはよう」と入力され、文字の下に点線が付いた状態で表示されます。

キーボードの
Enter を押します。

おはよう　Enter

おはよう

おはようございます

おはようございます。

おはようございます！

お早う

↓

点線が消え、入力が確定します。

おはよう

ヒント　入力時に変換候補が表示された場合

日本語を入力している途中に、自動で変換候補が表示されます。候補の中に入力する文字があれば、それをクリックすると、その文字が入力されます。また、表示された入力候補をキーボードの Tab や ↑↓ を押して選択し、Enter で確定することでも入力が行えます。

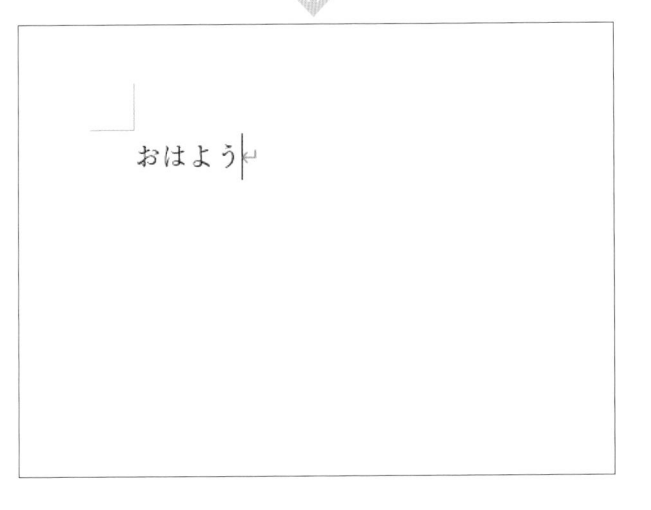

おはよう

おはよう

おはようございます

おはようございます。

おはようございます！

お早う

次のページへ ➡　71

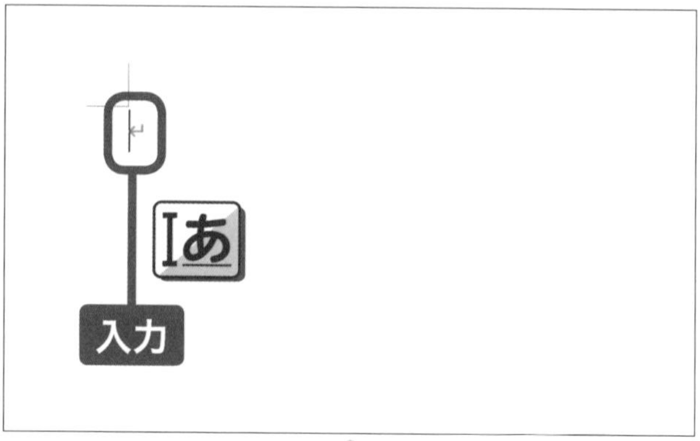

入力する位置にカーソルを合わせます。

漢字で入力したい
文字の読み（ここでは
「ほしょう」）を
[あ]入力します。

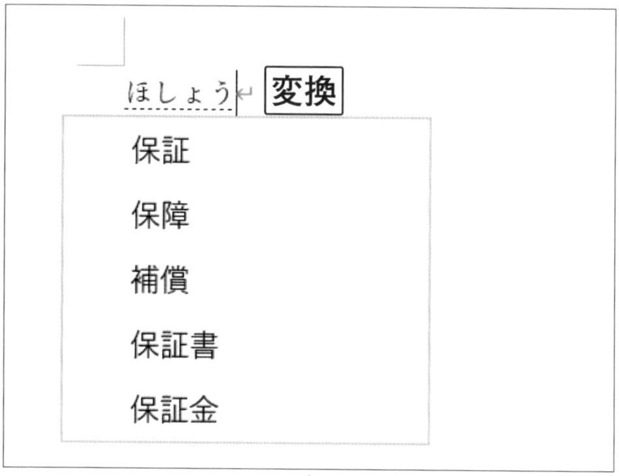

入力した漢字の読みの下に点線が付きます。

キーボードの
変換を押します。

●アドバイス●

Space でも、入力した文字の変換が行えます。

文字の下の点線が太線に変わり、入力した文字が漢字に変換されます。

入力したい漢字でない
場合は、もう一度
変換を押します。

●アドバイス●

この段階で変換された漢字で確定したい場合は、Enter を押します。

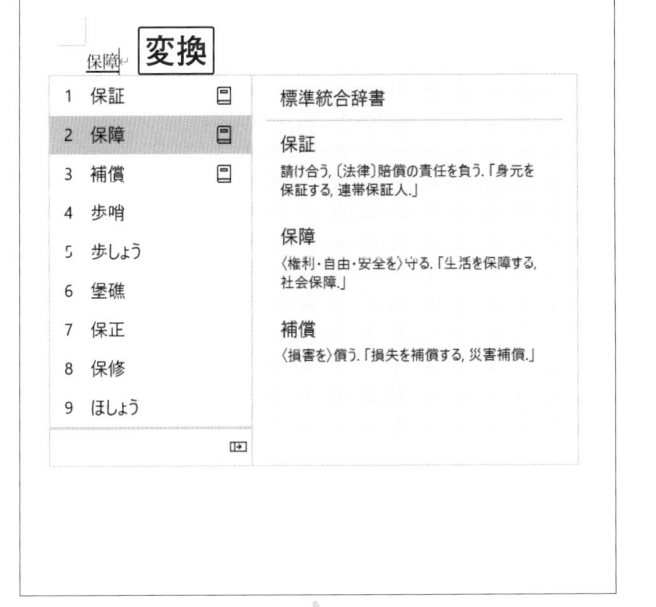

変換候補が表示されます。

もう一度 変換 を
押します。

●アドバイス●

↑ ↓ を押すと、変換候補の選
択を移動させることができま
す。また、表示された変換候
補を直接クリックして確定す
ることもできます。

次の変換候補が選択されま
す。

キーボードの
Enter を押します。

●アドバイス●

変換候補に 🗐 が表示されてい
るものを選択すると、その言
葉の意味などを辞書で見るこ
とができます。

変換が確定します。

補償

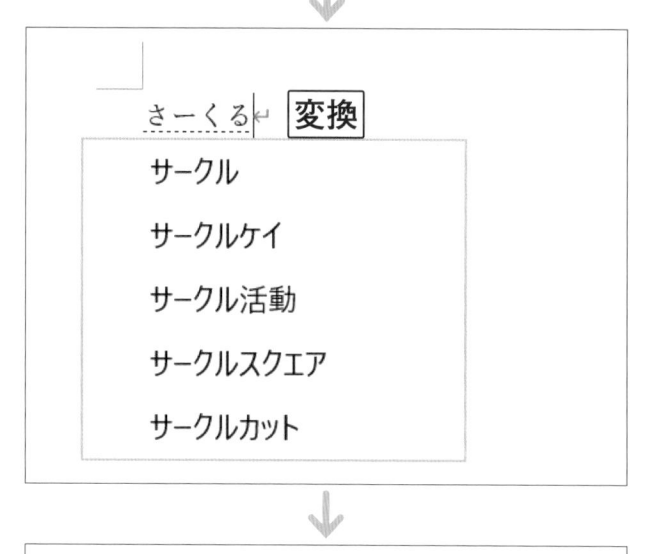

入力する位置にカーソルを
合わせます。

カタカナで入力したい
文字の読み（ここでは
「さーくる」）を
[Ⅰあ]入力します。

入力したカタカナの読みの
下に点線が付きます。

キーボードの
[変換]を押します。

●アドバイス●

[Space]でも、入力した文字の
変換が行えます。

文字の下の点線が太線に変
わり、入力した文字がカタ
カナに変換されます。

キーボードの
[Enter]を押します。

●アドバイス●

前回選択したものが先頭にく
るなど、表示される入力候補
の順番は変化します。

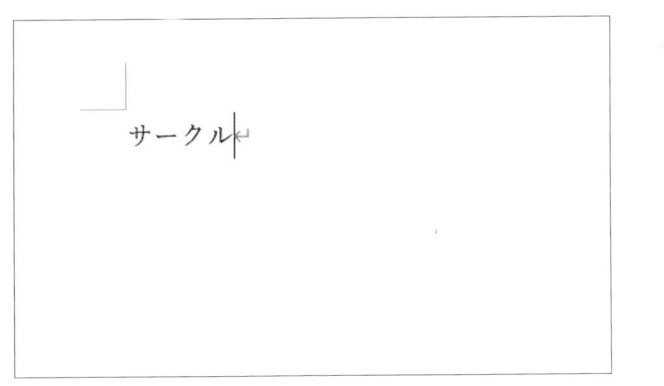

変換が確定します。

ヒント ［F7］キーで変換する

一般的に使われていない固有名詞などの場合、変換を押しても分割されて変換されたり、候補にカタカナがなかったりとうまく変換されないことがあります。そのような場合はカタカナで入力したい読みの入力後に［F7］を押すと、1回でカタカナに変換することができます。

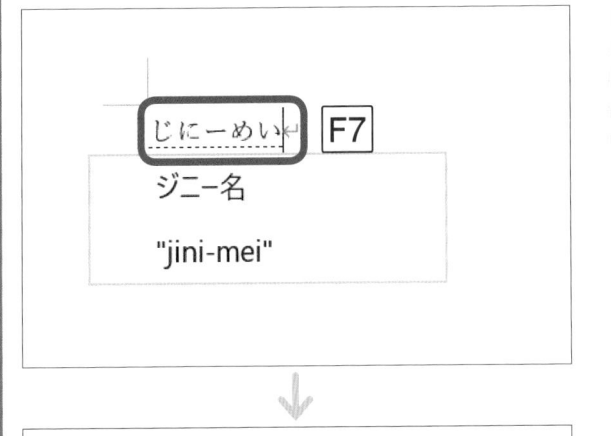

カタカナで入力したい文字の読みを入力し、キーボードの［F7］を押します。

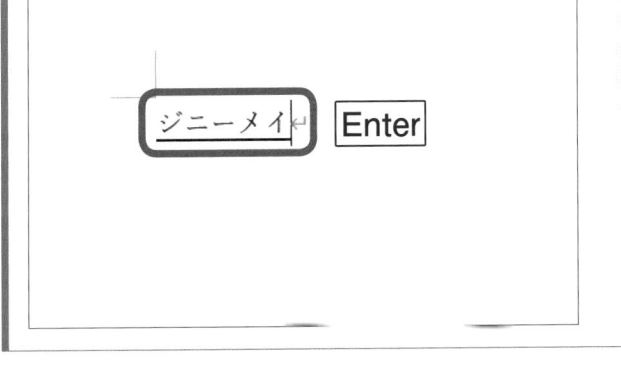

カタカナに変換されます。キーボードの［Enter］を押すと、入力が確定します。

次のページへ ➡

4 数字を入力する

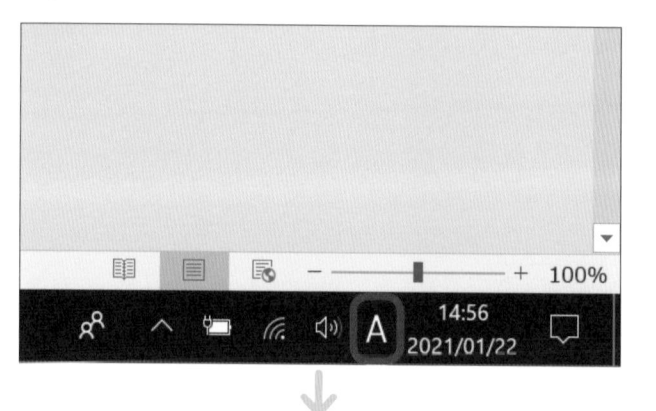

P.66を参考に、A（半角英数字モード）に切り替えておきます。

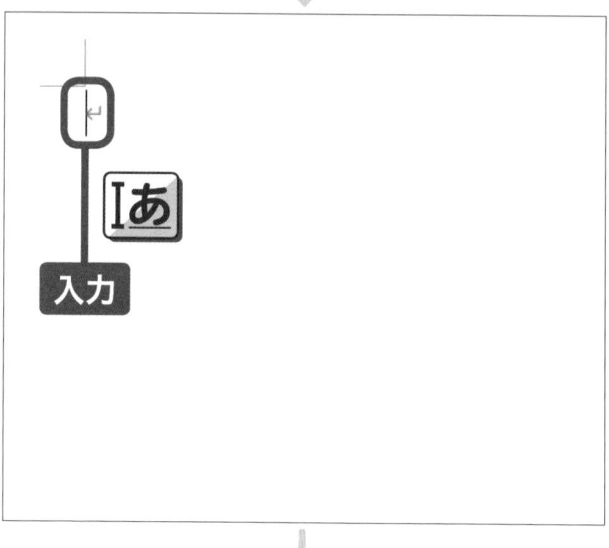

入力する位置にカーソルを合わせます。

数字が書かれているキーを押し、数字（ここでは「12345」）を A 入力します。

数字が入力されます。

12345

●アドバイス●

半角英数字モードの場合、入力後に Enter を押して確定させる必要はありません。

ヒント 全角の数字を入力する

全角の数字を入力する場合は、タスクバーにある **あ**（または **A** などのIMEアイコン）を右クリックし、「全角英数字」をクリックして入力モードを全角英数字モードに切り替えます。全角英数字モードで数字を入力する場合、入力後に Enter を押すことで確定となります。なお、全角英数字モードは全角の数字のほか、全角のアルファベットも入力ができます。

全角英数字モードで 半角／全角 を押すと、半角英数字モードとの切り替えができ、また、カタカナ ひらがな を押すと、ひらがなモードに切り替えができます。

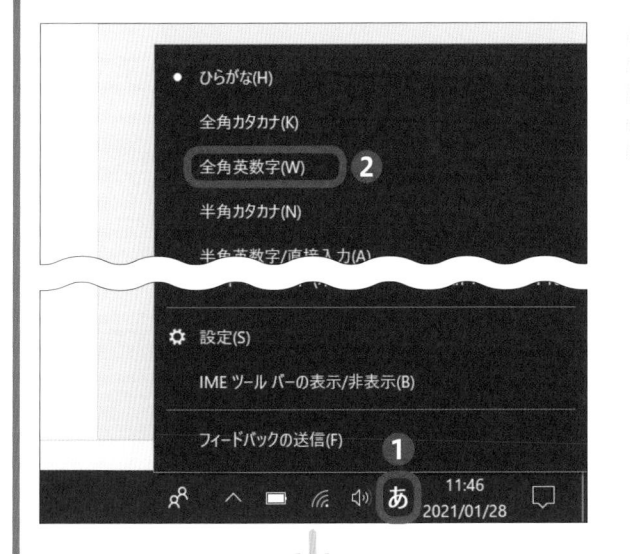

あ（または **A** など）❶を右クリックして、「全角英数字」❷をクリックします。

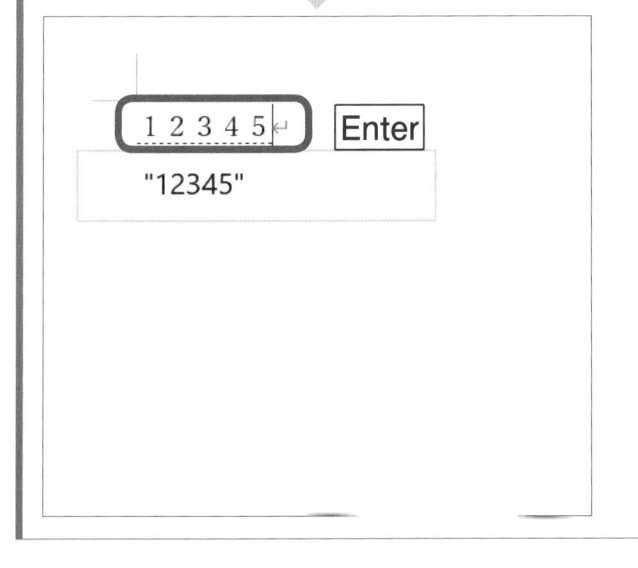

キーボードの数字キーを押して入力し、Enter を押すと、全角数字の入力が確定します。

次のページへ ➡

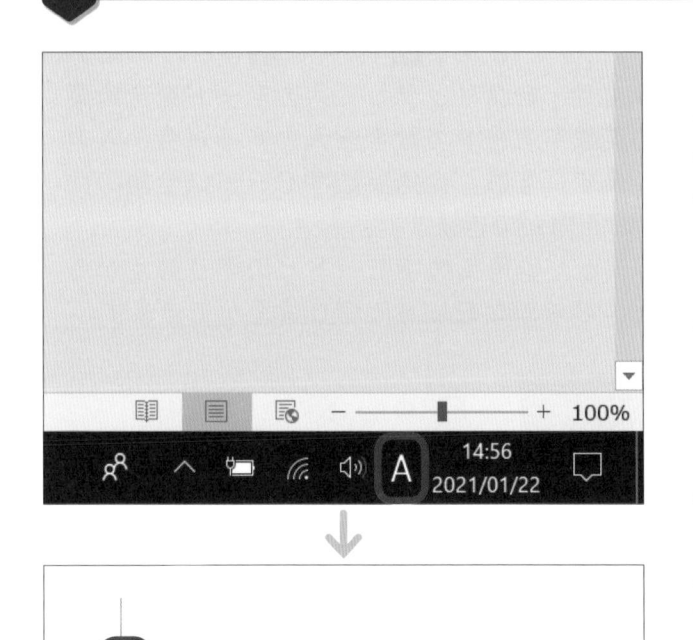

ここでは半角のアルファベットを入力します。P.66を参考に、Ａ（半角英数字モード）に切り替えておきます。

・アドバイス・

全角のアルファベットを入力したい場合は、P.77をご参照ください。

入力する位置にカーソルを合わせます。

アルファベットが
書かれている
キーを押し、
アルファベット（ここでは「HELLO」）を
入力します。

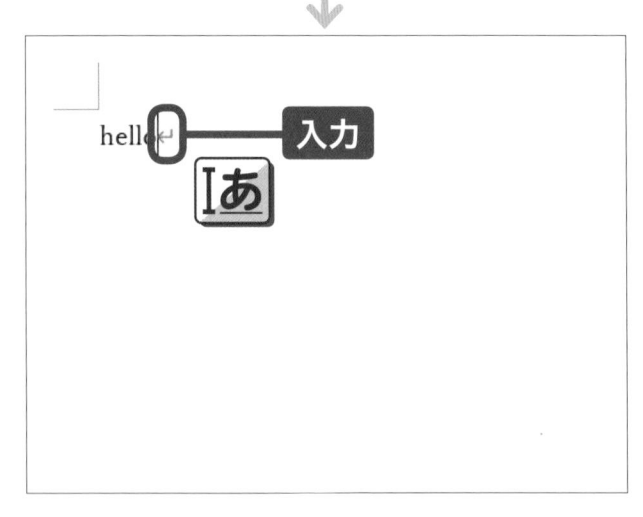

アルファベットが小文字で入力されます。続けて大文字で入力します。

キーボードの
Shiftを押しながら
英字キーを押して
アルファベット（ここでは「TOKYO」）を
入力します。

アルファベットが大文字で
入力されます。

helloTOKYO

🫧ヒント ひらがなモードで変換してアルファベットを入力する

ひらがなモードで「ほーむ」や「ぶっく」といった、一般的な英単語の読みを
入力し、P.72を参考に変換候補を表示させると、変換候補に英単語が表示さ
れる場合があります。

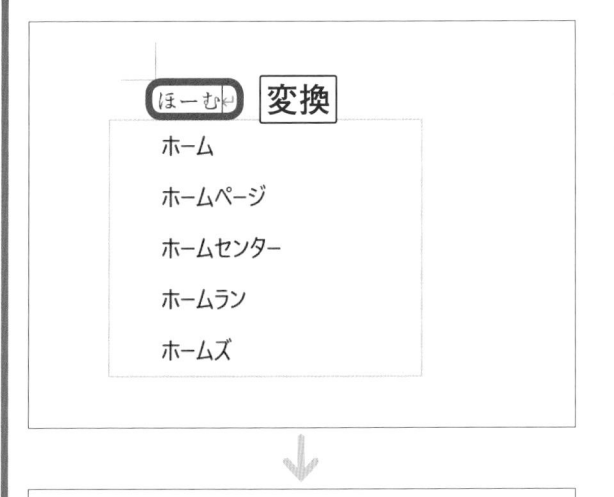

ひらがなモードに切り替えてお
きます。
「ほーむ」と入力して、キーボー
ドの変換を押します。

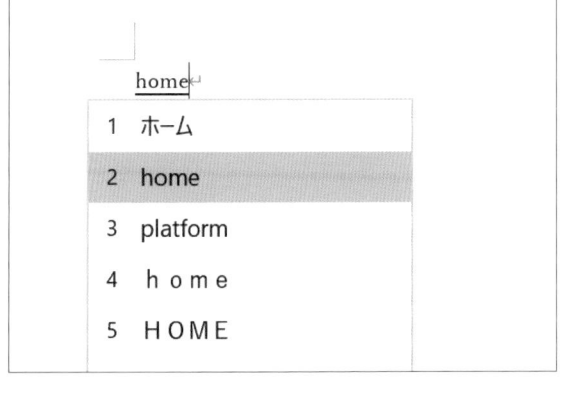

変換候補が表示されるので、入
力したい変換候補をクリックな
どで選択します。

また、ひらがなモードで入力し、キーボードの F9 F10 を押すことでもアルファベッ
トに変換できます。

次のページへ ➡ 79

6 記号を入力する

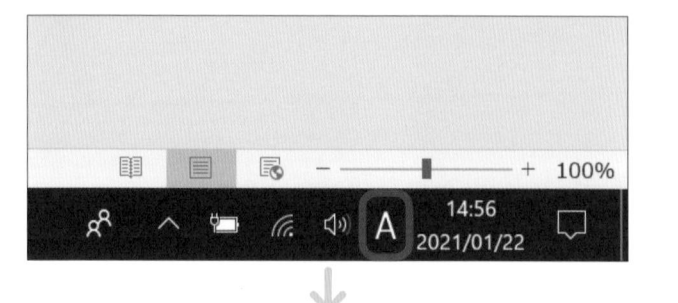

P.66を参考に、A（半角英数字モード）に切り替えておきます。

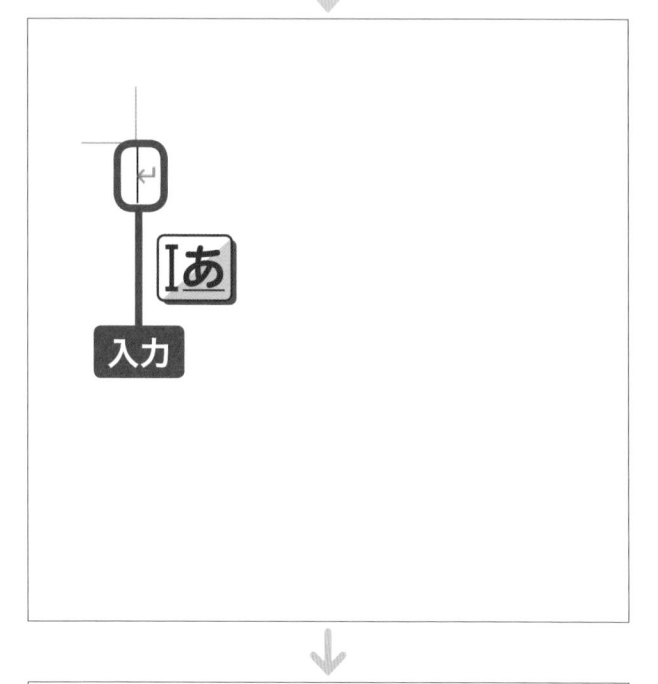

入力する位置にカーソルを合わせます。

記号が書かれている
キーを押し、
記号（ここでは「@」）を
Aあ入力します。

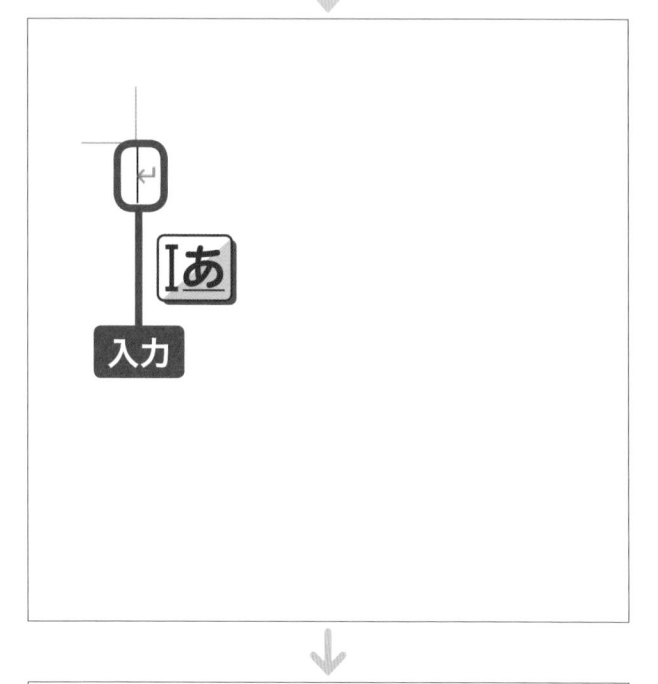

●アドバイス●

キーボードのShiftを押しながら記号キーや数字キーを押すと、キーの左上に書かれている記号が入力されます。

記号が半角で入力されます。

@↵

●アドバイス●

句読点を入力するには、あ（ひらがなモード）でキーボードの、。を押します。

ヒント ひらがなモードで変換して記号を入力する

ひらがなモードで「ほし」や「から」といった記号の読みを入力し、P.72を参考に変換候補を表示させると、変換候補に記号が表示されるものもあります。また、同モードでカッコなどの記号を入力して同じように変換候補を表示させると、ほかのカッコや記号などが変換候補に表示され、入力できます。

ひらがなモードに切り替えておきます。
「ほし」と入力し、 変換 を2回押します。

変換候補が表示されるので、入力したい変換候補をクリックなどで入力します。

読み	記号（例）
まる	○●◎
ばつ	×
さんかく	△▽▲▼∴
しかく	□◇■◆
ほし	☆★
から	〜

読み	記号（例）
こめ	※
ゆうびん	〒
てん	・、, ．：；‥…
かっこ	「」（）【】『』［］<>《》｛｝""
たんい	°℃¥＄％
やじるし	↑↓←→

終わり ✔ 81

文節・文章単位で入力しましょう

文書の作成には、文節ごと、または文章を入力します。漢字などの変換は適宜確認し、正しいものを入力するようにしましょう。

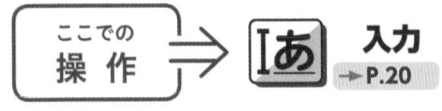

1 文節単位で入力する

ここでは（「家に帰る」）と入力します。

「いえに」と [Ⅰあ] 入力し、キーボードの [変換] を押します。

いえに￫ [入力] [変換]
家に [Ⅰあ]
家に帰って
家に帰る
家にいる
家に帰り

━━━━━━ ●アドバイス● ━━━━━━

文字を入力し、文字の下に点線が表示されているときにキーボードの [Esc] を押すと、入力を取り消せます。

↓

「家に」と変換されます。

家に￫

━━━━━━ ●アドバイス● ━━━━━━

使いたい文字に変換されない場合、もう一度 [変換] を押すと、変換候補が一覧で表示されます（P.72～73参照）。

「かえる。」と <img_ref> 入力し、
キーボードの
変換 を押します。

●アドバイス●

文字の入力後、変換を行う前
に Esc を押すと、入力を取り
消すことができます。

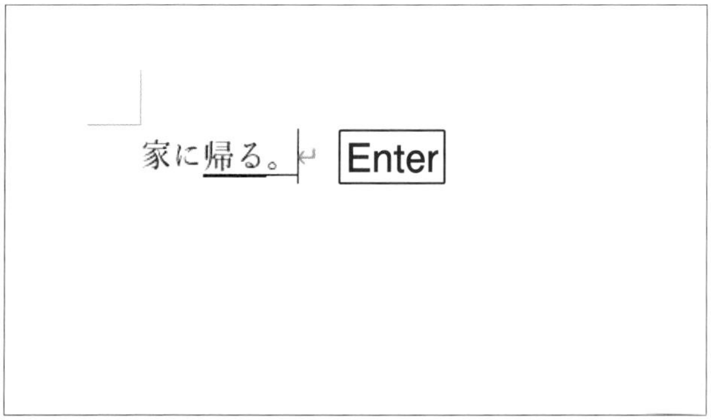

「帰る。」と変換されます。

キーボードの
Enter を押すと、
入力が確定します。

ヒント 入力モードを確認する

入力モード（P.66参照）により、同じキーでも入力される文字は異なります。
文書を作成する際には、必ず入力モードが何になっているのかを確認するよ
うにしましょう。入力モードの変更方法は、P.77をご参照ください。

表示アイコン	入力モード	入力される文字	入力例
あ	ひらがな	ひらがな、漢字	さくら、紫陽花
カ	全角カタカナ	全角カタカナ	チューリップ
A	全角英数字	全角アルファベット、数字、記号	Ｆｌｏｗｅｒ、１２３、！
_カ	半角カタカナ	半角カタカナ	ﾊｲﾋﾞｽｶｽ
A	半角英数字	半角アルファベット、数字、記号	Flower、123、!

次のページへ ➡

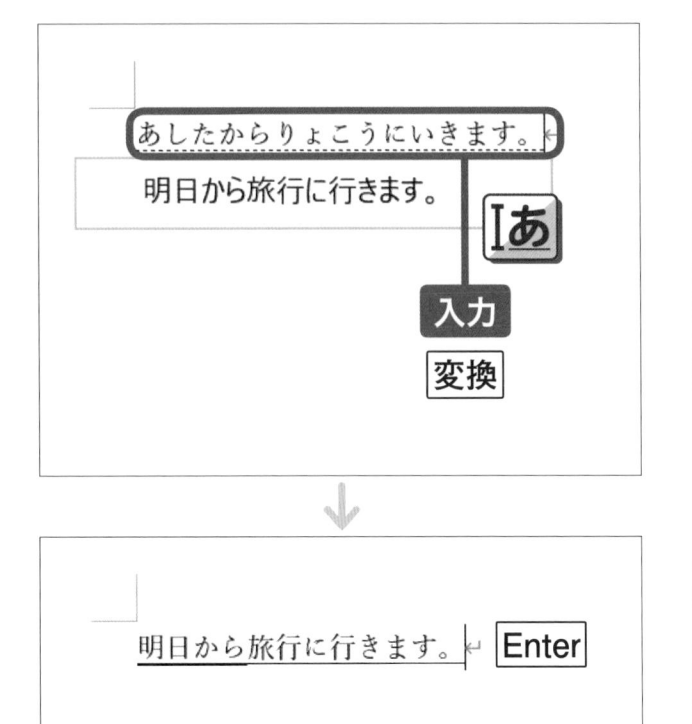

ここでは「明日から旅行に行きます。」と入力します。

文章（あしたからりょこうにいきます。）を

[Iあ]入力し、
キーボードの
[変換]を押します。

明日から旅行に行きます。↵ Enter

入力した文章が一括変換されます。

キーボードの
Enterを押します。

||||||||||||||||||||| ●アドバイス● |||||||||||||||||||||

変換された文字が入力したいものと異なる場合は、右ページのヒントを参考に変更しましょう。

|||||||||||||||||||||||||||||||||||||||||||||||||||||||||||||

明日から旅行に行きます。↵

変換が確定し、文章が入力されます。

ヒント 文節ごとに変換を行う

変換を押して変換した文字が意図しているものと違った場合は、→または←を押して文字の下に表示されている太い下線を変換し直したい文節に移動し、再度変換を押します。

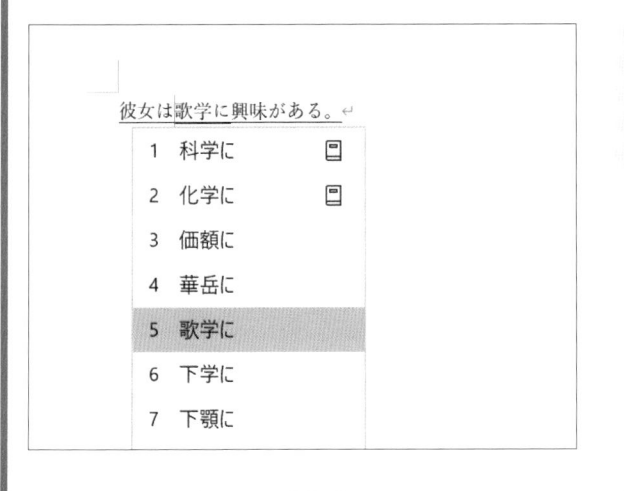

キーボードの←を押して太い下線を移動し、変換を押すと、ほかの変換に変更できます。

また、キーボードの変換を押して変換後、文章内で変換される文節を変更したい場合は、Shiftを押しながら←または→を押し、選択範囲を変更してから変換を押します。

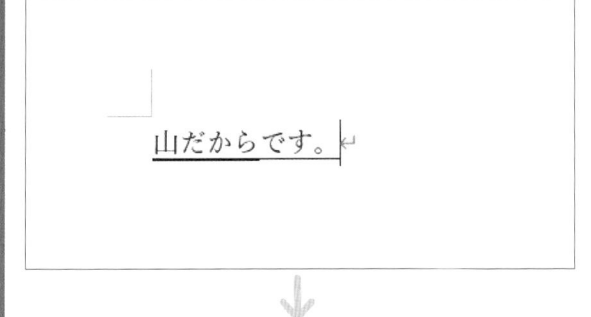

キーボードのShiftを押しながら←を押し、選択範囲を変更します。

キーボードの変換を押すと、選択した文節が変換されます。

終わり✔ 85

 レッスン 10 文字を修正・削除しましょう

文書を作成した後に間違っている箇所が見つかった場合などは、文字の修正や追加、削除を行いましょう。

1 文字を修正する

お客様感謝イベ[クリック]拝啓　時下ますますご清祥の段、お慶びただき御厚情のほど、心より御礼申し上さて、このたび東天では、お客様への日下記のとお [Shift]+[→] イベントを開催景品満載のビンゴゲーム等でお楽しみいご多忙とは存じますが、皆様のご来店記	修正する文字を選択します。修正したい文字の左側を**クリック**して マウスカーソルを置き、キーボードの[Shift]を押しながら[→]を押して選択します。

━━━━●アドバイス●━━━━

マウスのドラッグで文字を選択することができます。

↓

拝啓　時下ますますご清祥の段、お慶びただき御厚情のほど、心より御礼申し上さて、このたび当店では、お客様への日下記のとおりお客様感[あ]ントを開催景品満載のビン[入力]ム等でお楽しみい	修正後の文字を**[あ]入力**します。選択した文字が入力した文字に置き換わり、修正されます。

2 文字を追加する

さて、このたび東天では、お客様への日
下記のとおりお客様感謝イベントを開催
景品満載のビンゴゲーム等でお楽しみいた
ご多忙とは存じますが、皆様のご来店
記

①クリック
②入力

↓

下記のとおりお客様感謝イベントを開催
景品満載のビンゴゲーム等でお楽しみい
ご多忙とは存じますが、皆様のご来店

文字を
追加したいところを
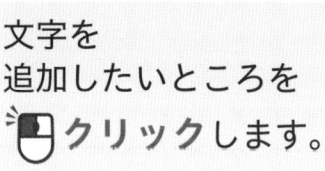クリックします。

追加したい文字を
入力します。

入力した文字が追加されます。

ヒント 挿入モードと上書きモード

ワードは通常、「挿入モード」と
なっており、文字を挿入するときに
点滅しているカーソルの位置に文字
が追加されます。キーボードの
Insertを押して「上書きモード」に切
り替えると、文字を追加する際、点
滅しているカーソルの右側の文字が
上書きされます。
ノートパソコンなどでInsertがない
場合は、ステータスバー❶を右ク
リックし、「上書き入力」❷をク
リックします。ステータスバーに
「挿入モード／上書きモード」が表
示されるので、以後はここをクリッ
クすることで切り替えができます。

行番号(B)	1
列(C)	1
✓ 文字カウント(W)	0 文字
✓ スペル チェックと文章校正(S)	エラーなし
✓ 言語(L)	日本語
✓ ラベル	
✓ 署名(G)	オフ
情報管理ポリシー(I)	オフ
アクセス許可(P)	オフ
変更履歴(T)	オフ
CapsLock(K)	オフ
上書き入力(O)	挿入モード
選択モード(D)	
マクロの記録(M)	記録停止中
アクセシビリティ チェック	
✓ アップロード状態(U)	
✓ ドキュメントの更新(U)	
✓ 表示選択ショートカット(V)	
✓ ズーム スライダー(Z)	
✓ ズーム(Z)	100%

日本語
て検索

次のページへ ➡ 87

記↵

開 催 日：2 月 14 日（日曜日）↵

時 　 間：13:00 　～ 　17:00↵

会 　 場：SB 雑貨店 　丸の内支店↵

お問合せ：03-xxxx-xxxx（担当：吉川）↵

クリック

削除したい文字の右側を
クリックして
マウスカーソルを
置きます。

記↵

開 催 日：2 月 14 日（日曜日）↵

時 　 間：13:00 　～ BackSpace

会 　 場：SB 雑貨店 　丸の内支店↵

お問合せ：03-xxxx-xxxx（担当：吉川）↵

キーボードの
BackSpace を押すと、
カーソルの左側にある
文字が1字ずつ
削除されます。

●アドバイス●

画面は5回 BackSpace を押して
「17：00」を削除しています。

記↵

開 催 日：2 月 14 日（日曜日）↵

時 　 間：13:00 　～ 17:00↵

会 　 場：SB 雑貨店 　丸の内支店↵

お問合せ：03-xxxx-xxxx（担当：吉川）↵

クリック Delete

削除したい文字の左側を
クリックして
マウスカーソルを置いて
キーボードの
Delete を押すと、
カーソルの右側にある
文字を1字ずつ
削除できます。

4 文字を一括削除する

削除したい文字を
選択します。

●アドバイス●

単語をダブルクリックする
と、一度に選択することがで
きます。

記↵

開 催 日：2 月 14 日（日曜日）↵

時　　間：13:00　〜　| **Delete**

会　　場：SB 雑貨店　丸の内支店↵

お問合せ：03-xxxx-xxxx（担当：吉川）↵

キーボードの
Delete または
BackSpace を押すと、
選択した文字が
一括削除されます。

ヒント 複数の離れた箇所を一括で削除する

複数の離れた箇所の文字を一度で
削除するには、最初に文字を選択
し、続けてキーボードの Ctrl を押
したまま、マウスで削除したい箇
所をドラッグします。Delete を押
すと、離れた複数箇所の文字を一
括で削除することができます。

記↵

開 催 日：2 月 14 日（日曜日）↵

時　　間：13:00　〜　17:00↵

会　　場：SB 雑貨店　丸の内支店↵

お問合せ：*03-xxxx-xxxx*（担当：吉川）↵

終わり ✔

文字をコピー・移動しましょう

レッスン 11

入力した文字をほかの場所でも使いたい場合は、コピーをすると便利です。また、文字を移動することもできます。

ここでの 操作 ⇒ 🖱 **クリック** → P.18　🖱→**ドラッグ** → P.19

1 文字をコピーする

クリック

2021/02/14←

S B雑貨店　丸の内支店←

Shift + →

ントのご案内←

申し上げます。平素は当店を御利用い

げます。←

日頃のご利用を感謝いたしまして、下

たします。ご来店プレゼントや豪華景

コピーする文字を選択します。

コピーしたい文字の左側を 🖱 **クリック**してマウスカーソルを置き、キーボードの Shift を押しながら → を押して選択します。

●アドバイス●

マウスのドラッグで文字を選択することができます。

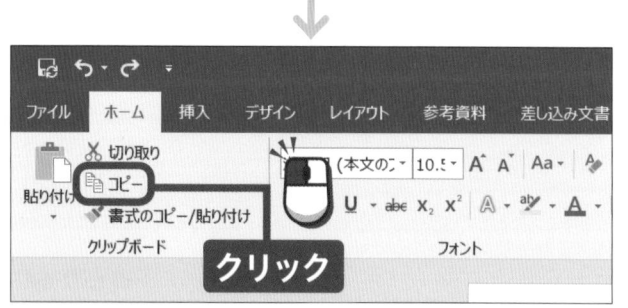

「ホーム」タブの「クリップボード」グループの 📋コピー を 🖱 **クリック**します。

さて、このたび当店では、お客様への日頃のご利用を感謝
記のとおりお客様感謝イベントを開催いたします。ご来店
品満載のビンゴゲーム等でお楽しみいただけます。↵

　ご多忙とは存じますが、皆様のご来店を心よりお待ちし

記↵

開 催 日：2 月 14 日（日曜日）↵

時　　　間：13:00　～　17:00↵

会　　　場：□　**クリック**↵

お問合せ：03-xx-xx（担当：吉川）↵

コピーした文字を
貼り付けたい場所を
🖱**クリック**し、
マウスカーソルを
置きます。

クリック

📋 **を**
🖱**クリック**します。

キーボードの Ctrl + C を押し
てコピー、 Ctrl + V を押して
貼り付けを行うこともできま
す。

3章

文書の作成と編集の方法を学びましょう

さて、このたび当店では、お客様への日頃のご利用を感
記のとおりお客様感謝イベントを開催いたします。ご来店
品満載のビンゴゲーム等でお楽しみいただけます。↵

　ご多忙とは存じますが、皆様のご来店を心よりお待ちし

記↵

開 催 日：2 月 14 日（日曜日）↵

時　　　間：13:00　～　17:00↵

会　　　場：SB雑貨店　丸の内支店↵

お問合せ：03-xxxx-xxxx（担当：吉川 📋(Ctrl) ▾

コピーした文字が貼り付け
られます。

貼り付けた文字と一緒にス
マートタグ（📋(Ctrl) ▾）も表示さ
れます。これは貼り付けのオ
プションが選択できるという
ものですが、ここでは無視し
て大丈夫です。気になる場合
は Esc を押すと消えます。

次のページへ ➡

91

2 文字を移動する

イベントのご案

拝啓　時下ますますご清祥の段、お慶び申し

ただき御厚情のほど、心より御礼申し上げま

　さて、このたび当店では、お客様への日頃

記のとおりお客様感謝イベントを開催いたし

移動したい文字を
選択します。

ファイル　ホーム　挿入　デザイン　レイアウト　参考資

切り取り

コピー

貼り付け

書式のコピー/貼り付け

クリップボード

游明朝 (本文の　▼　10.5　▼

B I U ▼ abe X₂ X²

フォン

クリック

「ホーム」タブの
「クリップボード」
グループの 切り取り を
クリックします。

●アドバイス●

ワードの画面の横幅を狭めて
いると、切り取り は ✂ のみの表
示となっている場合がありま
す。

イベントのご案

拝啓　時下ますますご清祥の段、　び申し

ただき御厚情のほど、心　　**クリック**し上げま

　さて、このたび当店では、お客様への日頃

記のとおりイベントを開催いたします。ご来

移動したい場所を
クリックし、
マウスカーソルを
置きます。

92

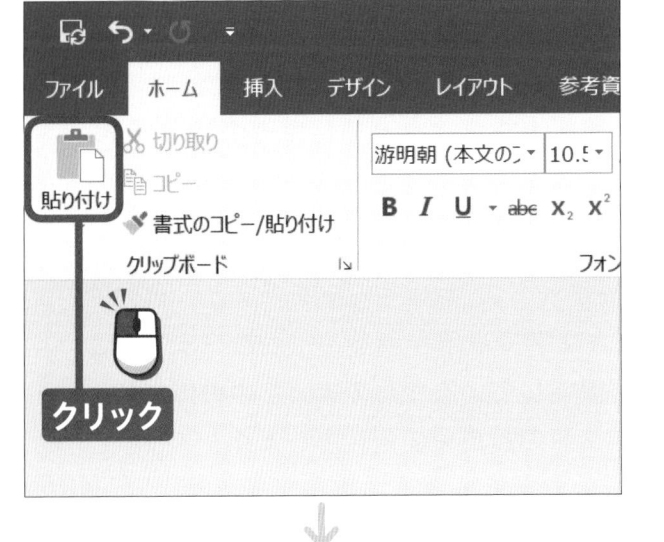

 をクリックします。

・アドバイス・

コピー、切り取り、貼り付けは選択範囲を右クリックし、表示されるメニューから行うこともできます。

文字が移動して貼り付けられます。

S B 雑

お客様感謝 ベントのご案内↵
🗐(Ctrl)▼

拝啓　時下ますますご清祥の段、お慶び申し上げます。平素
ただき御厚情のほど、心より御礼申し上げます。↵

　さて、このたび当店では、お客様への日頃のご利用を感謝
記のとおりイベントを開催いたします。ご来店プレゼントや
ンゴゲーム等でお楽しみいただけます。↵

　ご多忙とは存じますが、皆様のご来店を心よりお待ちして

記↵

ヒント　マウスで文字を移動する

移動させたい文字を選択し、移動したい箇所へドラッグすることでも、文字を移動することができます。

イベントのご案内↵

拝啓　時下ますますご清祥の段、お慶び申し上げます
ただき御厚情のほど、心より御礼申し上げます。↵
　さて、このたび当店では、お客様への日頃のご利用
記のとおりお客様感謝イベントを開催いたします。ご
品満載のビンゴゲーム等でお楽しみいただけます。↵
　ご多忙とは存じますが、皆様のご来店を心よりお待

終わり ✓

Q. アルファベットの先頭文字が大文字になってしまうのはなぜ？

A. オートコレクトが有効になっているためです。

たとえば「this」と入力し、キーボードの Space や Enter を押すと、自動的に「This」のように先頭文字が大文字で表示されることがあります。これはワードのオートコレクトが機能しているからです。この機能を利用したくないときは、オートコレクトの設定を変更しましょう。

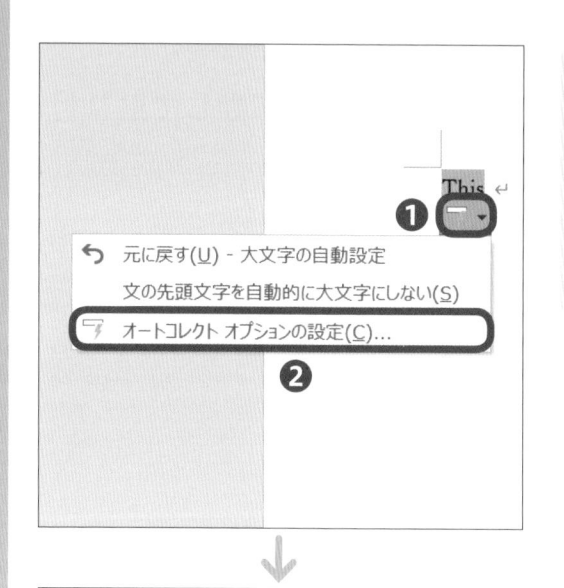

オートコレクトによって変換された文字をクリックし、先頭文字の下に表示される ▭ をクリックし、▤ ❶ →「オートコレクト オプションの設定」❷ をクリックします。

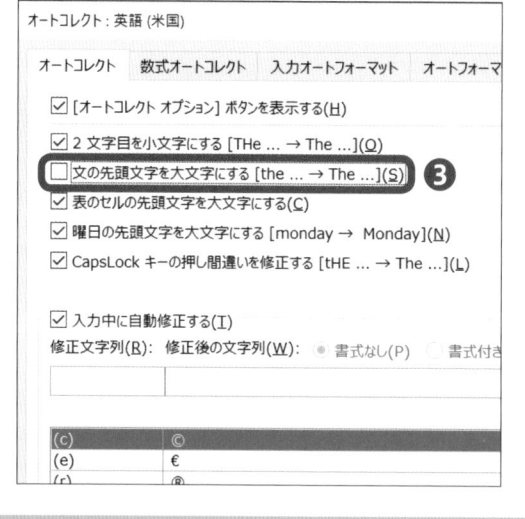

「文の先頭文字を大文字にする」❸ をクリックしてオフにし、「OK」をクリックすると、先頭文字が自動的に大文字にならなくなります。そのほかにも気になる設定が行われていたら、一緒にオフにしておきましょう。

ワード

4章

文書のデザインを
行いましょう

レッスンをはじめる前に

文章の書式を変更します

作成した文書の書式を変更して、読みやすくなるように設定しましょう。文字の書体や大きさを変更し、内容に合った雰囲気に変更すると、より一層読みやすくなります。見出しを中央に配置したり、文字を指定した文字数分に均等に割り付けたり、合わせて横幅に拡大／縮小したりすることもできます。

また、箇条書きを設定して文書内の一部をリスト形式にすると、内容が整理されるのでしっかりとまとまった文書になります。

▶ 中央揃え

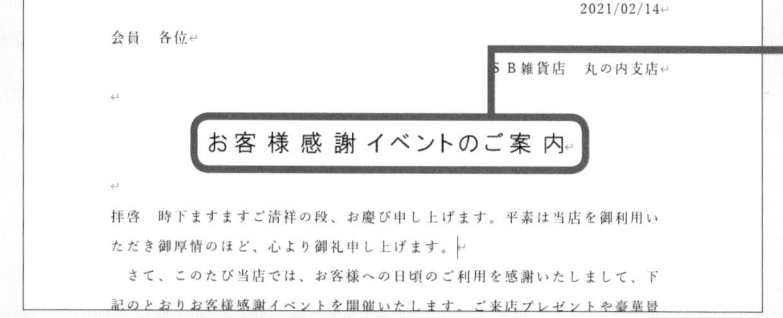

見出しを中央揃えにすると、見やすい文書になります。

▶ 箇条書き＆均等割り付け

箇条書きで内容を整理し、さらに均等割り付けを行って横幅を揃えています。

文章に装飾を付けます

作成した文書の文字には、さまざまな装飾を付けることができます。強調したいところを太字にしたり、アルファベットや数字などを斜体にしたり、大事なところに下線を引いたり、目立たせたいところは色を付けたりと、見栄えのよいデザインに仕上げることができます。

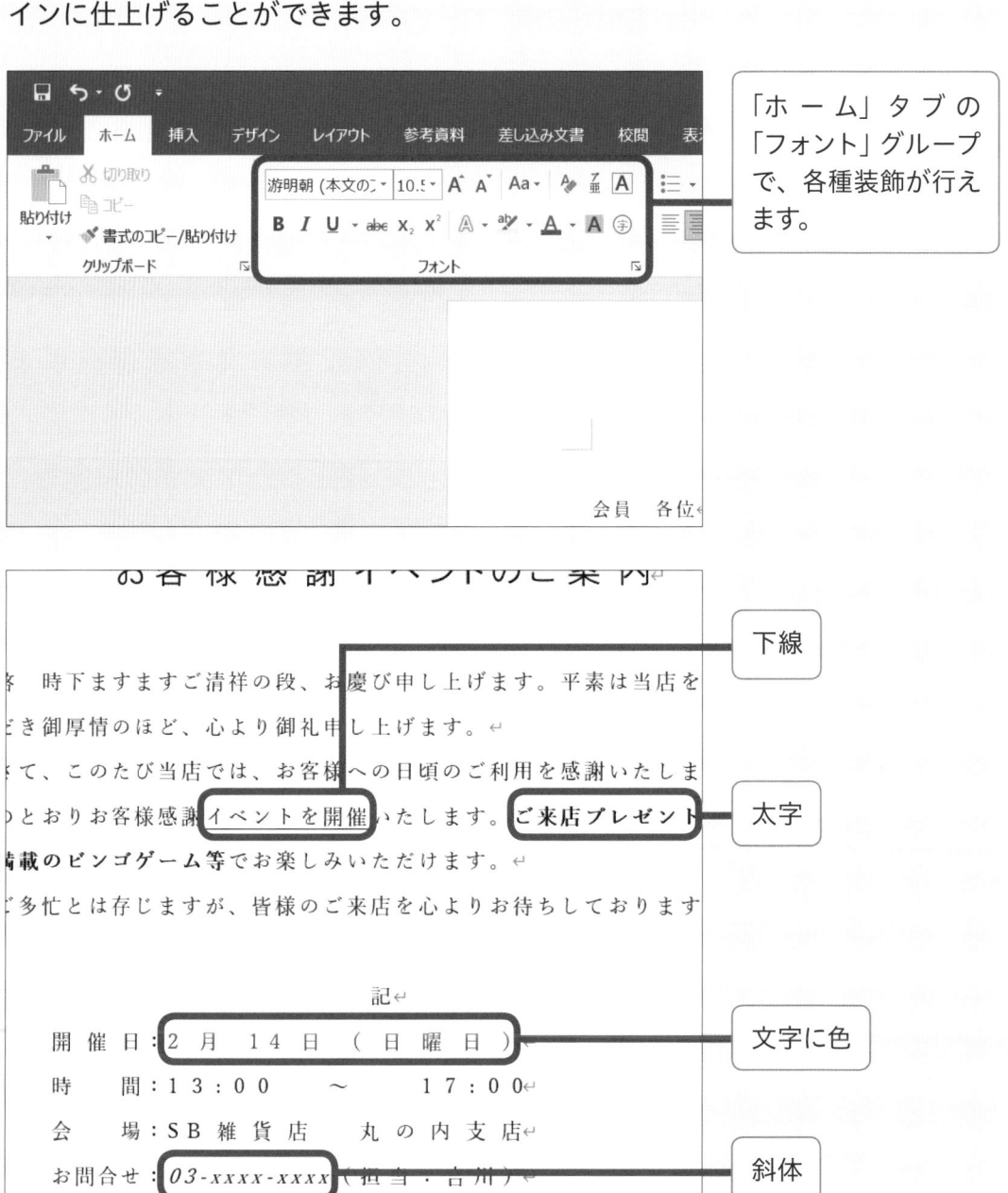

「ホーム」タブの「フォント」グループで、各種装飾が行えます。

下線

太字

文字に色

斜体

レッスン 12 文字の書体やサイズを変更しましょう

文字の書体やサイズを変更すると、メリハリの付いた文書に仕上げることができます。内容に合った書体、サイズに変更しましょう。

ここでの操作 ⇒ クリック → P.18

1 文字の書体を変更する

2021/02/

各位

SB雑貨店　丸の内支

お客様感謝イベントのご案内

　時下ますますご清祥の　　　申し　　　ます。平素は当店を御利用
き御厚情のほど、心より御礼申し上げます。

て、このたび当店では、お客様への日頃のご利用を感謝いたしまして、
とおりお客様感謝イベントを開催いたします。ご来店プレゼントや豪華
載のビンゴゲーム等でお楽しみいただけます。

多忙とは存じますが、皆様のご来店を心よりお待ちしております。

敬

記

開　催　日：2月14日（日曜日）

時　　　間：13:00 ～ 17:00

会　　　場：SB雑貨店　丸の内支店

お問合せ：03-xxxx-xxxx（担当：吉川）

以

修正する文字を選択します。

修正したい文字の左側を クリックして マウスカーソルを置き、Shiftを押しながら→を押して反転させます。

●アドバイス●

マウスのドラッグで文字を選択することができます。また、文書全体の書体を一括で変えるには、キーボードの Ctrl + A を押して全選択します。

↓

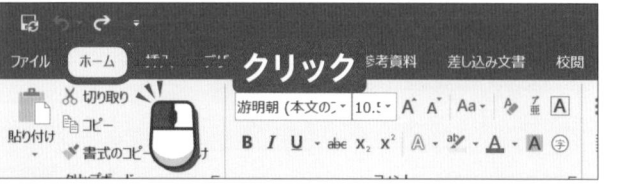
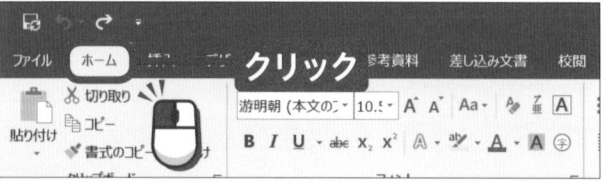

ホーム を クリックします。

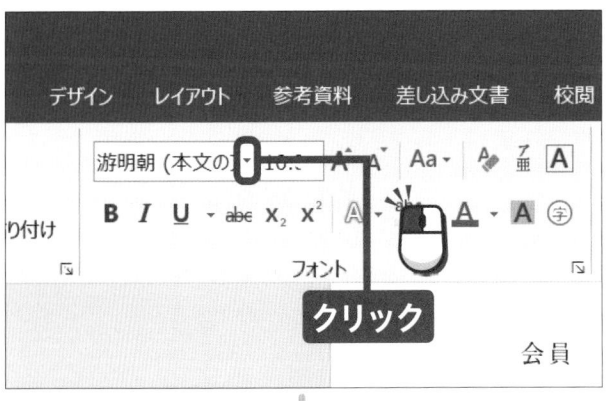

「フォント」グループの
書体名の▼を
クリックします。

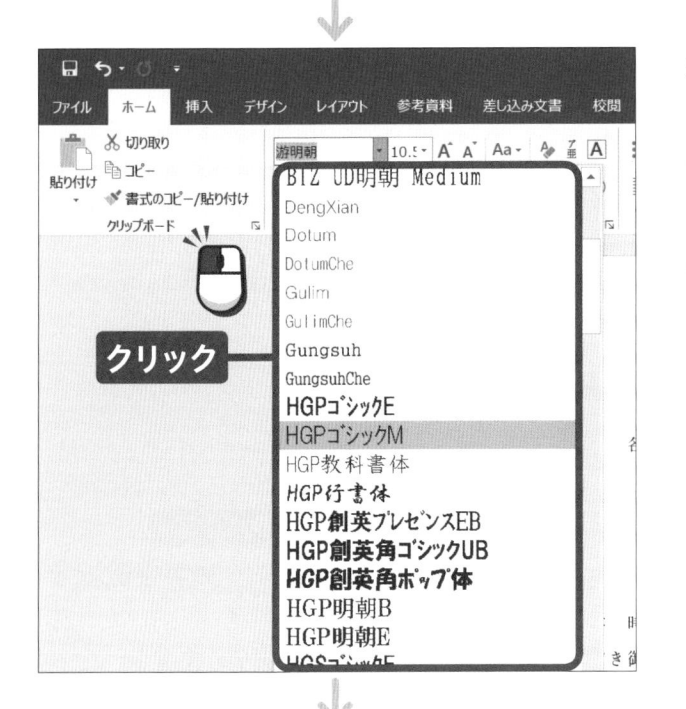

選択可能な書体が一覧で表示されます。

変更したい書体（ここでは「HGPゴシックM」）をクリックします。

選択した書体（HGPゴシックM）に変更されます。

SB雑貨店

お客様感謝イベントのご案内

すますご清祥の段、お慶び申し上げます。平素は当店
のほど、心より御礼申し上げます。

たび当店では、お客様への日頃のご利用を感謝いたし
客様感謝イベントを開催いたします。ご来店プレゼン
ゴゲーム等でお楽しみいただけます。

次のページへ ➡

2021/02/

各位←

S B雑貨店　丸の内支

お客様感謝イベントのご案内←

　時下ますますご清祥の段、お慶び申し上げます。平素は当店を御利用

き御厚情のほど、心より御礼申し上げます。←

て、このたび当店では、お客様への日頃のご利用を感謝いたしまして、

とおりお客様感謝イベントを開催いたします。ご来店プレゼントや豪華

蔵のビンゴゲーム等でお楽しみいただけます。←

多忙とは存じますが、皆様のご来店を心よりお待ちしております。←

敬

サイズを変更したい
文字を選択します。

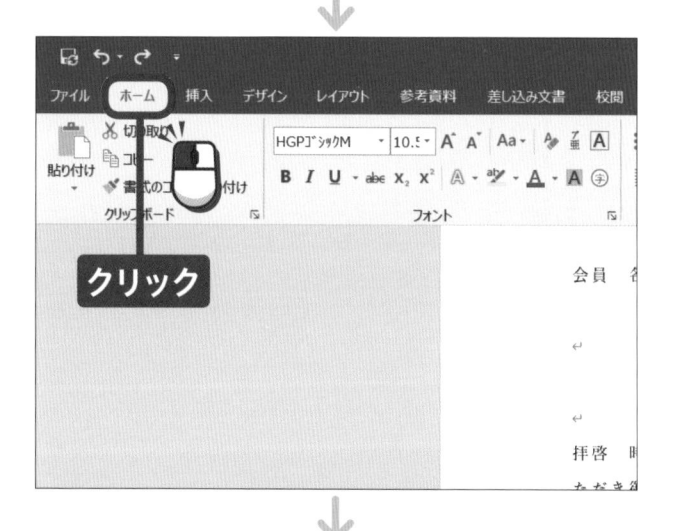

クリック

ホーム を クリック
します。

●アドバイス●

書式の設定は、文字を選択す
ると表示される「ミニツール
バー」からも行えます。

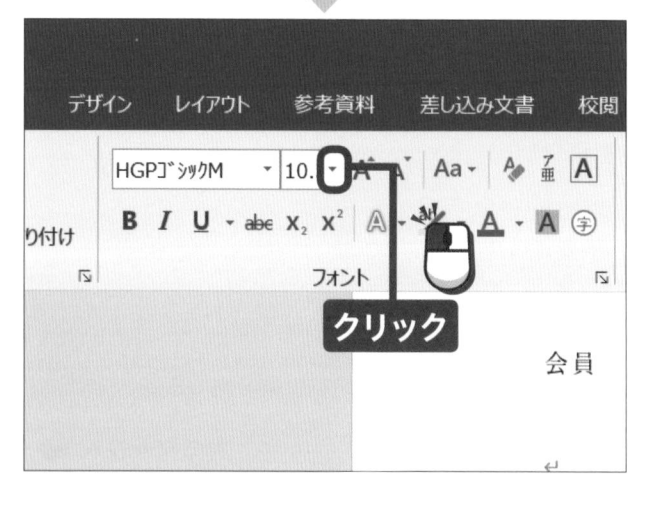

クリック

「フォント」グループの
文字サイズの ▼ を
クリックします。

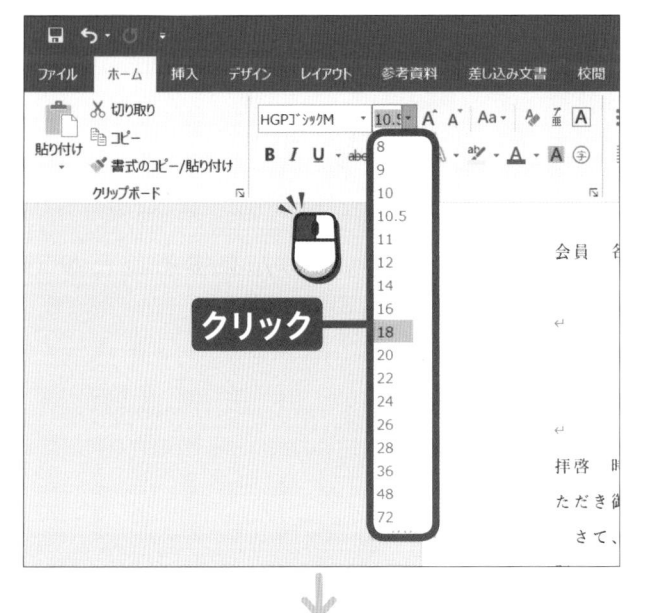

文字のサイズが一覧で表示されます。

変更したい文字のサイズ（ここでは「18」）を🖱クリックします。

選択したサイズ（18）に変更されます。

━━━━━━━━━●アドバイス●━━━━━━━━━

文字サイズに数値を入力することで、任意の大きさに設定することもできます。

ヒント 拡大／縮小ボタンでサイズを変更する

「ホーム」タブの「フォント」グループにあるボタンをクリックすることでも、選択している文字のサイズを変更することができます。Aⓐ❶をクリックすると拡大し、A❷をクリックすると縮小します。

終わり✔

レッスン 13 文字に飾りを設定しましょう

文字に太字や斜体、下線などの設定をしたり、色を付けたりすることができます。同じ文字に複数の飾りを設定をすることも可能です。

ここでの操作 ⇒ クリック → P.18

1 文字を太字にする

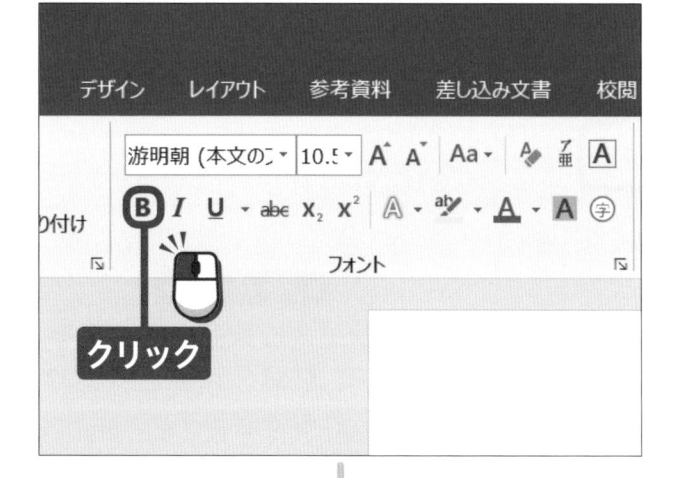

太字にする文字を選択しておきます。

「ホーム」タブの「フォント」グループの **B** を クリックします。

選択した文字が太字になります。

文字の飾りは、文字を選択すると表示される「ミニツールバー」からも行えます。

102

2 文字に斜体を設定する

デザイン
レイアウト
参考資料
差し込み文書
校閲
游明朝 (本文の:
10.5
フォント
クリック
会員

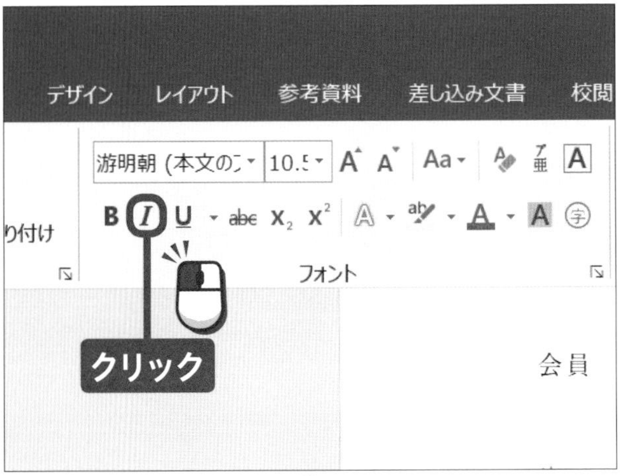

斜体にする文字を選択しておきます。

「ホーム」タブの「フォント」グループの *I* を クリックします。

ご多忙とは存じますが、皆様のご来店を心よりお
記
開催日：2月14日（日曜日）
時　間：13:00　～　17:00
会　場：SB雑貨店　丸の内支店
お問合せ：03-xxxx-xxxx（担当：吉川）

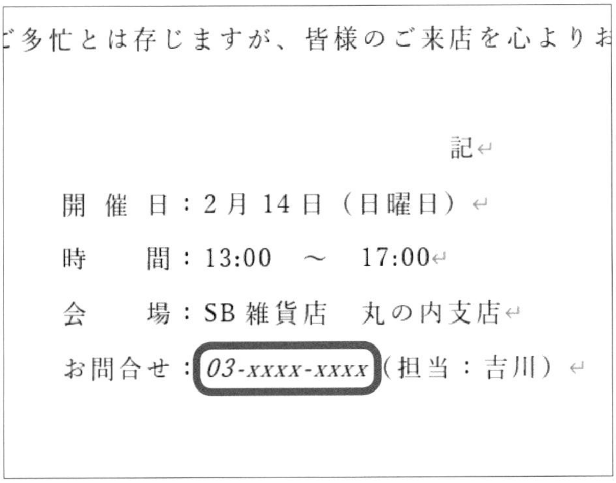

選択した文字に斜体が設定されます。

ヒント 飾りを解除する

設定した飾りを解除するには、解除したい文字を選択し、再度同じボタンをクリックします。設定中の飾りのボタンは、グレー色で表示されます。

ホーム
挿入
デザイン
レイアウト
切り取り
コピー
書式のコピー/貼り付け
クリップボード
游明朝 (本文の:

次のページへ

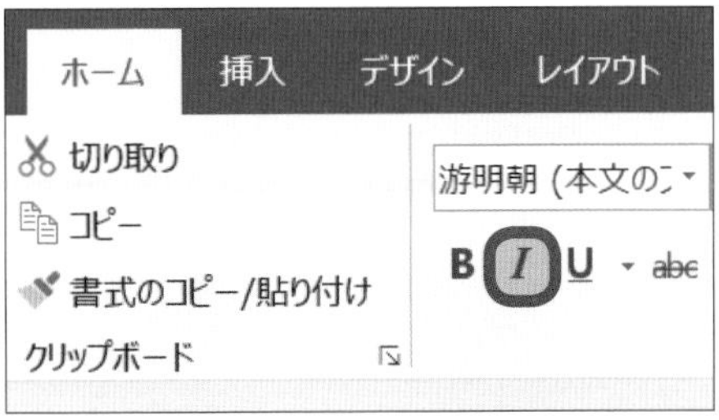

3 文字に下線を引く

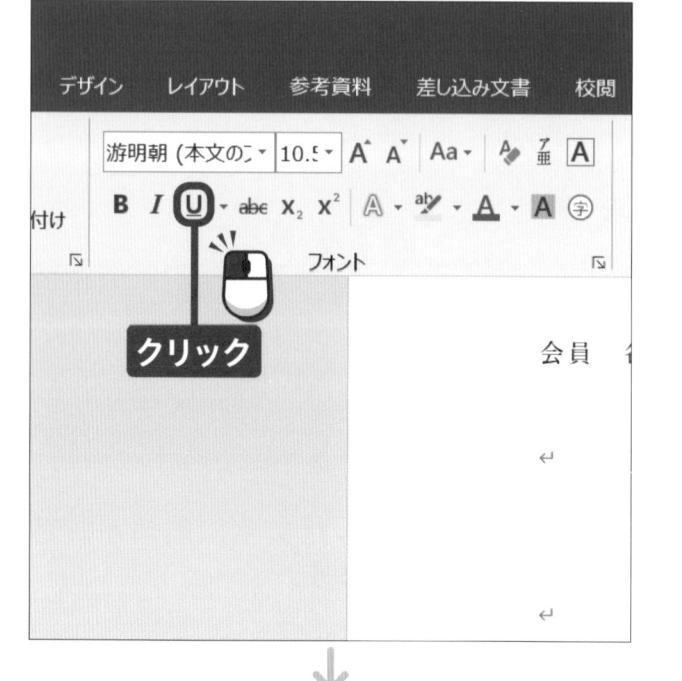

クリック

下線を引く文字を選択して
おきます。

「ホーム」タブの
「フォント」グループ
の U を クリック
します。

選択した文字に下線が設定
されます。

●アドバイス●

U の右の ▼ をクリックする
と、下線の種類が選択できま
す。

ヒント 文字に蛍光ペンを付ける

文字に蛍光ペンを付けるには、文字を選
択して「ホーム」タブをクリックし、
「フォント」グループの 🖊 をクリックし
ます。色を選ぶには、🖊 の右の ▼ をク
リックすると、蛍光ペンの色が一覧表示
されます。

4 文字に色を付ける

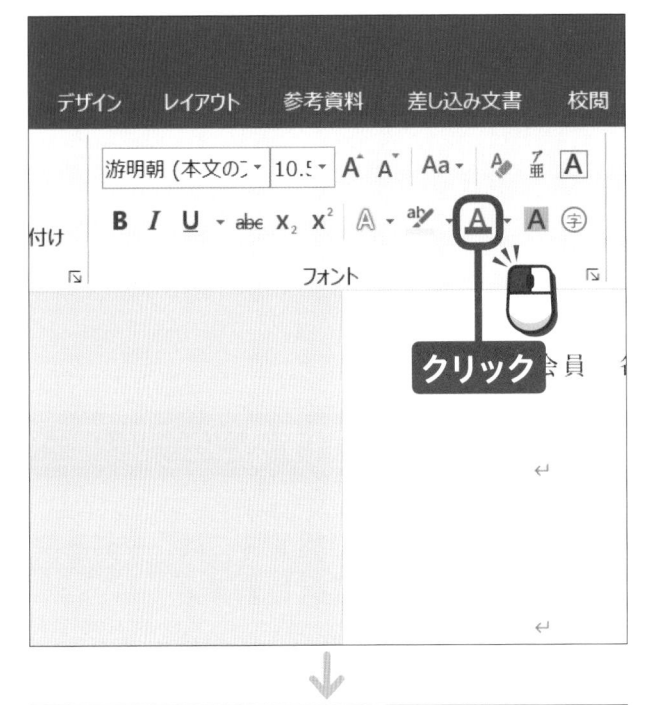

色を付ける文字を選択して
おきます。

「ホーム」タブの
「フォント」グループ
の **A** を クリック
します。

A の右の ▼ をクリックする
と、文字に付ける色が選択で
きます。

文字の色が変更されます。

記↵

```
開 催 日 ： 2 月 14 日 （日曜日）↵

時　　間：13:00　〜　17:00↵

会　　場：SB 雑貨店　丸の内支店↵

お問合せ： 03-xxxx-xxxx （担当：吉川）↵
```

ヒント　**A** の線の色

フォントの色を変えるアイコン（ **A** ）の
線の色は、現在、設定されている色で
す。設定状態に合わせて、アイコンに表
示される色も変わります。

終わり ✔　105

レッスン 14 書式をほかの文字にも簡単に適用しましょう

文字に設定した書式を別の文字にも適用したい場合は、書式のコピーをすると便利です。同じ設定を複数箇所に適用させることもできます。

ここでの操作 ⇒ クリック →P.18　ドラッグ →P.19

1 設定した書式をコピーして貼り付ける

記↵

開　催　日：**2 月 14 日（日曜日）**↵

時　　間：13:0 Shift +1→ ↵

会　　場：SB 雑貨店　丸の内支店↵

お問合せ：03-xxxx-xxxx（担当：吉川）↵

書式の設定をコピーする文字を選択します。

修正したい文字の左側をクリックしてマウスカーソルを置き、Shiftを押しながら→を押して選択します。

●アドバイス●

マウスのドラッグで文字を選択することができます。

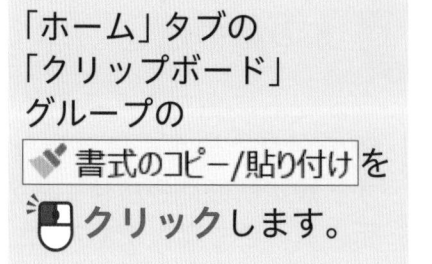

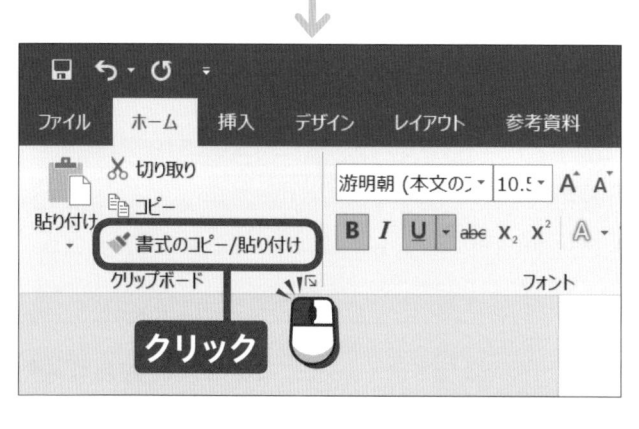

「ホーム」タブの「クリップボード」グループの書式のコピー/貼り付けをクリックします。

満載のビンゴゲーム等でお楽しみいただけます。

ご多忙とは存じますが、皆様のご来店を心よりま

記←

開 催 日：2 月 14 日（日曜日）←

時　　間　13:00　～　17:00←

会　　場：SB 雑貨店・・丸の内支店←

お問合せ：03-xxxx-xx（担当：吉川）←

ドラッグ

マウスポインターが🖌Ｉに変わります。

書式のコピー先となる文字を🖱➡ドラッグします。

満載のビンゴゲーム等でお楽しみいただけます。

ご多忙とは存じますが、皆様のご来店を心よりま

記←

開 催 日：2 月 14 日（日曜日）←

時　　間　13:00　～　17:00←

会　　場：SB 雑貨店　丸の内支店←

お問合せ：03-xxxx-xxxx（担当：吉川）←

書式がコピーされます。

●アドバイス●

ワードの画面の横幅を狭めている場合、🖌書式のコピー/貼り付け は🖌のみの表示となっている場合があります。

ヒント　複数箇所に連続して書式をコピーする

同じ書式を複数の箇所にコピーしたい場合は、コピーする文字を選択し、「ホーム」タブの「クリップボード」グループの「書式をコピー／貼り付け」をダブルクリックして、コピー先の文字をドラッグします。

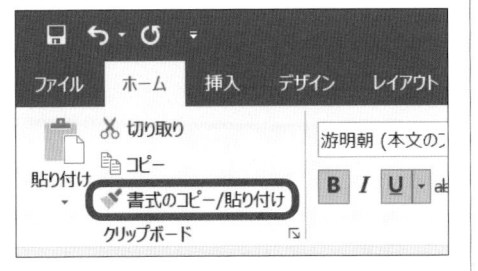

終わり✔

レッスン 15 文字にいろいろな書式を設定しましょう

作成文書をさらに読みやすくするために、文字にふりがなを振ったり、文字を均等に割り振ったりすることができます。

ここでの
操作 ⇒ 🖱 クリック
→ P.18

1 文字にふりがなを振る

ふりがなを振る文字を選択します。

ふりがなを振る文字の左側を🖱クリックしてマウスカーソルを置き、キーボードのShiftを押しながら→を押して選択します。

●アドバイス●

マウスのドラッグで文字を選択することができます。

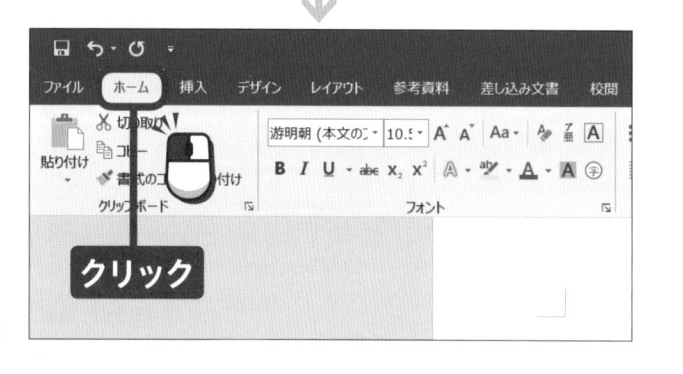

ホームを🖱クリックします。

「フォント」グループの
アあ亜 を クリック
します。

クリック

「ルビ」ダイアログボックスが表示されます。

読みが正しいか
確認し（間違っている
場合は修正して）、
OK を
クリックします。

ルビ			? ×
対象文字列(B):	ルビ(R):		文字列全体(G)
御厚情	ごこうじょう		文字単位(M)
			ルビの解除(C)
			変更を元に戻す(D)

配置(L): 均等割り付け 2　オフセット(O): 0 pt
フォント(E): 游明朝　サイズ(S): 5 pt

プレビュー

ごこうじょう
御厚情

クリック

すべて適用(A)...　すべて解除(V)...　OK　キャンセル

選択した文字にふりがなが
振られます。

お客様感謝イ

拝啓　時下ますますご清祥の段、お慶
ただき御厚情のほど、心より御礼申し
　さて、このたび当店では、お客様へ
記のとおりお客様感謝イベントを開催
品満載のビンゴゲーム等でお楽しみい
　ご多忙とは存じますが、皆様のご来

次のページへ ➡

▶ 均等割り付け

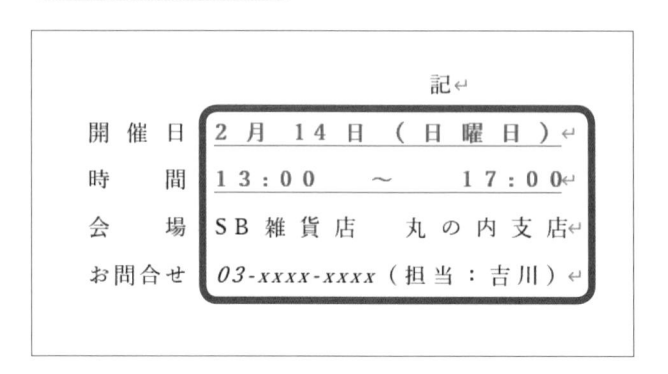

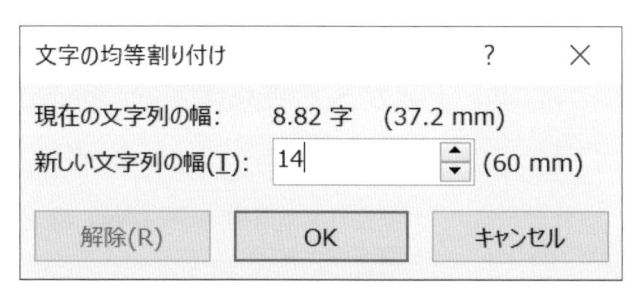

文字を指定した文字幅に均等に割り付けることができます。たとえば、8文字を15文字分の文字幅にすることなどが可能です。文字を選択し、「ホーム」タブの「段落」グループの▤をクリックします。「文字の均等割り付け」ダイアログボックスで文字列の幅を入力し、「OK」をクリックすると設定ができます。

▶ 文字幅を横に拡大／縮小

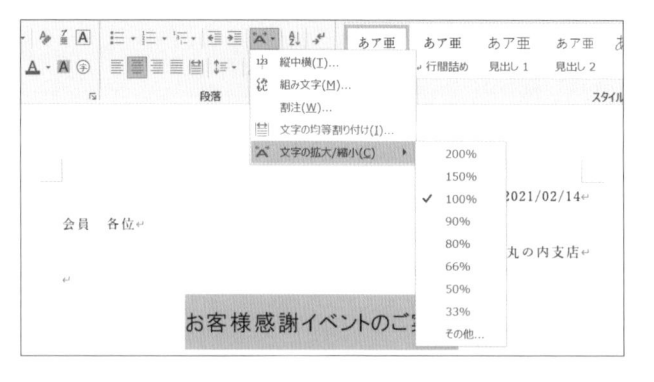

文字を横に拡大したり縮小したりすることができます。文字を選択し、「ホーム」タブの「段落」グループの▣をクリックし、「文字の拡大／縮小」にマウスポインターを重ね合わせ、変更したい比率をクリックします。

▶ 取り消し線

```
                                  記↵

開 催 日：2 月 14 日（日曜日）↵

時　　間：13:00　〜　17:00 18:00↵

会　　場：SB 雑貨店　丸の内支店↵

お問合せ：03-xxxx-xxxx（担当：吉川）↵
```

文字に取り消し線を引いて訂正を表すことができます。文字を選択し、「ホーム」タブの「フォント」グループにある abc をクリックすると設定できます。

▶ 囲み線

```
                                  202

立↵
                      SB 雑貨店　丸の

      ┌─────────────────────┐
      │ お客様感謝イベントのご案内 │
      └─────────────────────┘

下ますますご清祥の段、お慶び申し上げます。平素は当店を御
厚情のほど、心より御礼申し上げます。↵

 このたび当店では、お客様への日頃のご利用を感謝いたしまし
```

文字に囲み線を付けて目立たせることができます。文字を選択し、「ホーム」タブの「フォント」グループにある A をクリックすると設定できます。

ヒント 設定した書式を一括解除する

書式を設定した文字を選択し、「ホーム」タブの「フォント」グループの ✎ をクリックすると、文字に設定された書式がすべて一括解除されます。

```
レイアウト　　参考資料　　差し込み文書

明朝 (本文の   10.5   A゛ A゛   Aa ▾  (A゛)  ｱ
                                              亜

 I  U ▾ abc x₂ x²   A ▾ ᵃy ▾ A ▾  A

              フォント
```

終わり ✔

レッスン 16 見出しを中央揃えに しましょう

見出しなどの文字を中央揃えにして、見やすい文書を作成しましょう。同じやり方で、左揃えや右揃えにすることもできます。

ここでの 操作 → クリック → P.18

1 見出しを中央に配置する

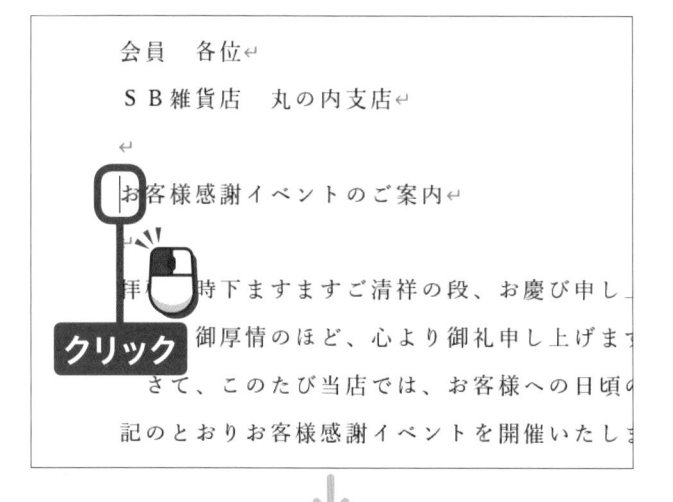

中央揃えにしたい
見出しの行を
🖱クリックして
カーソルを置きます。

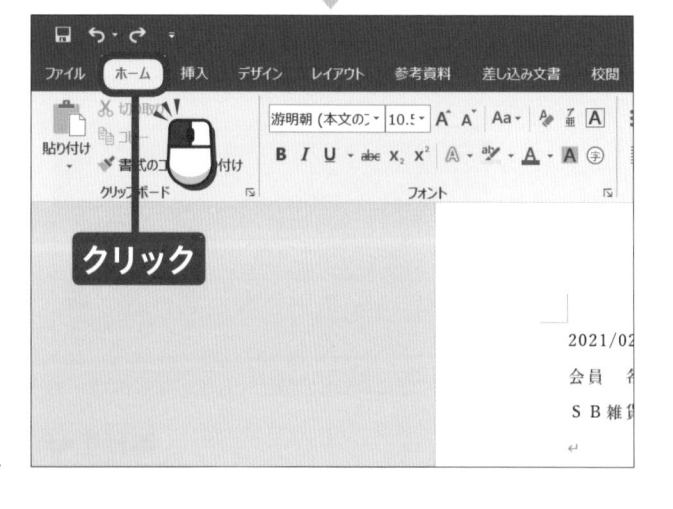

ホーム を 🖱クリック
します。

112

「段落」グループの ▤ を
クリックします。

見出しが中央揃えに設定されます。

ご案内.docx

込み文書　校閲　表示　ヘルプ　♀ 何をしますか

段落

クリック

2021/02/14

全員　各位

お客様感謝イベントのご案内

すご清祥の段、お慶び申し上げます。平素

ど、心より御礼申し上げます。

当店では、お客様への日頃のご利用を感謝

感謝イベントを開催いたします。ご来店プ

ーム等でお楽しみいただけます。

ヒント　左揃え／右揃えに設定する

文字を左揃えにするには、対象にしたい
行にカーソルを置き、「ホーム」タブの
「段落」グループの▤❶をクリックしま
す。▤❷をクリックすると、右揃えに設
定されます。

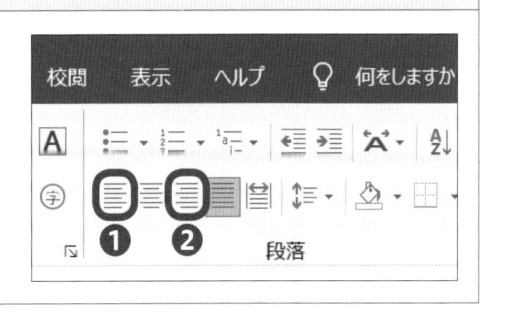

終わり ✔　113

箇条書きを作成しましょう

段落の先頭に記号を付け、箇条書きを作成しましょう。書きながら記号を自動で付ける方法と、作成した文章を箇条書きにする方法があります。

ここでの
操作 ⇒ 🖱 **クリック** → P.18　Ⅰあ **入力** → P.20

1 箇条書きを作成する

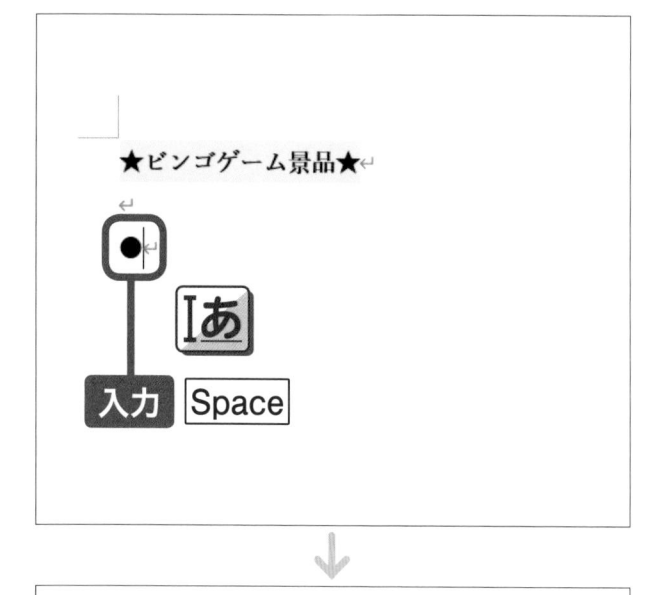

箇条書きの文頭に記号
（ここでは「●」）を
Ⅰあ 入力し、
キーボードの Space を
押します。

●**アドバイス**●

記号は●・■◆★＊などが利用できます。

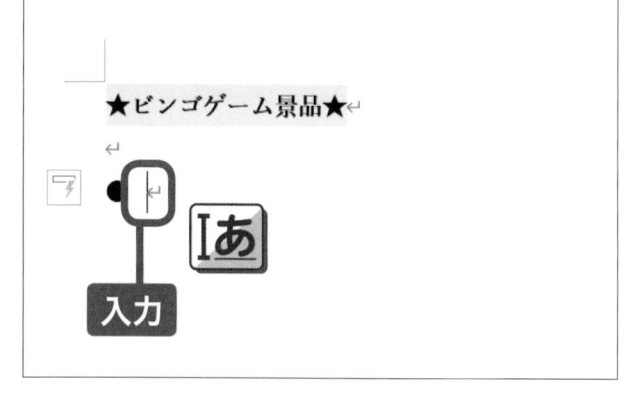

⚡ が表示されます。

箇条書きの1行目の
文字を Ⅰあ 入力します。

●**アドバイス**●

⚡ をクリックすると、箇条書きの各種設定が行えます。

キーボードの Enter を押します。

●アドバイス●

箇条書きを設定したくない場合は、⊡をクリックし、「箇条書きを自動的に作成しない」をクリックしましょう。

自動的に箇条書きが設定され、記号が2行目の行頭に表示されます。

以上の要領で
2行目以降を
[あ]入力していきます。

入力が完了したら、
最後の行頭で Enter を
押すと、最後の記号が
消え箇条書きが
完成します。

●アドバイス●

ここでは4つ目の「●」が消えて箇条書きが完成します。

次のページへ ➡

115

2 すでに作成した文書を箇条書きに設定する

あらかじめ箇条書きにする
文章を入力しておきます。

★ビンゴゲーム景品★

1等　1万円分クーポン券　1名
2等　5千円分クーポン券　5名
3等　人気商品詰め合わせセット　10名

箇条書きにしたい文章を
選択します。

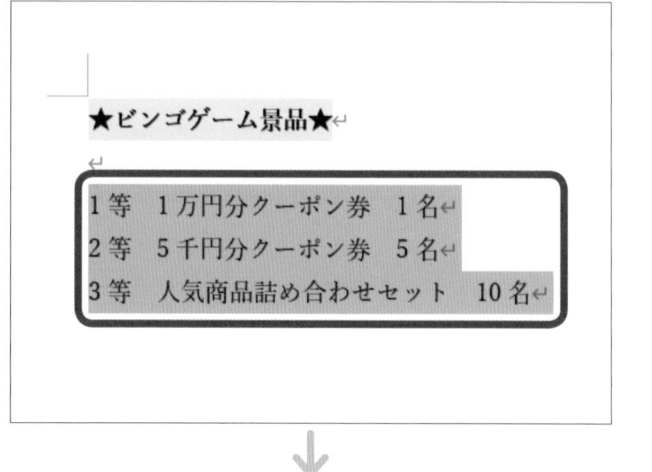

「ホーム」タブの
「段落」グループの
目 を
クリックして、
利用したい記号を
クリックします。

①クリック

②クリック

★ビンゴゲーム景品★
1等　1万円分クーポン券　1名
2等　5千円分クーポン券　5名
3等　人気商品詰め合わせセット　10名

箇条書きが設定されます。

★ビンゴゲーム景品★

● 　1等　1万円分クーポン券　1名
● 　2等　5千円分クーポン券　5名
● 　3等　人気商品詰め合わせセット　10名

終わり ✔

5章

文書に表や写真を挿入しましょう

レッスンをはじめる前に

エクセルの表やグラフを挿入できます

ワードの文書には、エクセルで作成した表やグラフを挿入することができます。売上報告書や社内文書といったビジネス文書を作成するときに便利です。エクセルで集計などを済ませた表やグラフを貼り付けるだけなので、いちから計算したり、表を作成したりする必要などがなく、スピーディーな文書作成が行えます。

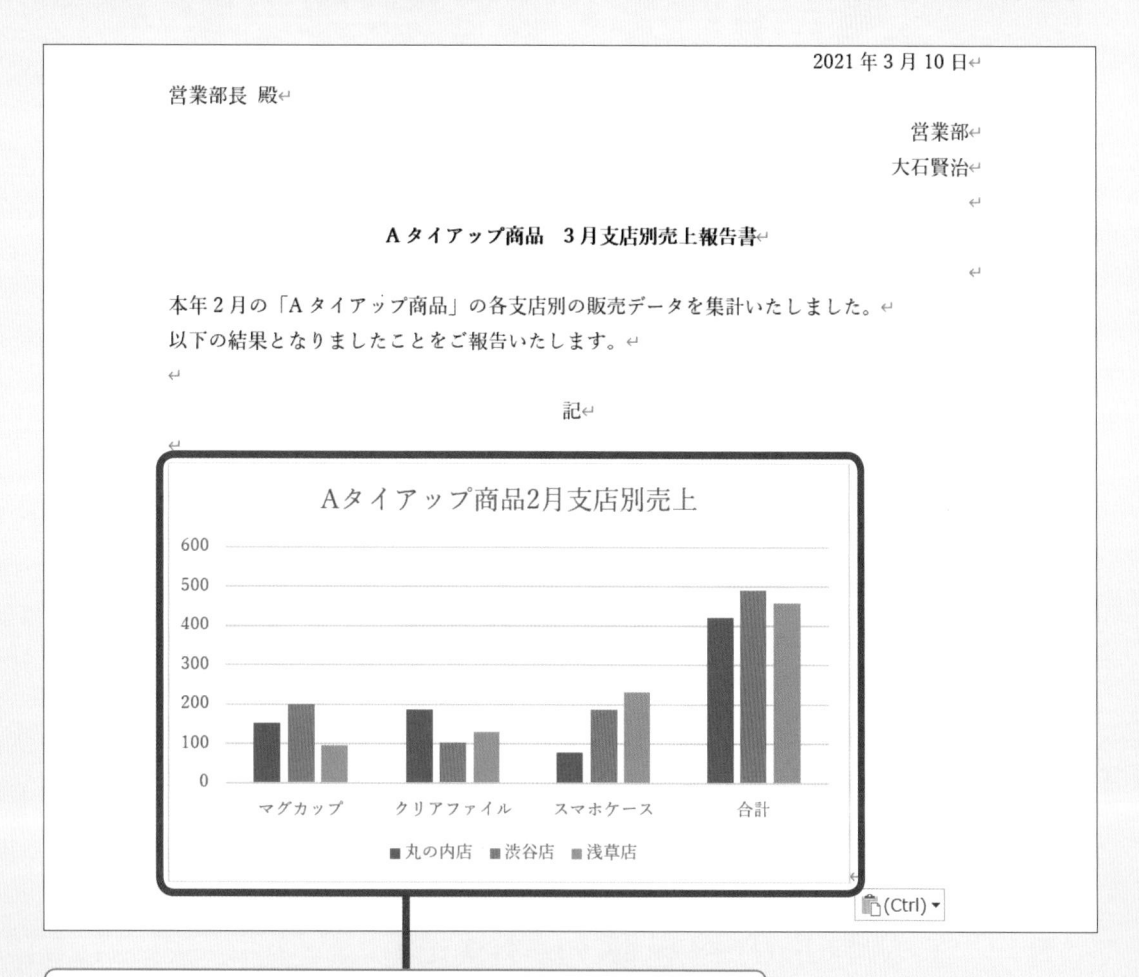

エクセルの表やグラフを文書内に挿入することができます。

写真を挿入できます

エクセルの表やグラフ以外にも、パソコンに保存している写真を文書に挿入することもできます。挿入した写真は、不要な部分を切り取りトリミングすることも可能です。

文字だけでなく、ビジュアルで見せたい文書などに使うと効果的です。

京都旅行について

皆さま、お疲れさまです。

今年も旅行の季節となりました。

先日のアンケートの結果、今年の行き先は**京都**に決定しました！

参加希望者は今月中に総務部の伊藤・高橋へご連絡ください。

なお、今年も移動はグリーン車、宿泊は高級旅館の予定です。

この機会を逃さないよう、ふるってご参加ください！

総務部　伊藤

パソコン内に保存している写真を簡単に文書内に挿入することができます。

エクセルの表を貼り付けましょう

ワードで作成している文書に、エクセルで作成した表を貼り付けることができます。表以外にも、グラフを貼り付けることも可能です。

ここでの操作 ⇒ クリック →P.18　ドラッグ →P.19

1 エクセルの表を貼り付ける

コピー元のエクセルファイルを開きます。

コピーする表を
ドラッグで
選択します。

●アドバイス●

ここではセル「A2」から「D6」を選択しています。

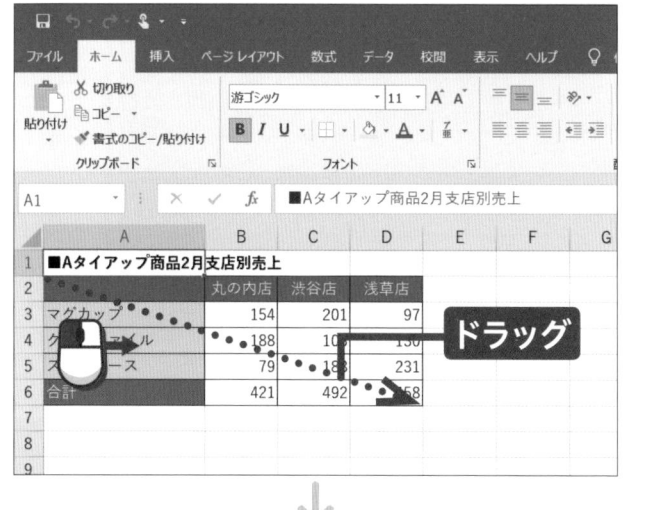
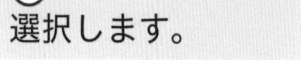

ホームを
クリックします。

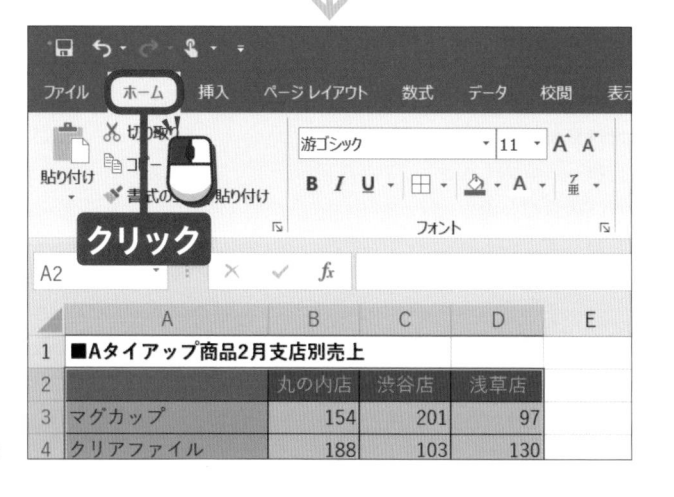

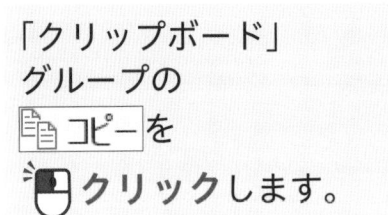

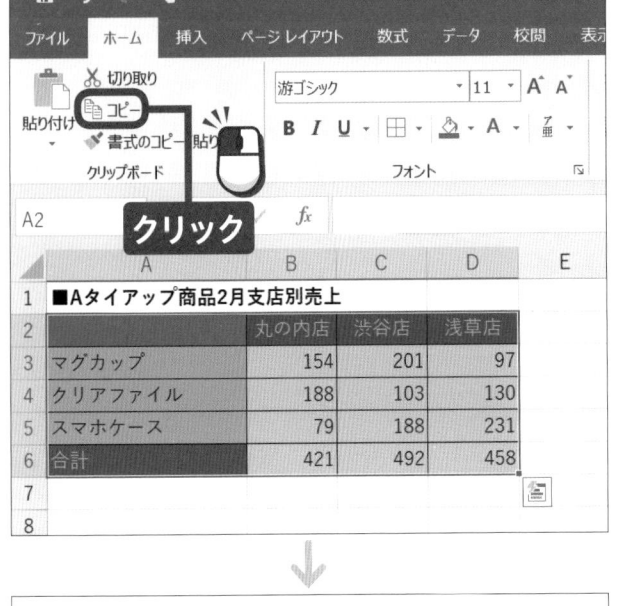

「クリップボード」
グループの
コピーを
クリックします。

・アドバイス・

エクセルの画面の横幅を狭め
ている場合、コピーはのみ
の表示となっていることがあ
ります。

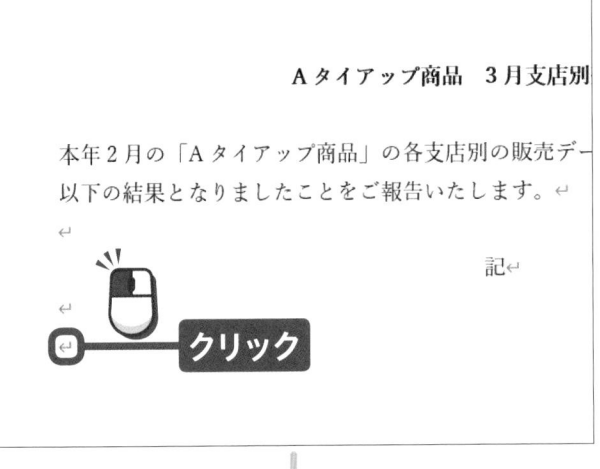

コピーした表を貼り付ける
ワードファイルを開きます。

表を挿入したい箇所を
クリックして
カーソルを置きます。

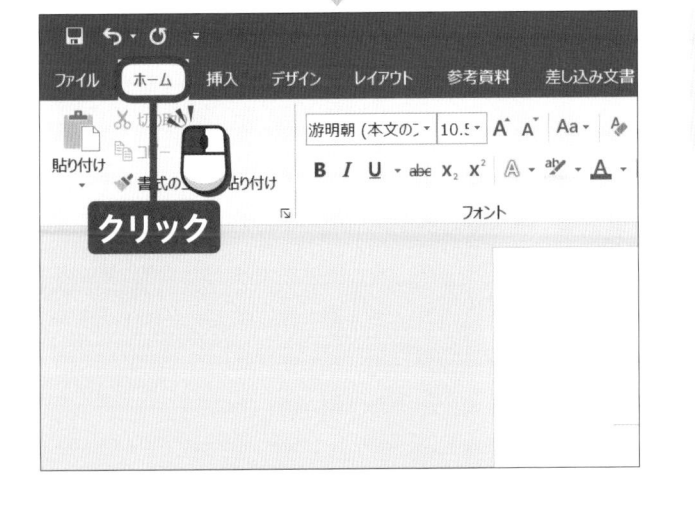

ホームを
クリックします。

次のページへ ➡

「クリップボード」
グループの  を
クリックします。

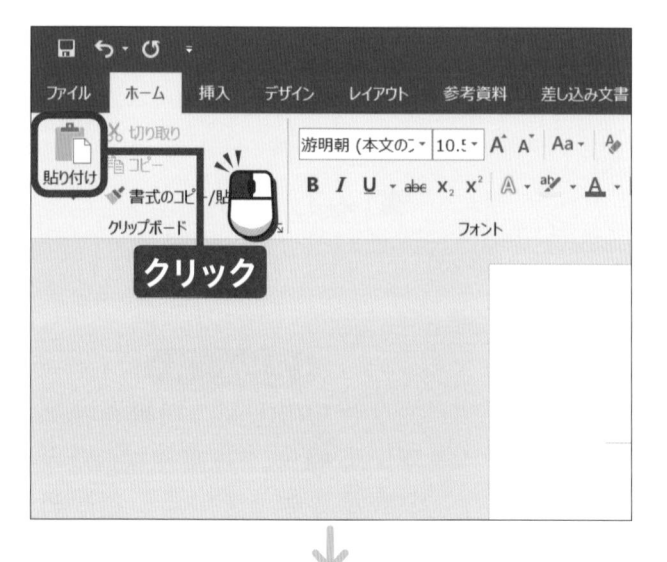

エクセルの表がワードの文
書内に貼り付けられます。

キーボードの Esc を
押して (Ctrl) ▼ を
非表示にし、マウスポイ
ンターを表内に移動しま
す。

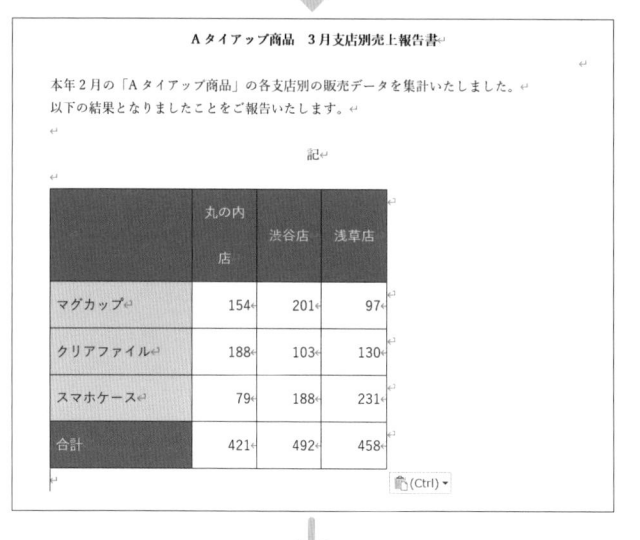

表の右下に表示される
□ をドラッグして
表のサイズを調整します。

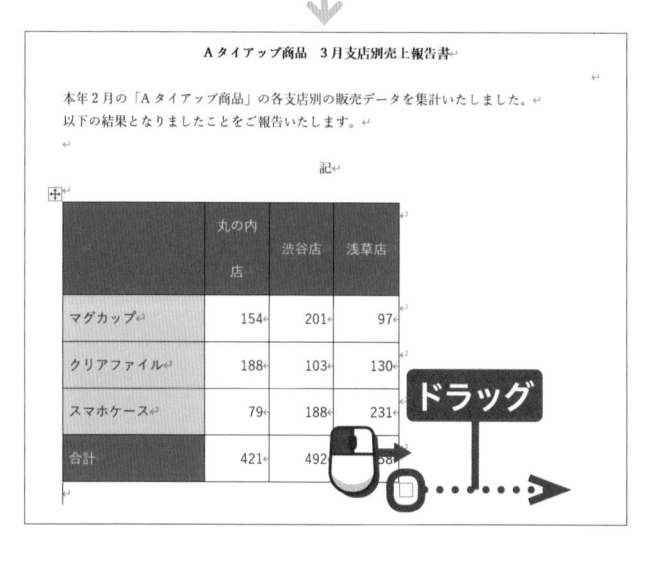

2 エクセルのグラフを貼り付ける

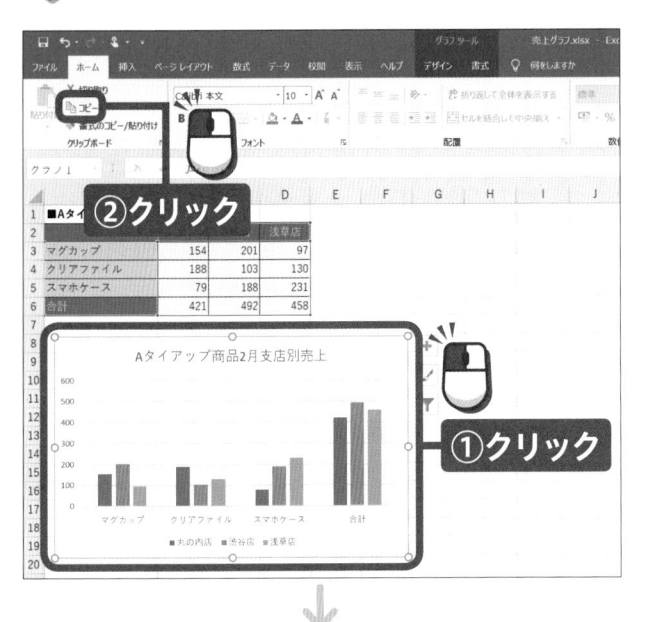

コピー元のエクセルファイルを開きます。

コピーしたいグラフを🖱クリックして選択します。

「ホーム」タブの「クリップボード」グループの📋 コピーを🖱クリックします。

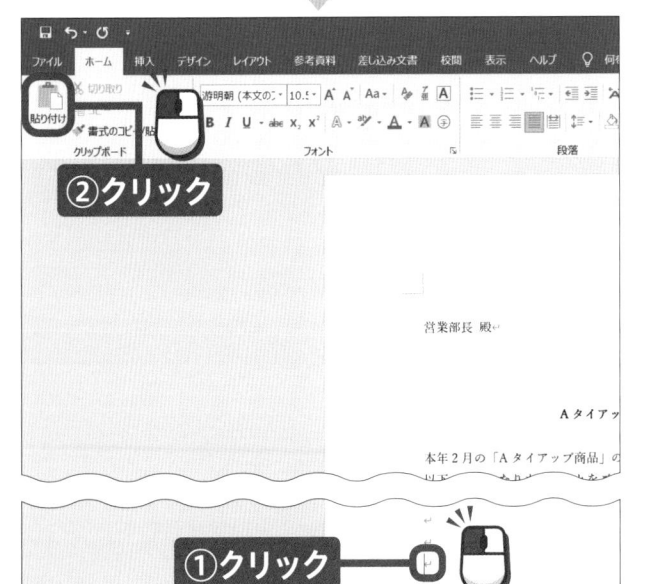

コピーしたグラフを貼り付けるワードファイルを開きます。

挿入したい箇所を🖱クリックしてカーソルを置きます。

「ホーム」タブの「クリップボード」グループの📋を🖱クリックします。

エクセルのグラフがワードの文書内に貼り付けられます。

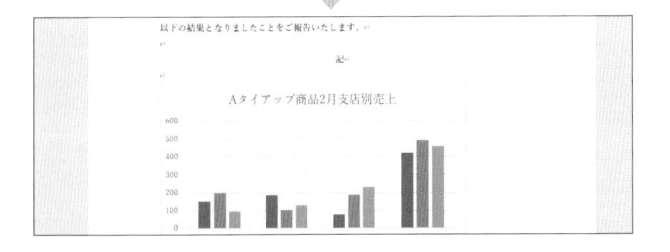

終わり ✔

123

写真を挿入しましょう

文書内に、パソコンに保存されている写真を貼り付けることができます。
貼り付けた写真は切り取りをして、不要な部分のカットもできます。

ここでの
操作 ⇒ **クリック** → P.18　**ドラッグ** → P.19

1 写真を挿入する

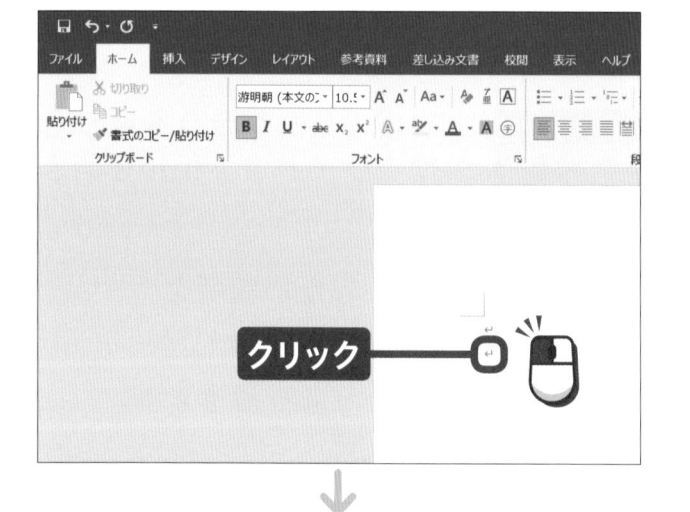

クリック

写真を挿入するワードファイルを開きます。

挿入したい箇所を
🖱クリックして
カーソルを置きます。

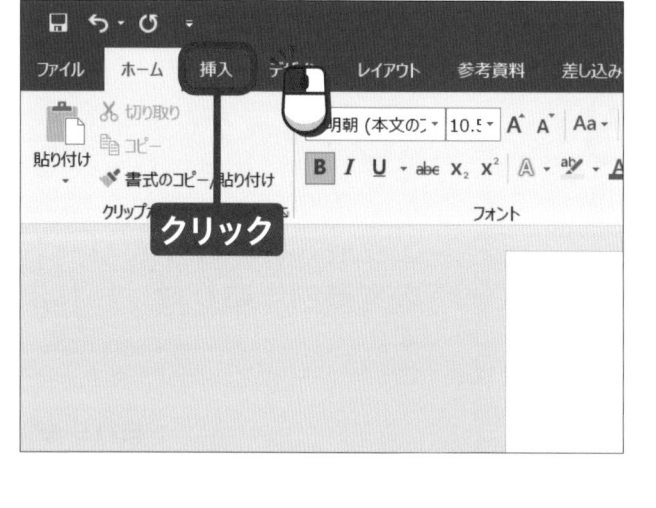

クリック

挿入を
🖱クリックします。

「図」グループの画像を
クリックします。

このデバイス...(D)を
クリックします。

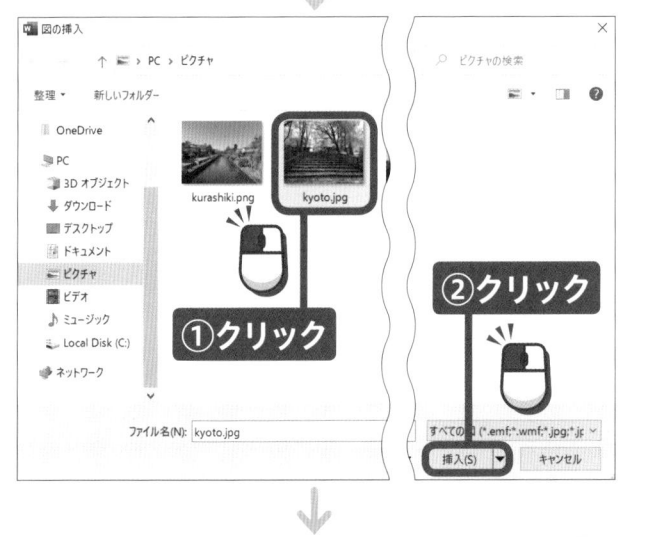

「図の挿入」ダイアログ
ボックスが表示されます。

貼り付けたい写真を
クリックして
選択します。

挿入(S) ▼を
クリックします。

写真がワードの文書内に貼
り付けられます。

次のページへ ➡

2 写真を必要なところだけ切り抜く

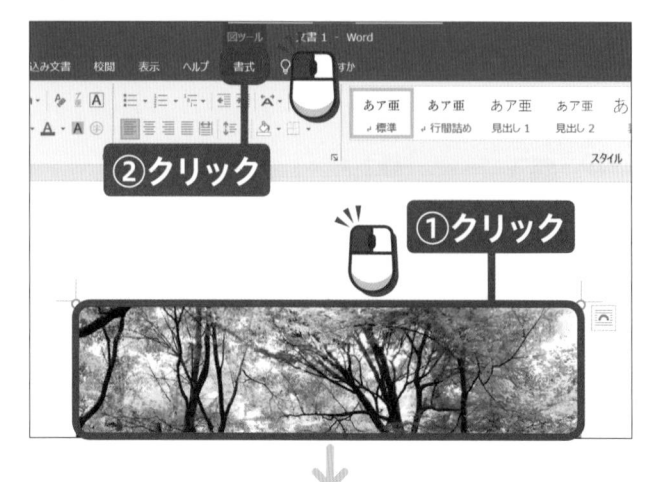

切り抜きをしたい写真を
クリックして
選択します。

書式を
クリックします。

「配置」グループのを
クリックします。

写真の周りに表示される
黒いマークを
ドラッグして
切り抜きを調整します。

写真の外側を
クリックします。

写真の切り抜きが完了します。

終わり ✔

6章

文書の印刷を行いましょう

レッスンをはじめる前に

作成した文書は印刷できます

ワードで作成した文書は、プリンターを利用して紙に印刷することができます。
報告書をはじめ、見積書や納品書のような帳票、会議で配布する資料や議事録など、さまざまな文書を印刷して仕事で利用することができます。

プリンターで紙に印刷することで、内容を共有したい人に配布して、読んでもらうことができます。

印刷設定は変更できます

紙に印刷する際、印刷するページの範囲や用紙のサイズ、紙に合わせた比率の変更、1枚あたりのページ数などを設定することができます。印刷したときに見やすいように各種設定を行いましょう。

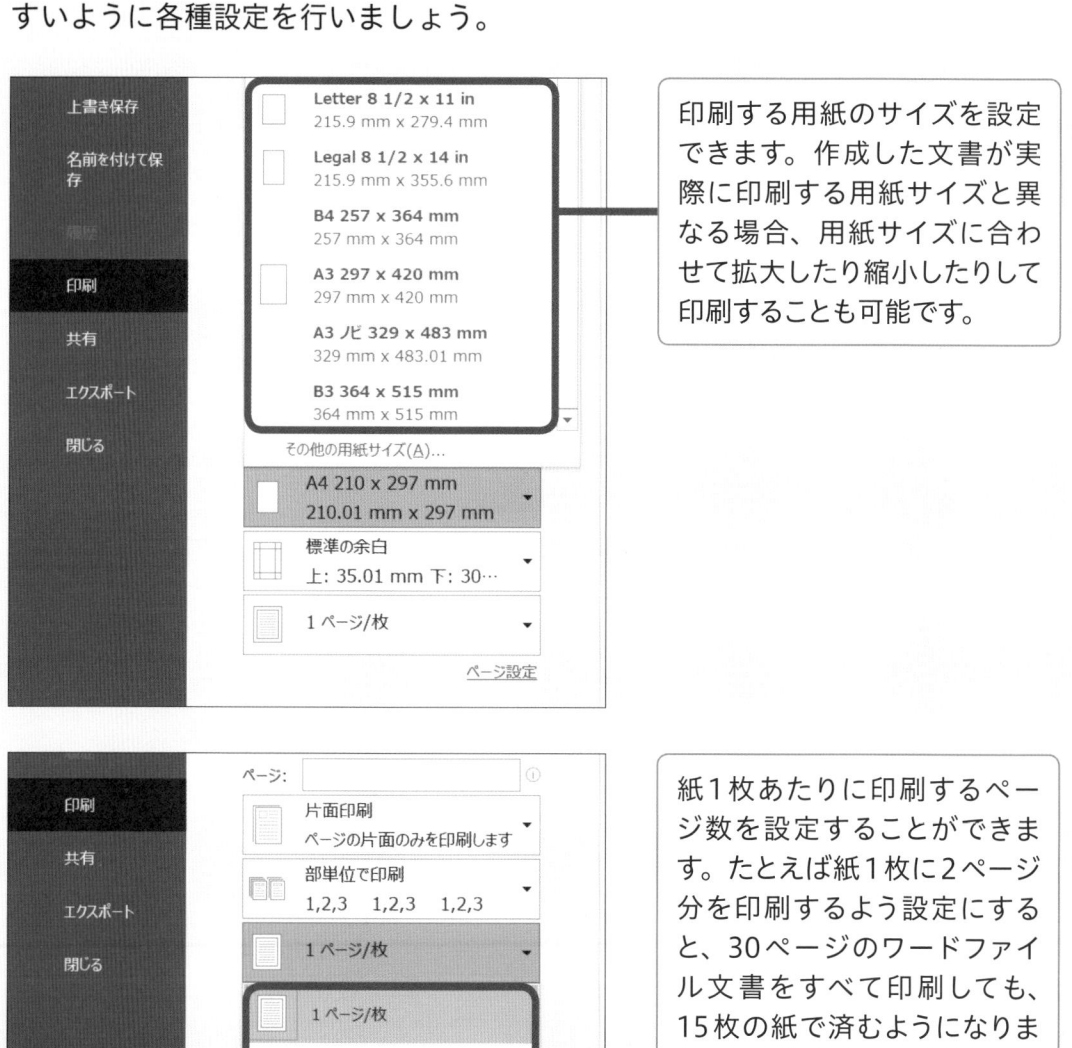

印刷する用紙のサイズを設定できます。作成した文書が実際に印刷する用紙サイズと異なる場合、用紙サイズに合わせて拡大したり縮小したりして印刷することも可能です。

紙1枚あたりに印刷するページ数を設定することができます。たとえば紙1枚に2ページ分を印刷するよう設定にすると、30ページのワードファイル文書をすべて印刷しても、15枚の紙で済むようになります。

レッスン 20 プレビューで文書を確認しましょう

作成したワードファイルの文書をプリンターで紙に印刷しましょう。まずは、どのように印刷されるか、プレビューで確認します。

ここでの操作 ⇒ 🖱 クリック → P.18　🖱 ドラッグ → P.19

1 プレビューを表示する

クリック

印刷したいワードファイルを開きます。

ファイルを
🖱 クリックします。

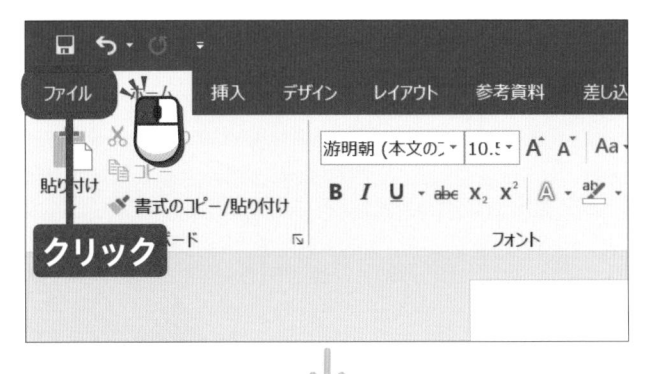

印刷を
🖱 クリックします。

こんにちは

新規

白紙の文書　　ビジネス レター (販...

最近使ったアイテム　ピン留め

クリック

「印刷」画面が表示され、右側にプレビューが表示されます。

を
クリックします。

文書の2ページ目がプレビュー表示されます。

ヒント　プレビュー表示を拡大／縮小する

プレビュー画面の右下の＋❶をクリックすると表示が拡大し、ー❷をクリックすると縮小します。また、真ん中の＋❸を左右にドラッグすることでも拡大・縮小することができます。なお、右にある▣❹をクリックすると、画面の大きさに合わせて1ページ全体が表示されます。

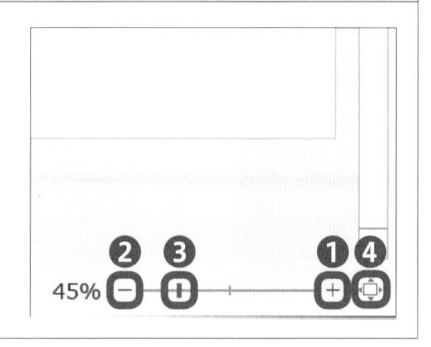

終わり✔

印刷される範囲を設定しましょう

レッスン 21

印刷したい箇所が文書の一部のみの場合、印刷範囲を設定してその部分だけが印刷されるようにしましょう。

ここでの操作 ⇒ クリック → P.18

1 印刷する範囲を変更する

印刷したいワードファイルを開きます。

ファイルを
クリックします。

印刷を
クリックします。

「印刷」画面が表示され、左側に印刷設定メニューが表示されます。

「設定」の

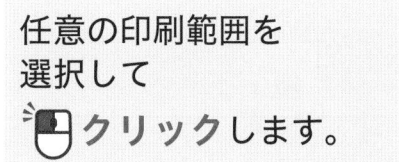

を

クリックします。

●アドバイス●

表示されているボタンは、現在の設定状況に応じて変わります。

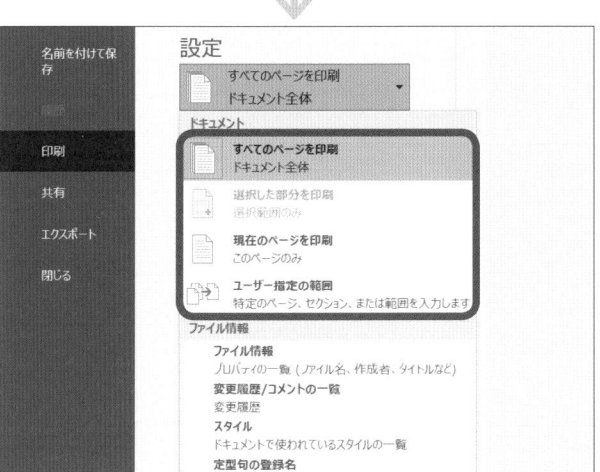
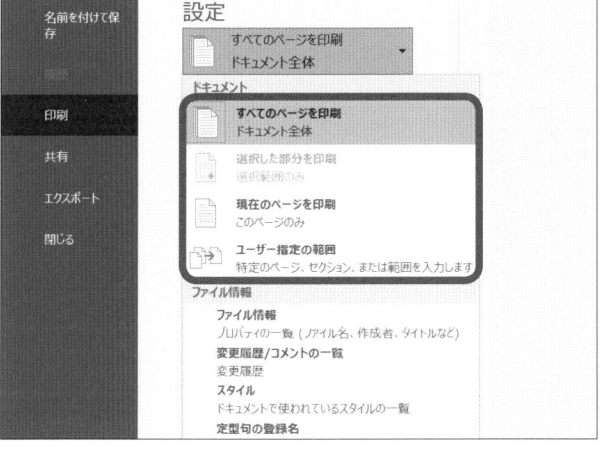

任意の印刷範囲を選択して

クリックします。

ヒント 印刷するページを指定する

「印刷」画面の「設定」の下にある「ページ」の入力欄に、印刷したいページ番号を入力すると、入力したページのみを印刷することができます。

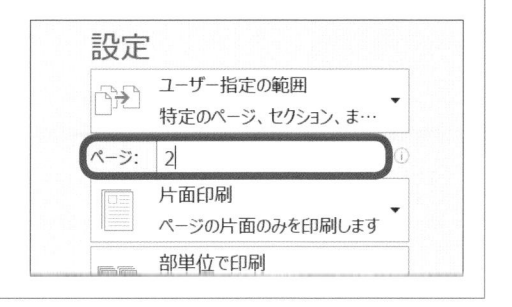

終わり ✔

印刷の用紙を設定しましょう

初期設定では、A4で印刷されるように用紙が設定されています。紙にはさまざまなサイズがあるので、印刷したい用紙の設定を行いましょう。

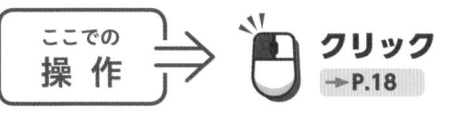

1 印刷の用紙を変更する

印刷したいワードファイルを開きます。

を
クリックします。

を
クリックします。

134

「印刷」画面が表示され、左側に印刷設定メニューが表示されます。

「設定」の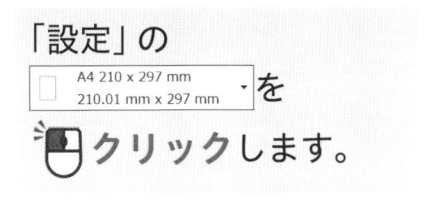をクリックします。

●アドバイス●

表示されているボタンは、現在の設定状況に応じて変わります。

ここでは「A3」の用紙を選択します。

「設定」のをクリックします。

用紙の設定が変更され、プレビュー表示が設定した用紙サイズのものに変更されます。

●アドバイス●

「縦方向」をクリックすると、用紙の向きの設定を変更することができます。

次のページへ ➡

2 1枚の用紙に複数ページを印刷する

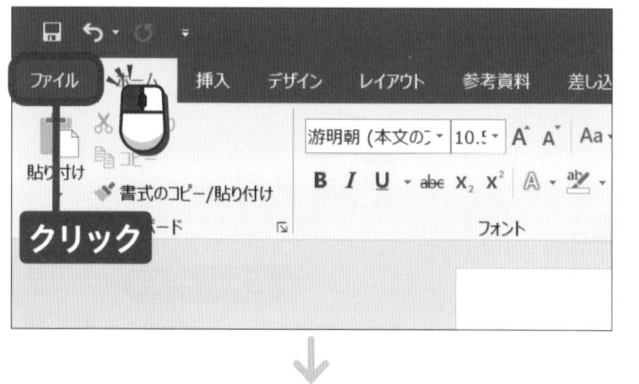

1枚に2ページを印刷する
設定を行います。

ファイルを
🖱クリックします。

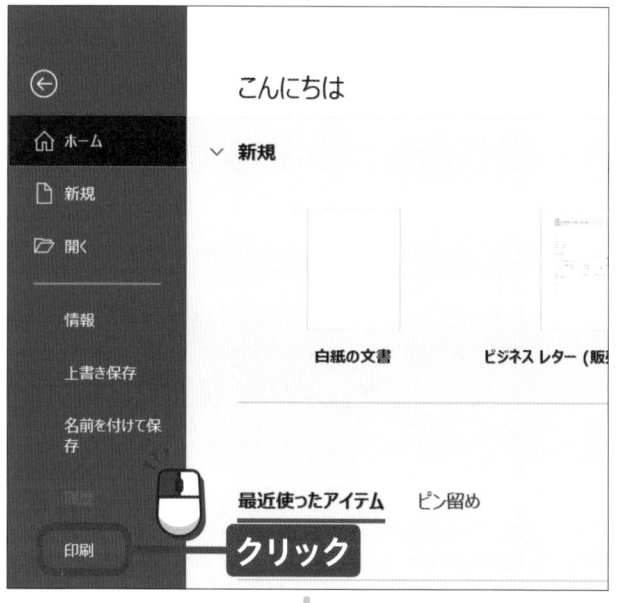

印刷を
🖱クリックします。

「印刷」画面が表示され、
左側に印刷設定メニューが
表示されます。

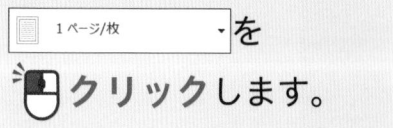

🖱クリックします。

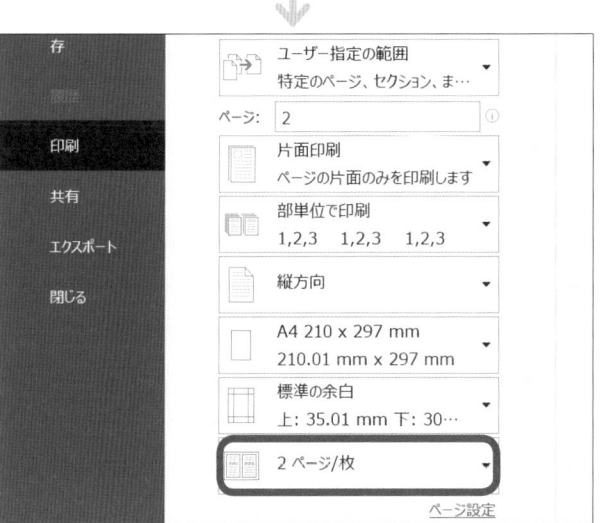

1枚あたりに印刷したい
ページ数を
クリックします。

印刷の設定が変更されます。

●アドバイス●

「片面印刷」をクリックすると、両面印刷を設定することができます。

ヒント **用紙に合わせて拡大／縮小印刷する**

設定した用紙サイズと実際に印刷する用紙サイズが異なる場合は、上の画面で1枚あたりのページ数を「1ページ」に設定し、メニューの下にある「用紙サイズの指定」をクリックして、実際の用紙サイズを選択します。

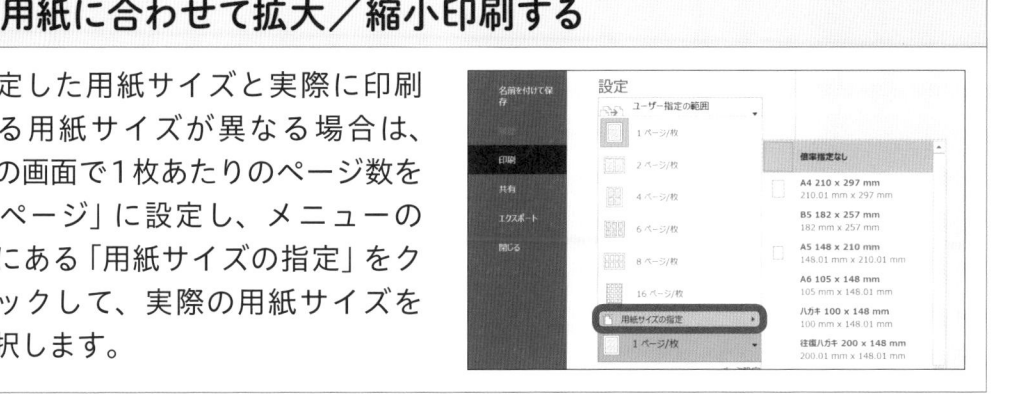

終わり ✓　137

レッスン 23 完成した文書を 印刷しましょう

印刷の設定が完了したら実際に印刷しましょう。印刷する際は、プリンターの設定も忘れずに行いましょう。

ここでの **操作** ⇒ クリック
→ P.18

1 文書を印刷する

印刷したいワードファイルを開きます。

ファイル を
クリックします。

印刷 を
クリックします。

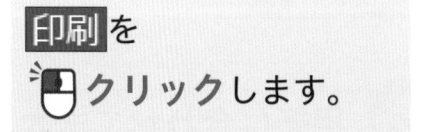

●アドバイス●

キーボードの Ctrl + P を押すことでも、「印刷」画面を表示することができます。

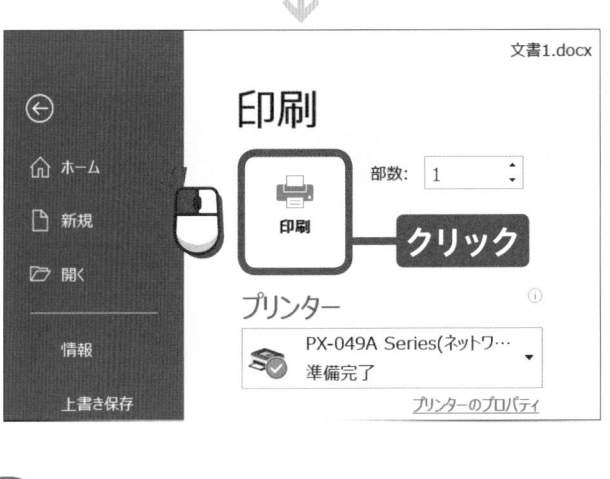

「印刷」画面が表示されます。

左側の印刷設定を行います。

右側のプレビュー表示を確認します。

 を

クリックします。

プリンターが起動して印刷が開始されます。

ヒント プリンターの設定

「印刷」をクリックする前に、下にある「プリンター」を確認しましょう。表示されているプリンターで実際に印刷されます。プリンターを変更したい場合はプリンター名をクリックして、印刷を行いたいプリンターを指定しましょう。

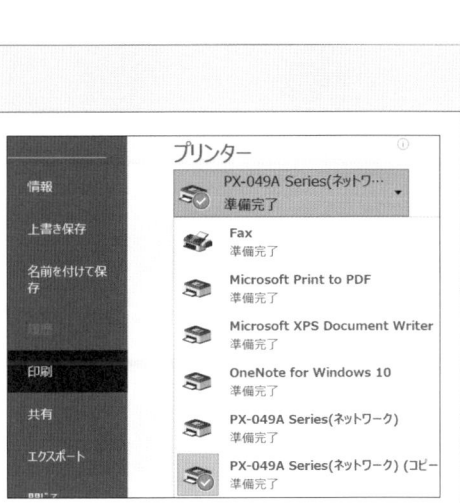

終わり ✔

ステップアップ

Q. ヘッダーやフッターを追加して印刷したい！

A. 「挿入」タブからヘッダー／フッターを設定しましょう。

編集領域の上の余白部分をヘッダー、下の余白部分をフッターといいます。ヘッダーには文書のタイトルや日付を入れ、フッターには文書のページ番号などを入れることができます。紙に印刷する際に便利です。

▶ ヘッダー

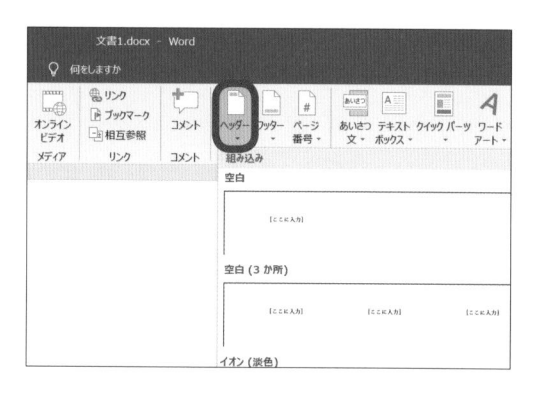

「挿入」タブをクリックし、「ヘッダーとフッター」グループの「ヘッダー」をクリックすると、組み込めるヘッダーのスタイルが選択できます。

▶ フッター

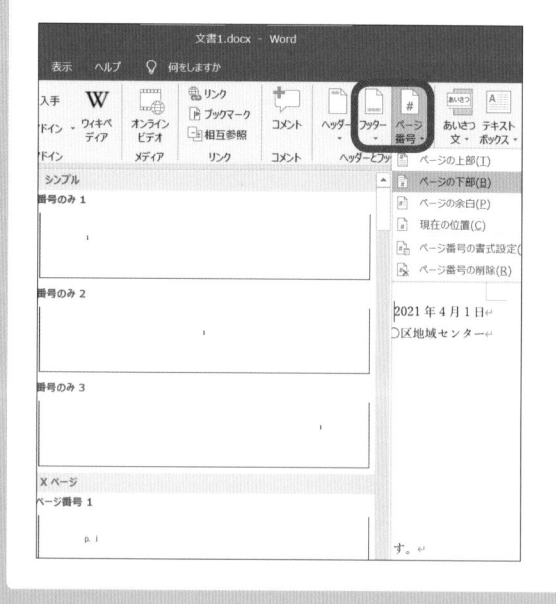

フッターに文字を表示させたい場合は上記解説の「ヘッダー」の右の「フッター」をクリックしてスタイルを選択します。ページ番号を表示させるには、さらにその右の「ページ番号」をクリックし、位置を選択してスタイルを選択します。

エクセル

1章

エクセルの基本を
学びましょう

レッスンをはじめる前に

エクセルって何？

エクセルとは、Microsoftが開発している「表計算」が行えるアプリケーションのことです。セルと呼ばれる囲みの中に文字や数値などのデータを入力して、表の作成、計算、グラフの作成などを行うことができます。エクセルのセルは、方眼紙のような見た目をしています。セルを利用すれば、簡単に見栄えのよい表を作成することができます。また、セルに数値を入力すれば、さまざまな計算を手早く簡単に行うことができます。本書では、名簿や売上データなどを例に、エクセルの使い方について解説をしていきます。

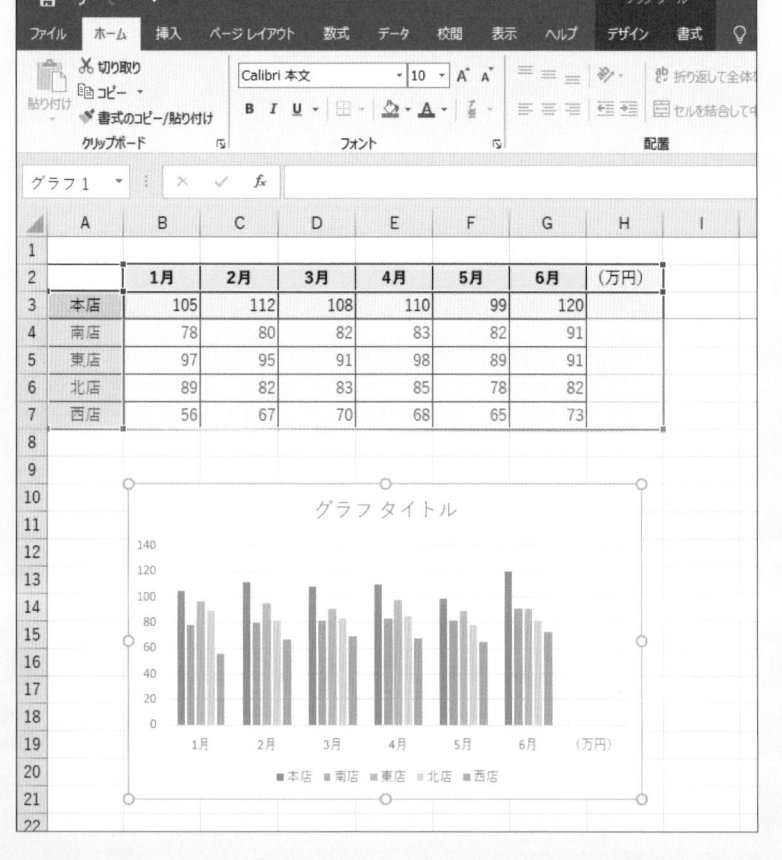

> エクセルでは、表やグラフを作成することができます。また、数式や関数を使って簡単に計算を行うこともできます。

どのようなものが作れる？

エクセルでは、社員名簿や履歴書、シフト管理表など文字データのみで作られる表や、表内で計算が必要な売上管理表や請求書、集計データなど、ビジネスで使うさまざまな表を簡単に作成することができます。

▶ 社員名簿

社員名簿

社員No.	名前	住所		電話番号	部署	支社
		都道府県	市区町村			
1	広沢茜	東京都	江東区	090-0000-1111	営業部	東京支社
2	久保田浩紀	埼玉県	さいたま市	080-1111-2222	経理部	埼玉支社
3	本田正人	埼玉県	川口市	090-5555-3333	営業部	東京支社
4	秋野寛子	東京都	江東区	070-2222-3333	営業部	東京支社
5	山崎優斗	東京都	江戸川区	090-8888-9999	営業部	千葉支社
6	上田紗枝	千葉県	習志野市	080-2222-7777	経理部	千葉支社

社員番号や名前、住所、電話番号などを表で管理する社員名簿を作成することができます。

▶ 売上管理表

	A	B	C	D	E	F	G	H	I
1	売上一覧								
2									
3	番号	日付	店舗名	担当者名	商品コード	商品名	単価	数量	売上合計
4	1	2015/4/8	青山店	松谷　桜子	A006	マッサージチェア	200,000	1	200,000
5	2	2015/4/10	目黒店	星　夕子	A005	ヘルスバイク	40,000	2	80,000
6	3	2015/4/10	広尾店	平林　理菜	A003	低周波治療器	12,500	15	187,500
7	4	2015/4/13	広尾店	海野　渚	A005	ヘルスバイク	40,000	6	240,000
8	5	2015/4/22	目黒店	星　夕子	A001	体脂肪計	8,000	9	72,000
9	6	2015/4/22	目黒店	星　夕子	A002	電子血圧計	10,000	12	120,000
10	7	2015/4/23	目黒店	藍沢　千夏	A003	低周波治療器	12,500	17	212,500
11	8	2015/4/23	広尾店	平林　理菜	A002	電子血圧計	10,000	4	40,000
12	9	2015/4/24	青山店	藤崎　紀子	A002	電子血圧計	10,000	15	150,000
13	10	2015/4/27	青山店	松谷　桜子	A003	低周波治療器	12,500	18	225,000

毎月の各支店別や商品別の売上を集計した売上管理表や、取引先に送る見積書や請求書など、簡単な四則計算が自動でできる表が作成できます。

01 エクセルでできることを確認しましょう

まずはエクセルで何ができるかを簡単に確認してみましょう。データを入力して表を作成し表内で計算をする、というのが基本的な流れになります。

1 データを入力する（3章）

	A	B	C	D	E
1	123	[]			
2	abcde	ABCDE			
3	あいうえお				
4	2021/4/15				
5	¥10,500				
6					

表を構成する各セルにデータを入力することができます。データは文字や数値以外にも、日付や価格などを入力することもできます。

	A	B	C	D
1		販売数		
2	東京本社	2,271		
3	大阪本社	1,980		
4	福岡支社	1,774		
5				
6				
7				
8				
9				

セルは書式を変更することができ、たとえば強調したいセルは色を付けたり、文字を赤くしたり、太字にしたりといったことができます。

2 表を作成する（4章）

名簿などを作成することができます。周囲を罫線で囲ったり、枠の幅を変更したりできるので、自分の思い通りな表を作成できます。

作成した表から必要な情報をフィルターを使って抜き出したり、データを数値順に並び替えたりすることもできます。

次のページへ ➡

145

3 計算を行う（5章）

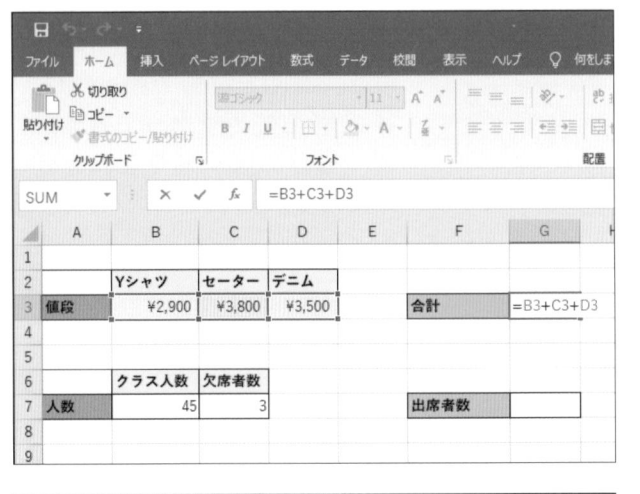

足し算や掛け算などの四則計算をすることができます。売上データなどを算出するときに便利です。

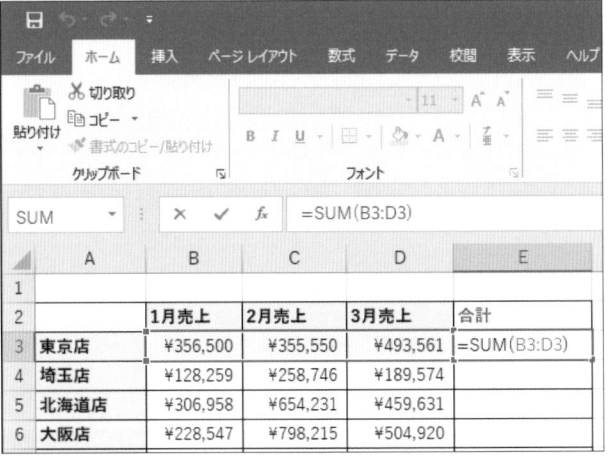

エクセルには、さまざまな計算を行うための「関数」が用意されています。関数を利用すると、選択した複数のセルの合計金額や、平均点などを簡単に割り出すことができます。

E6 　　　　▼　　●　　*fx*

	A	B	C	D	E	F	G	
1	担当者	型番	単価	数量	金額	消費税	合計金額	
2	岡田	A-001	5,000	15	75,000	3,750	78,750	
3	上村	A-001W	5,000	22	110,000	5,500	115,500	
4	相沢	C-105Q	8,000	14	112,000	5,600	117,600	
5	井上	B-022B	6,000	24	144,000	7,200	151,200	
6	合計				441,000	22,050	463,050	
7								

4 作成した表を印刷する（6章）

表を作成したら、エクセルから印刷を行いましょう。ヘッダーやフッターを付けたり、印刷範囲を限定したりなど、印刷に使える機能も多数あります。

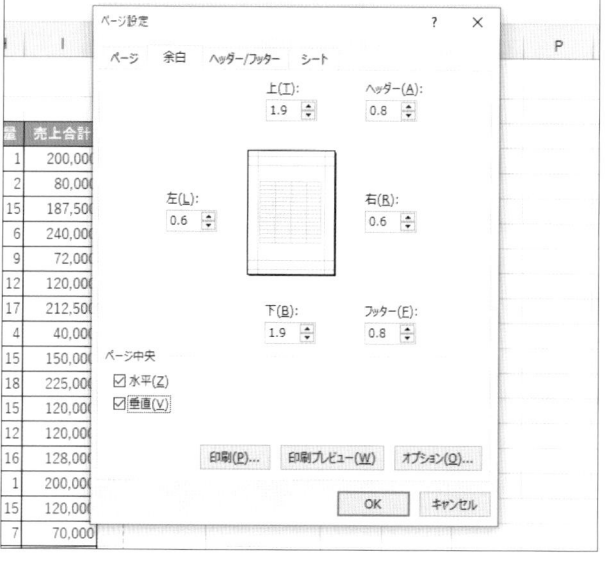

紙に印刷する以外にも、PDF形式で出力することもできます。メールでデータを送るときなど、PDFデータにする頻度は多いでしょう。

▶ 紙に印刷

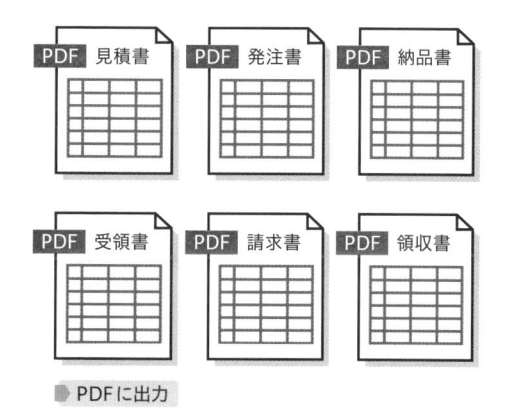

▶ PDFに出力

終わり ✔

02 エクセルの画面の見方と役割を知りましょう

エクセルを起動したら、画面の見方を覚えましょう。ここでは、起動時の画面と実際の表計算画面について解説します。

1 起動画面を確認する

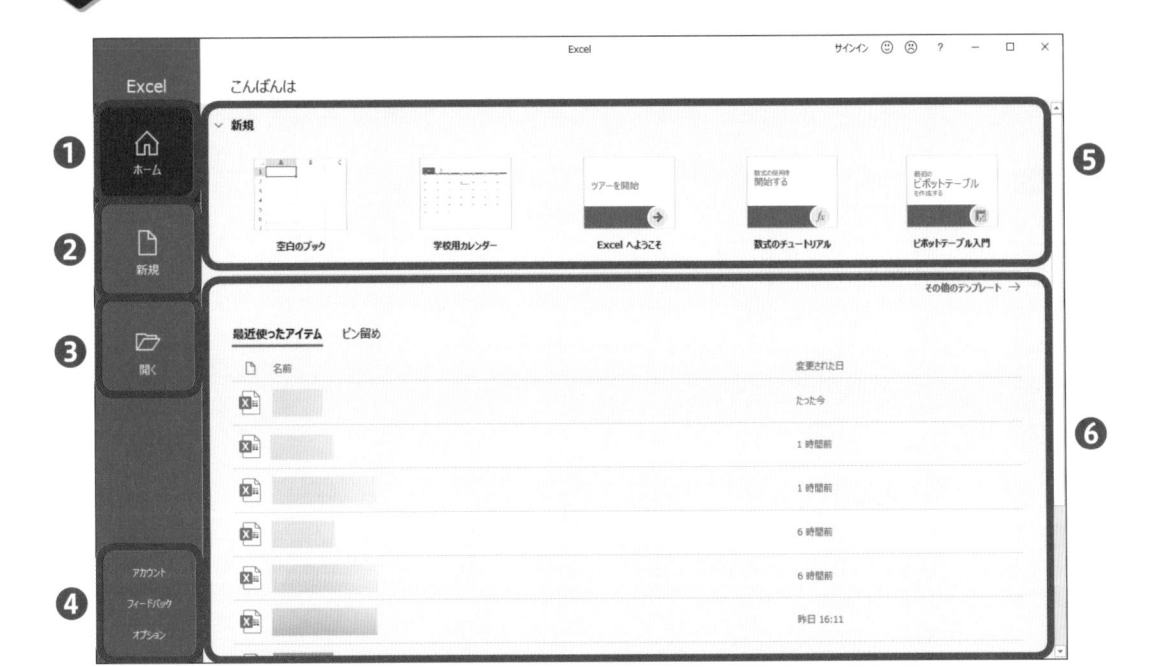

❶ホーム画面（起動画面）が表示されます。

❷新規にエクセルの表計算画面を開くことができます。

❸過去に作成して保存したエクセルファイルを選択して開くことができます。

❹エクセルのオプションやアカウント情報を開くことができます。

❺「新規」のショートカットです。ここに表示されているテンプレートによって表計算画面を開くこともできます。

❻最近開いたエクセルファイルが一覧で表示されます。

2 表計算画面を確認する

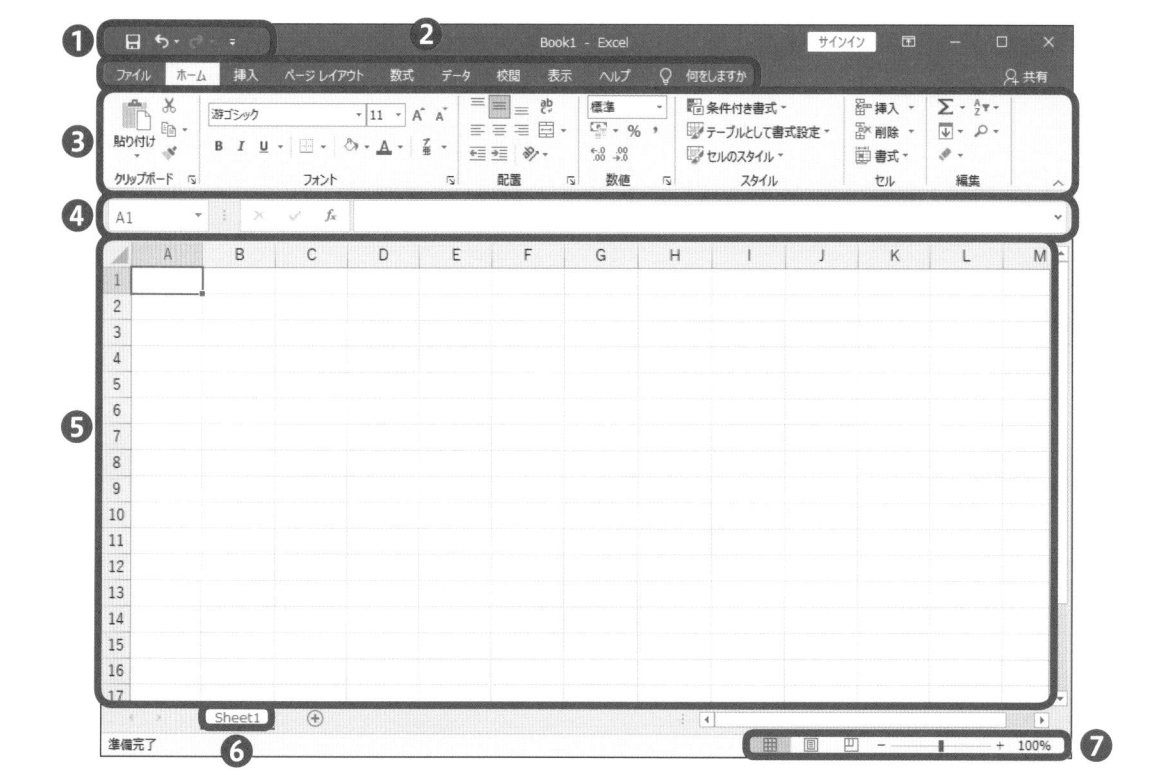

❶「クイックアクセルツールバー」です。初期設定では、「上書き保存」と「元に戻す」、「やり直し」のアイコンが表示されています。

❷「タブ」が表示されています。それぞれのタブをクリックすることで、対応する「リボン」がその下に表示されます。

❸「リボン」が表示されています。リボンに表示された項目を選択すると、対応する機能が実行されます。
リボンは機能の種類ごとに「グループ」に分けられています。

❹左の欄の数字とアルファベットは、現在選択されているセルを表しています。

右の欄には、選択したセルに入力されているデータが表示されます。

❺計算や表の作成などを行う「ワークシート」です。各セルにデータを入力して、計算などを行うことができます。

❻現在表示されているワークシートです。同じ表計算画面上でいくつもワークシートを追加して切り替えながら利用することもできます。

❼画面の表示方法を切り替えたり、拡大・縮小したりすることができます。

終わり✔

149

画面を拡大・縮小しましょう

レッスン 03

エクセルの文書作成画面では、文書の全体を確認するために画面を縮小したり、一部分を確認するために拡大することができます。

ここでの
操作 ⇒  クリック →P.18 ドラッグ →P.19

1 画面を拡大・縮小する

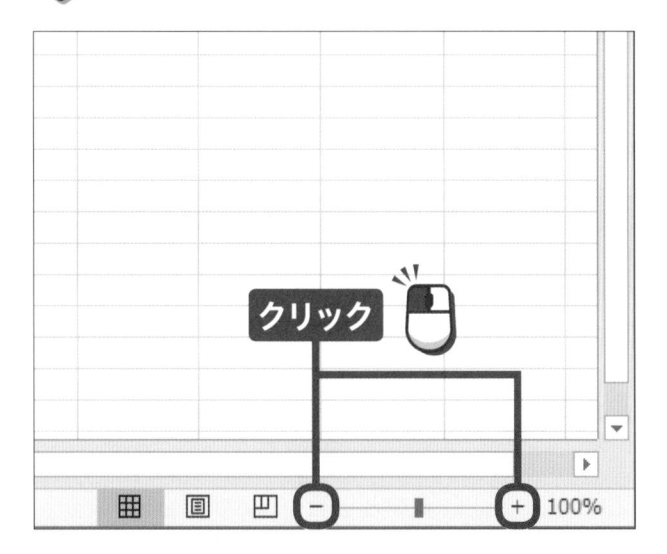

クリック

表計算画面の右下の
➕を 🖱️クリックすると
画面が拡大し、➖を
🖱️クリックすると
画面が縮小します。

●アドバイス●

クリックした回数が多いほど
画面の拡大率・縮小率が上がります。

ヒント そのほかの拡大・縮小方法

表計算画面の右下の中央にある ▮ を左右にドラッグすることでも拡大・縮小が行えます。
また、キーボードの Ctrl を押しながら、マウスのホイールを上下に回すことでも拡大・縮小が行えます。上に回すことで拡大、下に回すことで縮小となります。

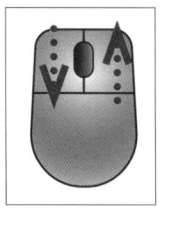

終わり ✔

エクセル

2章

ファイルの作成と保存の方法を学びましょう

レッスンをはじめる前に

ファイルを新規で作成しましょう

エクセルで表の作成や計算を行うために、まず最初にファイルを新規で作成しましょう。新規で作成したファイルは何も入力がされていない、まっさらな状態で表示されます。この状態からデータを入力し、表やグラフなどを作成していきましょう。

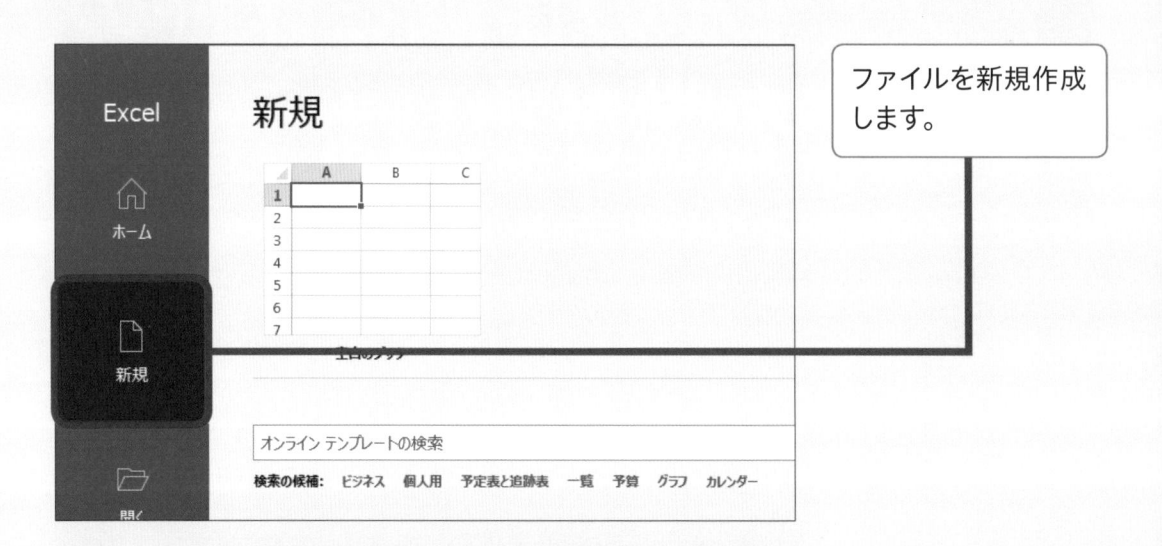

ファイルを新規作成します。

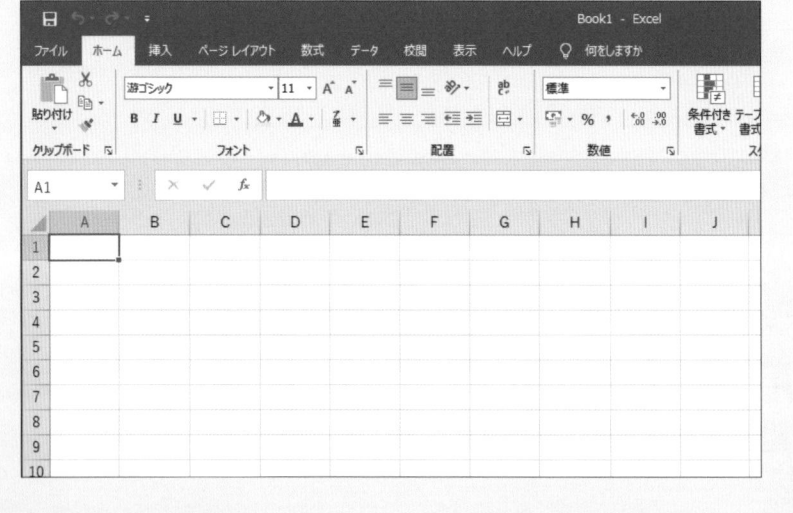

ファイルが作成されて、表計算画面が開きます。

作成したファイルは保存しましょう

データを入力したファイルは保存をしておかないと、せっかく入力したデータが消えてしまいます。データを入力したファイルを保存しておけば、入力が途中になってしまっても続きから再開することができたり、保存したデータをほかの人に渡して確認してもらったりすることができます。ファイルを保存する際は、入力したデータの内容がわかるように名前を付けましょう。ほかの人に渡すデータには、相手にもわかるような名前を付けるとよいでしょう。

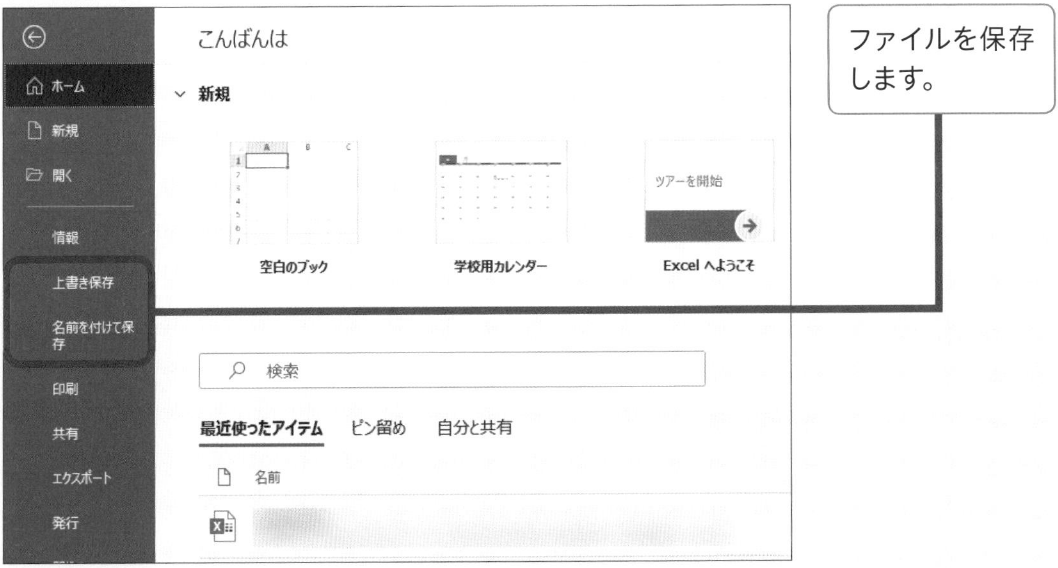

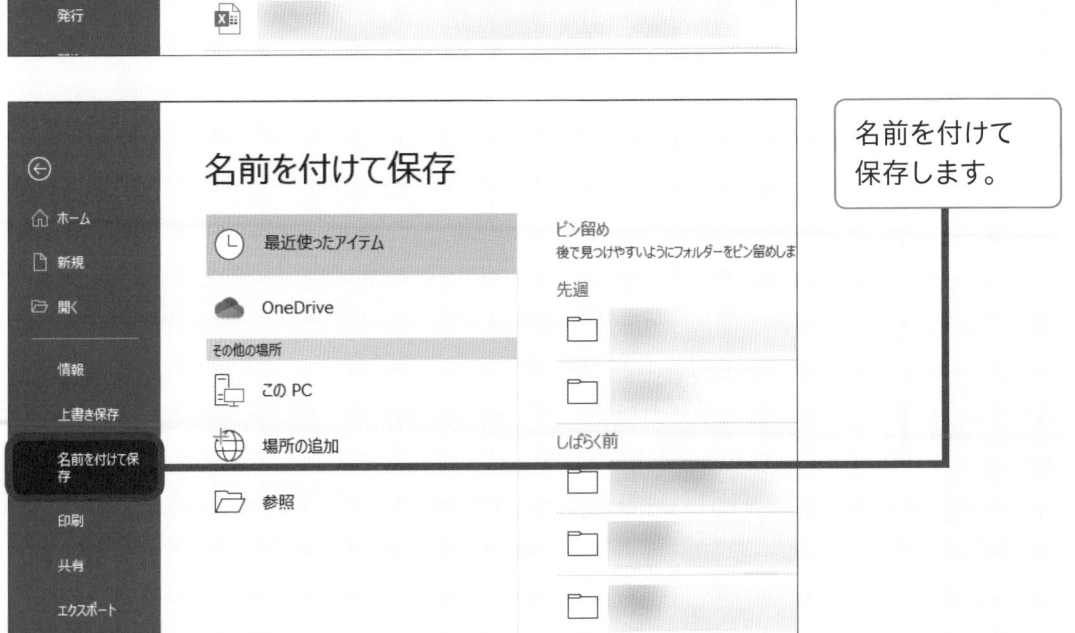

ファイルを保存します。

名前を付けて保存します。

ファイルを新規作成しましょう

エクセルで入力など作業を開始する前に、まずは新規でファイルを作成しましょう。今回は何も入力されていない状態のファイルを作成します。

ここでの
操作 ⇒ クリック
→ P.18

1 ファイルを新規作成する

P.26を参考にエクセルを起動して、ホーム画面を表示します。

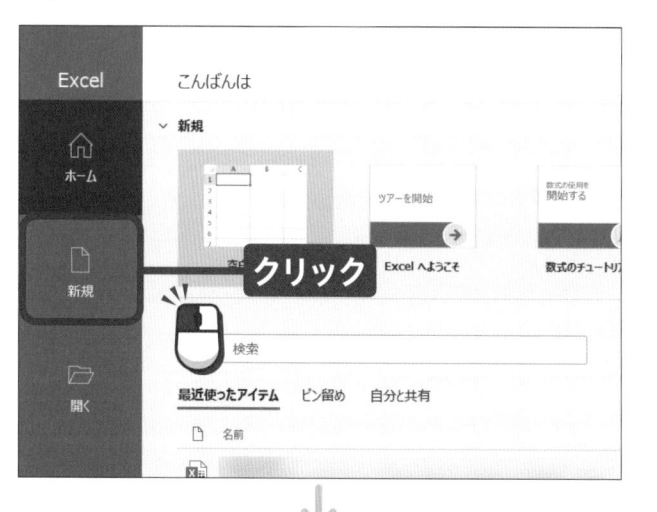

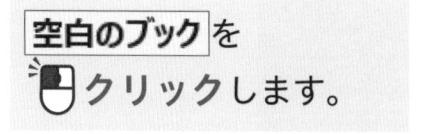を クリックします。

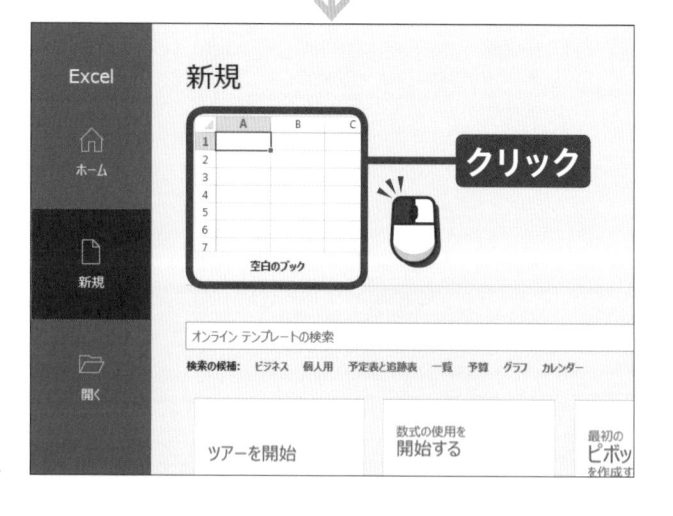

空白のブックを クリックします。

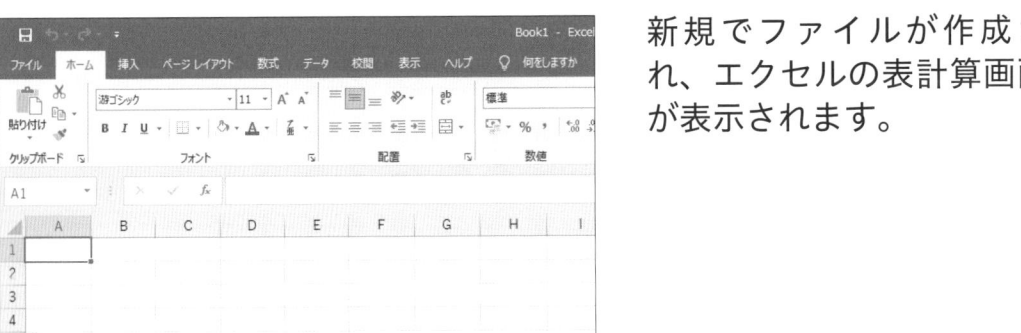

新規でファイルが作成され、エクセルの表計算画面が表示されます。

ヒント テンプレートからファイルを新規作成する

エクセルには「空白のブック」以外にも、いくつかテンプレートが用意されています。テンプレートをクリックすると、ある程度データが用意された状態のファイルが作成されます。作成する表の種類などが決まっている場合は、テンプレートを利用するのもよいでしょう。下記の例では、エクセルでカレンダーを作成する際のテンプレートを選択しています。

P.154の下の画面では、「空白のブック」より下にテンプレート❶がたくさん用意されています。下にスクロールするとテンプレートを探すことができます。

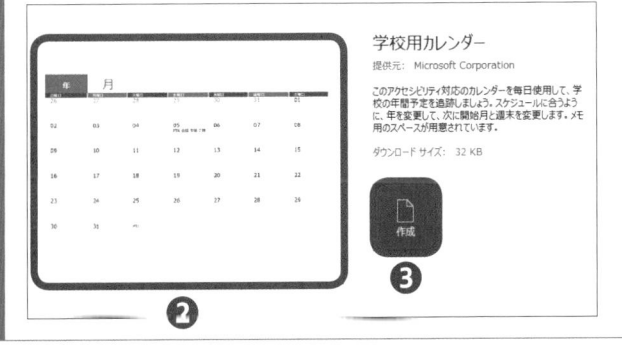

テンプレートを選択すると、プレビュー❷で確認することができます。確認して問題ないようなら、「作成」❸をクリックしましょう。

終わり✔

レッスン 05 ワークシートを追加しましょう

ワークシートはいくつも追加することができます。複数のワークシートを用意すれば、1つのファイルで複数の表を作成することができます。

ここでの
操作 →
クリック
→ P.18
右クリック
→ P.19

1 ファイルにワークシートを追加する

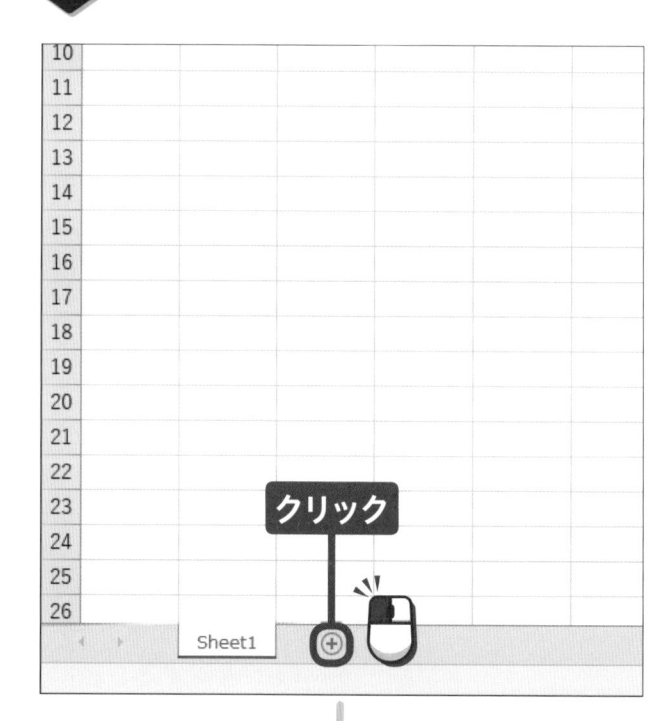

ファイルを作成し、
画面左下の⊕を
クリックします。

●アドバイス●

タブをクリックすると、作業を行うワークシートを切り替えることができます。
最初の状態では、「Sheet1」が選択された状態になっています。

ワークシートが新しく追加されます。

⊕をクリックします。

156

| 16 |
| 17 |
| 18 |
| 19 |
| 20 |
| 21 |
| 22 |
| 23 |
| 24 |
| 25 |
| 26 |

Sheet1　Sheet2　Sheet3　⊕

さらにワークシートが追加されます。
タブを左右にドラッグすることで、ワークシートの順番を入れ替えることができます。

●アドバイス●

⊕ をクリックした分だけ、ワークシートを追加できます。

ヒント　ワークシートを削除する

不要になったワークシートは削除することができます。不要なワークシートの名前❶の上で右クリックをして、表示されるメニューから「削除」❷をクリックすると、ワークシートが削除されます。

❷ 削除(D)
名前の変更(R)
移動またはコピー(M)...
コードの表示(V)
シートの保護(P)...
シート見出しの色(T)
非表示(H)
再表示(U)
すべてのシートを選択(S)

Sheet1　Sheet2　Sheet3 ❶

ヒント　ワークシートをコピーする

たとえば、月ごとの売上表をワークシートごとに作成したい場合、表の枠組みだけ作成しておいて、そのワークシートをコピーすると、毎回作り直す必要がなく操作が楽です。コピーしたいワークシートの名前❶の上で右クリックをして、「移動またはコピー」をクリックし、「コピーを作成する」❷のチェックを付けて「OK」をクリックします。

シートの移動またはコピー　?　×
選択したシートを移動します。
移動先ブック名(T):
Book1
挿入先(B):
Sheet1
Sheet2
Sheet3
(末尾へ移動)

☑ コピーを作成する(C) ❷
OK　キャンセル

Sheet2　Sheet3 ❶

終わり ✔　157

ワークシートの名前を変更しましょう

ワークシートには名前を付けることができます。ワークシートの内容がすぐにわかるように名前を付けていきましょう。

1 ワークシートの名前を変更する

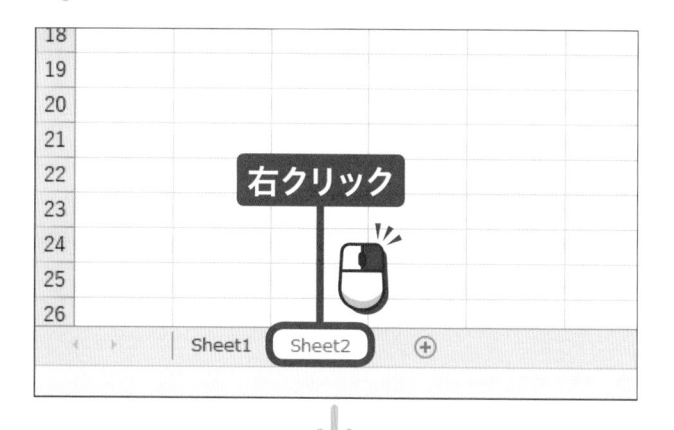

名前を変更したいワークシートの名前の上で
右クリックします。

名前の変更(R) を
クリックします。

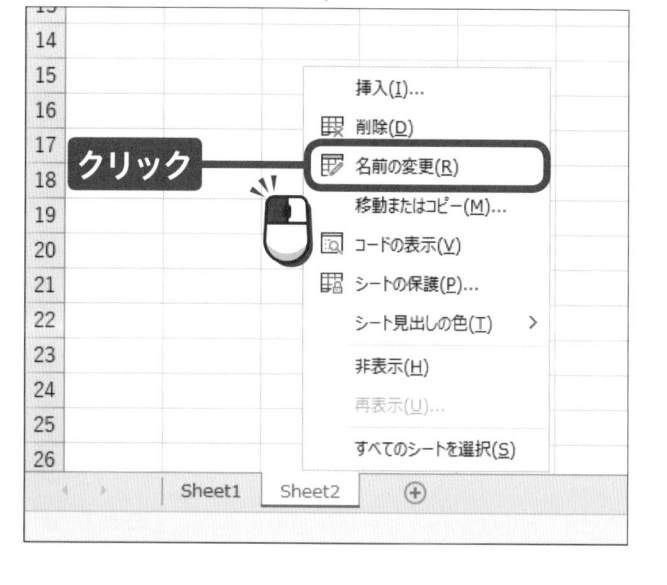

| |
| 16 |
| 17 |
| 18 |
| 19 |
| 20 |
| 21 |
| 22 |
| 23 |
| 24 |
| 25 |
| 26 |

Sheet1 | Sheet2 | ⊕

準備完了

ワークシートの名前が変更可能な状態になります。

●アドバイス●

ワークシートの名前の部分をダブルクリックすることでも変更可能の状態にすることができます。

| |
| 16 |
| 17 |
| 18 |
| 19 |
| 20 |
| 21 |
| 22 |
| 23 |
| 24 |
| 25 |
| 26 |

入力

あ

Sheet1 | 売上シート | ⊕

変更したい名前を
あ入力します。

●アドバイス●

文字の入力方法は、3章を参照してください。

2章 ファイルの作成と保存の方法を学びましょう

| |
| 15 |
| 16 |
| 17 |
| 18 |
| 19 |
| 20 |
| 21 |
| 22 |
| 23 |
| 24 |
| 25 |
| 26 |

Enter

Sheet1 | 売上シート | ⊕

入力したらキーボードの
Enterを押します。

シートの名前が変更されます。

終わり ✔　159

レッスン

07 ファイルを保存しましょう

エクセルにデータを入力したら、忘れずに保存を行いましょう。保存しないと、入力したデータが消去されてしまいます。

```
ここでの
操 作  ⟹   🖱 クリック      Iあ  入力
              → P.18          → P.20
```

1 ファイルに名前を付けて保存する

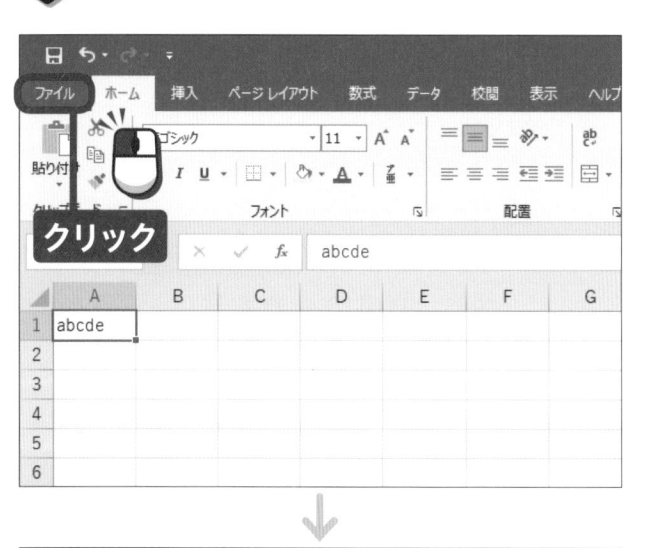

画面左上にある ファイル を 🖱 クリックします。

ホーム画面が表示されます。

 を

🖱 クリックします。

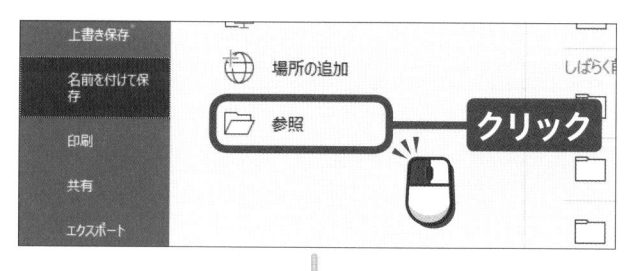

保存先を指定します。

参照を
クリックします。

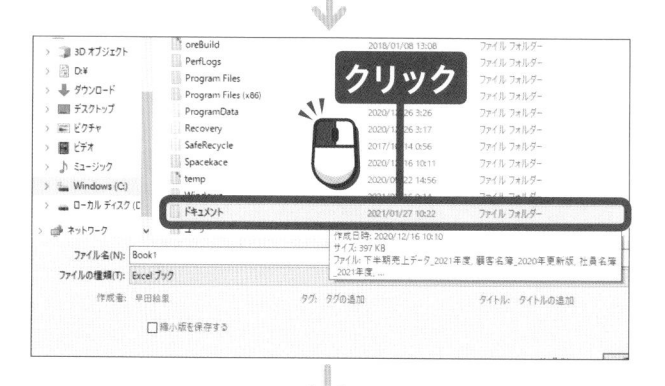

ここでは「ドキュメント」フォルダーに保存します。

ドキュメント を 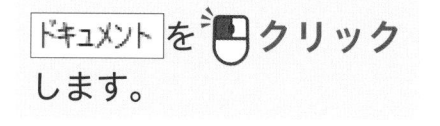クリックします。

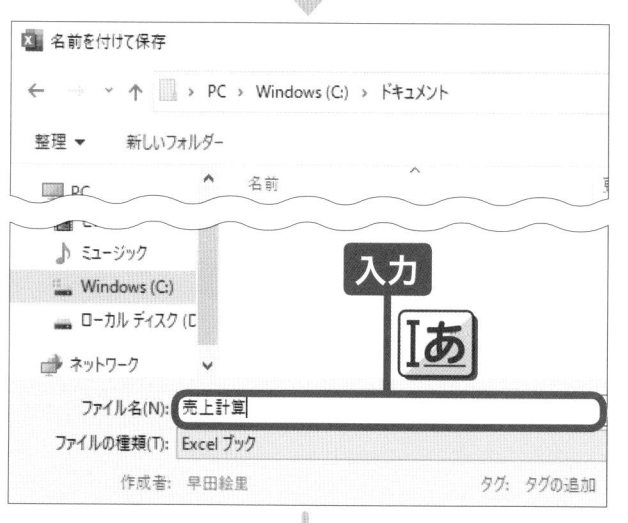

ファイル名を
[あ]入力します。

━━━━━━━━━ ●アドバイス● ━━━━━━━━━

文字の入力方法は、3章を参照してください。

━━━━━━━━━━━━━━━━━━━━━━━━━━

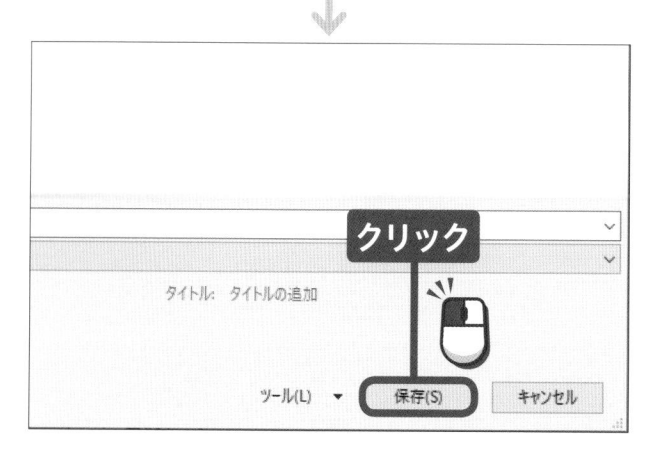

保存(S) を
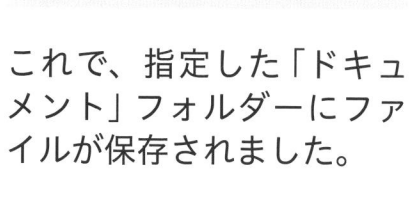クリックします。

これで、指定した「ドキュメント」フォルダーにファイルが保存されました。

次のページへ ➡

161

2 エクセルを終了する際に同時に保存する

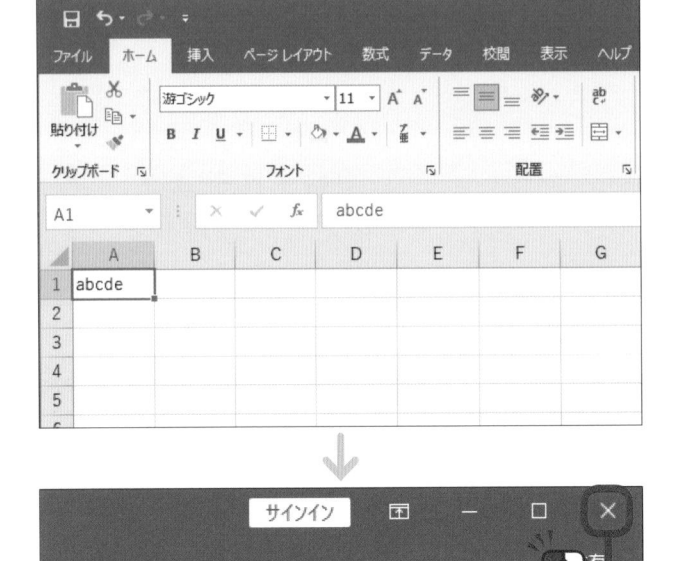

データを入力してから、保存を行っていない状態にします。

●アドバイス●

データの入力方法は、3章を参照してください。

画面右上にある ✕ を
🖱クリックします。

●アドバイス●

✕ にマウスポインターを重ね合わせると、色が ✕ に変わりますが、問題ありません。

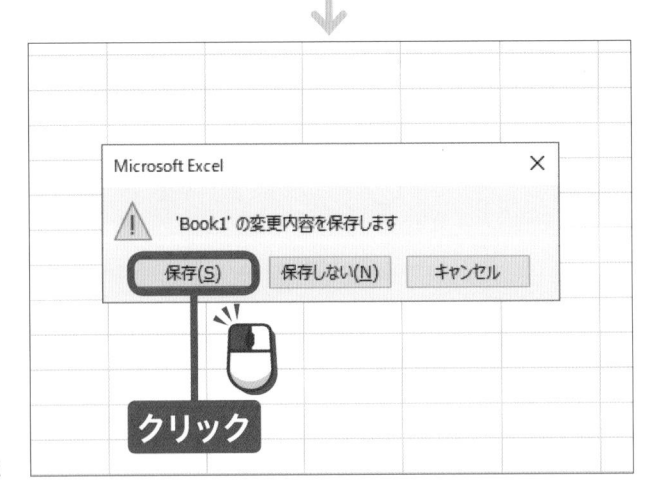

保存(S) を
🖱クリックします。

P.161の手順の画面が表示されるので、保存先やファイル名を指定して保存します。

ヒント フォルダー内のファイルの表示方法を変更する

フォルダー内のファイルは表示方法を変更することができます。フォルダーの上にある「表示」タブをクリックして、「レイアウト」から表示方法を選択します。アイコンの大きさを変更したり、保存した日付などの詳細な情報を表示したりすることができるので、自分で見てわかりやすい表示にするとよいでしょう。また、「プレビューウィンドウ」をクリックすると、画面の右側にプレビュー画面が表示されます。これは、クリックして選択したファイルの内容が見えるもので、いちいちファイルを開かなくてもプレビューでどういうデータなのかが確認できるという便利な機能です。

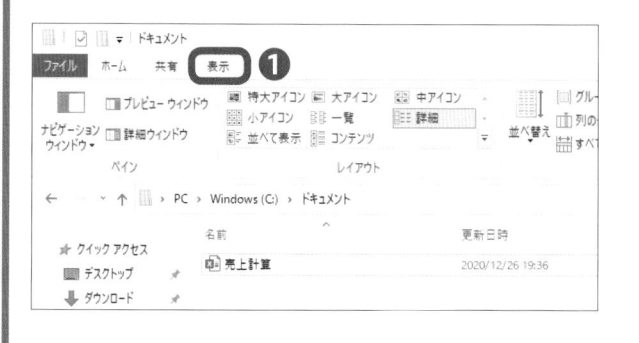

フォルダーを表示して、「表示」タブ❶をクリックします。

「レイアウト」❷から、好きな表示方法を選択してクリックします。左の画像では、「大アイコン」を選択しています。

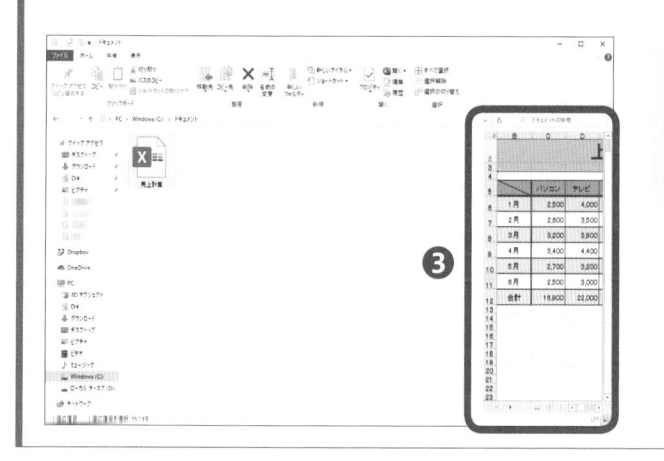

「プレビューウィンドウ」をクリックすると、フォルダーの右側にプレビュー❸が表示されます。

次のページへ ➡

3 ファイルを上書き保存する

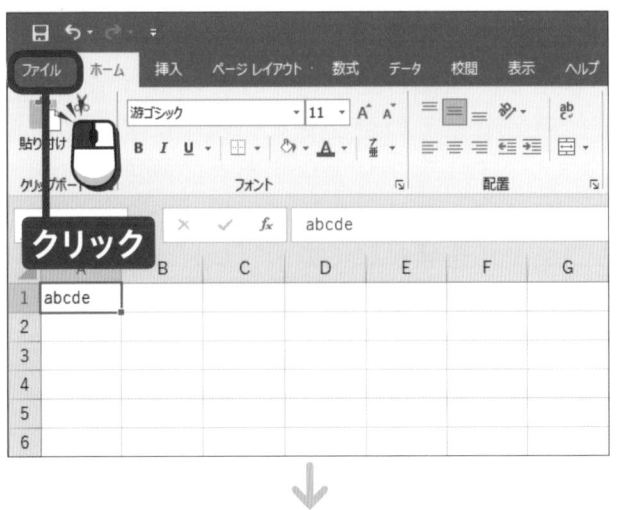

画面左上にある ファイル を 🖱 クリックします。

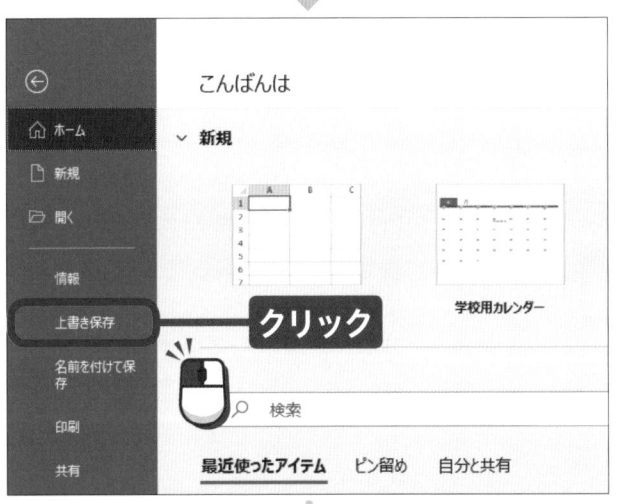

上書き保存 を 🖱 クリックします。

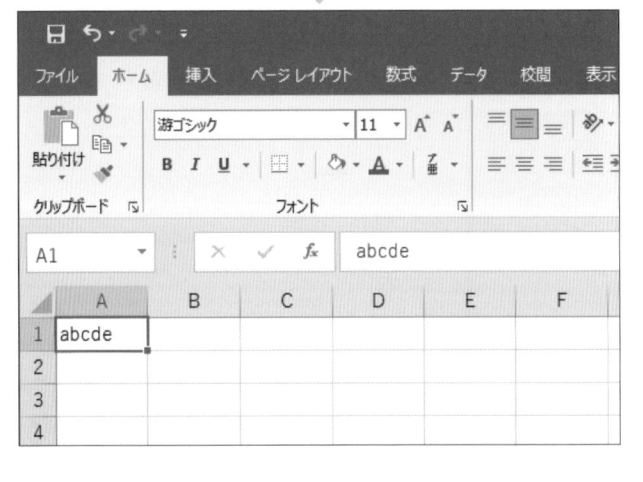

ファイルが上書き保存されます。

━━━━━━ ●アドバイス● ━━━━━━

新規作成した後に、まだ一度も保存を行っていないファイルでは、「上書き保存」をクリックすると「名前を付けて保存」が実行されます。

4 エクセルを終了する際に上書き保存する

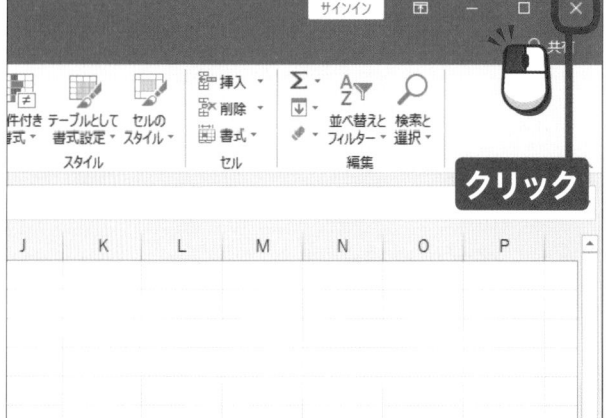

画面右上にある⊠を
クリックします。

●アドバイス●

保存を行った後にデータが変
更されていない場合は、その
ままエクセルが終了します。

保存(S) を
クリックします。

●アドバイス●

まだ「名前を付けて保存」を
行っていない場合は、P.160
を参考に名前を付けて保存し
ます。

ヒント 画面上部のアイコンから上書き保存する

表計算画面のクイックアクセスツール
バーには、🖫（上書き保存のアイコン）
が表示されています。これをクリックす
ることでも、上書き保存を行うことがで
きます。

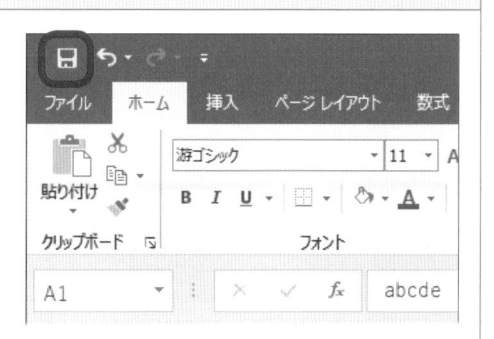

終わり✔

レッスン 08

保存したファイルを開きましょう

保存したファイルの続きから作業を行いたい場合などには、目的のエクセルファイルを選択して開きましょう。

ここでの
操 作 ⇒ クリック
→ P.18

ダブルクリック
→ P.18

1 エクセルを起動してからファイルを選択する

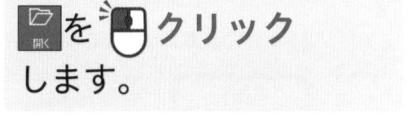

エクセルを起動して、ホーム画面を表示します。

📂 開く を 🖱 クリック します。

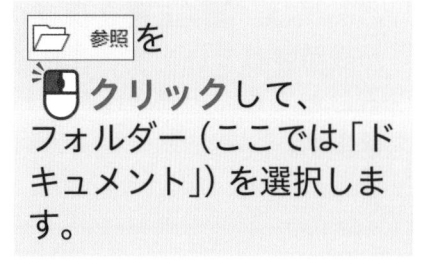

ファイルが保存されたフォルダーを表示します。

📂 参照 を 🖱 クリックして、フォルダー (ここでは「ドキュメント」) を選択します。

ファイルを選択します。

開きたいファイルを
クリックして
選択します。

ファイルを開く		
← → ∨ ↑ > PC > Windows (C:) > ドキュメント		
整理 ▼ 新しいフォルダー		
	名前	
Microsoft Excel		
Dropbox	売上計算	
OneDrive		
PC		
3D オブジェクト		
D:¥		
ダウンロード		

クリック

開く(O) ▼を
クリックします。

待	種類	サイズ	
2/26 19:36	Microsoft Excel ワ...	9 KB	

クリック

すべての Excel ...ル
ツール(L) ▼ 開く(O) ▼ キャンセル

選択したファイルが開い
て、表計算画面が表示され
ます。

日 ち・♂・=		売上計算 - Excel
ファイル ホーム 挿入 ページ レイアウト 数式 データ 校閲 表示 ヘルプ ♀ 何をしますか		
貼り付け	游ゴシック ・11・ A^ A^ B I U ・ ⊞ ・ ♢ ・ A ・ 亜 ・	= = = ≫・ ab = = = 三三 ⊞・ 標準 %・ .0 .00
クリップボード ⌐	フォント ⌐	配置 ⌐ 数値 ⌐

	A	B	C	D	E	F	G	H	I
A1	fx abcde								
1	abcde								
2									
3									
4									
5									
6									
7									
8									
9									
10									

次のページへ ➡

2 保存したファイルをダブルクリックして開く

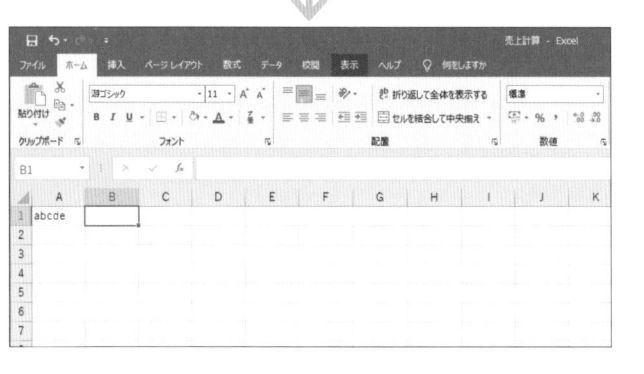

ファイルの保存されたフォルダーを表示します。

開きたいファイルをダブルクリックします。

●アドバイス●

保存先のフォルダーは、Windowsのエクスプローラーなどを使って表示しましょう。

ファイルが開いて、表計算画面が表示されます。

ヒント ファイルを「クリック」した場合

ファイルからは、「ダブルクリック」でなければエクセルを開くことができません。「クリック」をした場合は、ファイルを選択した状態になるだけです。

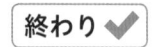
終わり ✔

エクセル

3章

データの入力と編集の
方法を学びましょう

レッスンをはじめる前に

セルにデータを入力します

エクセルで表の作成や計算を行うためには、セルにデータを入力する必要があります。セルには文字や数値のほかにも、日付や価格、記号などを入力することができ、それらのデータを利用して、売上表を作成するといったこともできます。また、入力したデータを後から、編集を行って、文字や数値を書き換えることができ、不要になった場合は消去することもできます。

	A	B	C	D
1	123	[]		
2	abcde	ABCDE		
3	あいうえお			
4	早田絵里			
5	2021/4/15			
6	¥10,500			
7				
8				
9				
10				
11				
12				

D2

fx

セルには、文字や数値、日付、価格、記号などが入力できます。

セルの書式を設定します

セルにデータを入力しただけでは、ただの見づらい表になってしまいます。売上1位など強調したい数値を赤い文字に変更したり、支店名を太字にしたりなど、書式を設定することができます。書式の設定はセルごと、あるいは文字ごとに行えます。セルに書式を設定しておけば、入力されたデータを変更した場合でも、変更後のデータは設定した書式で表示されます。

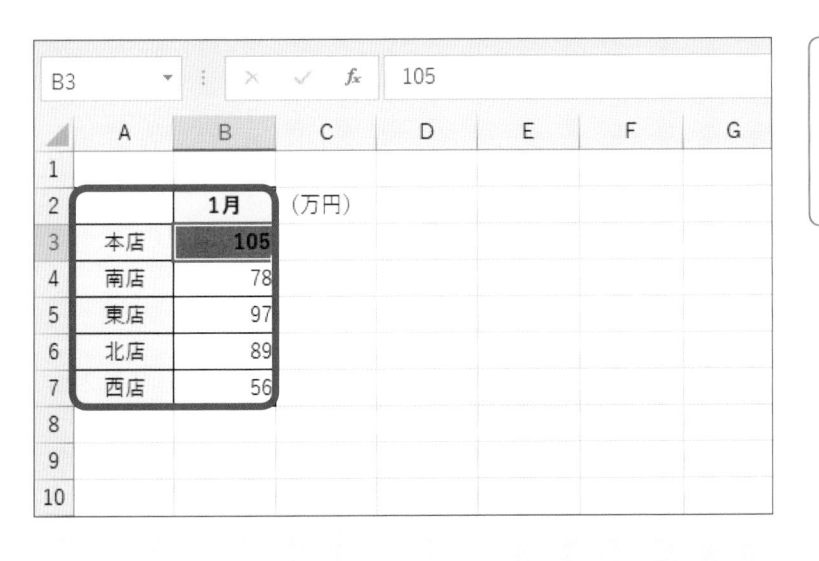

書式の設定では、文字だけでなくセルの色などを変更することもできます。

書式の変更は「ホーム」タブ❶の「フォント」グループ❷から行います。

セルの基本を理解しましょう

エクセルでは、セルと呼ばれる入力領域に文字や数値などのデータを入力します。ここではその基本を確認しましょう。

1 セルって何？

エクセルには、セルと呼ばれるデータを入力できる囲いのようなものが多数あります。ここに文字や数値を入力して、表の作成や計算などを行うことができます。セルには縦と横のマス目があり、これを利用することで直感的に表を作成することができます。

セルにはデータを入力することができます。周囲を罫線で囲ったり、縦や横の幅を自由に変更することもできます。

2 セルの行と列

セルには横軸の「行」と縦軸の「列」があり、行は数字、列はアルファベットで表されます。エクセルでは「（アルファベット）（数字）」でセルの位置を示します。たとえば「F6」という表記は、「F」列の「6」行目のセルを示します。これは、計算や関数を使う際に非常に重要となるので必ず覚えておきましょう。なお、計算や関数については5章を参照してください。

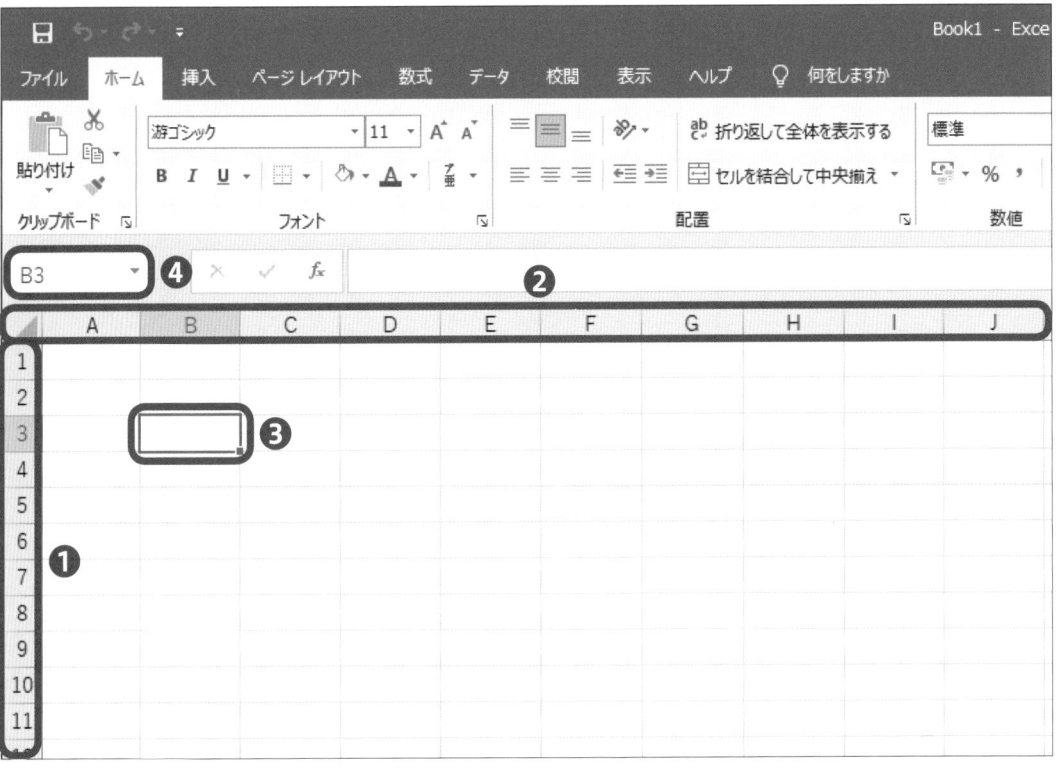

❶数字で何行目かを示します。

❷アルファベットで何列目かを示します。

❸緑の線で囲まれたセルが、現在選択されているセルです。

❹現在選択されているセルが「（アルファベット）（数字）」で表示されます。

終わり ✓

173

データを入力するセルを選択しましょう

セルにデータを入力するには、セルを選択しておく必要があります。ここではセルの選択方法について学びましょう。

ここでの 操作 ⇒ クリック → P.18

1 セルを選択する

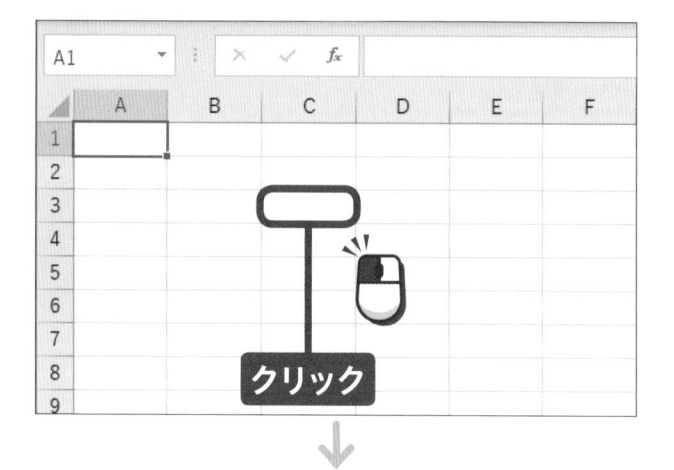

ここではセル「C3」を選択します。

「C」列の「3」行目のセルを 🖱 クリックします。

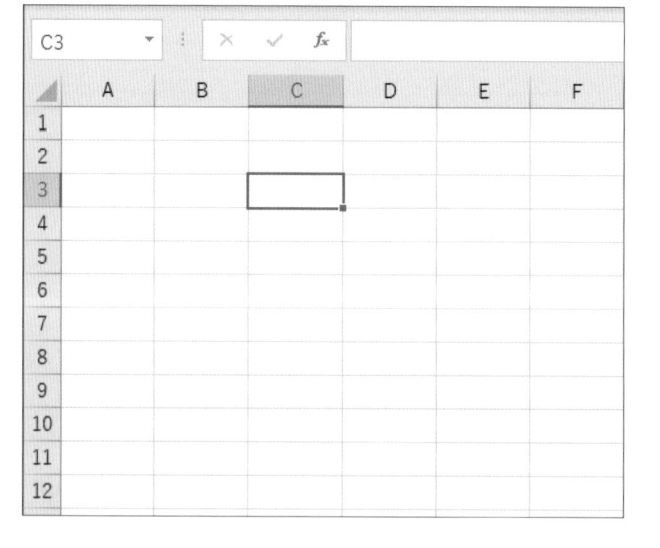

セル「C3」が選択されます。

●アドバイス●

「A」列の上にある「名前ボックス」に選択したセルが表示されます。

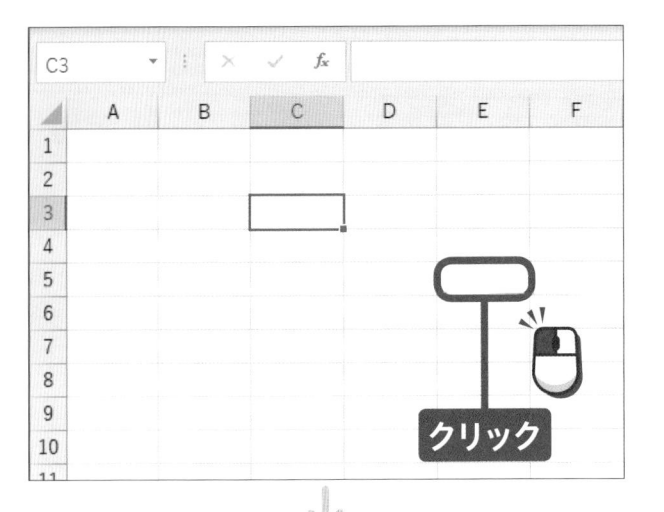

続けて、別のセルを選択します。

「E」列の「5」行目のセルを クリックします。

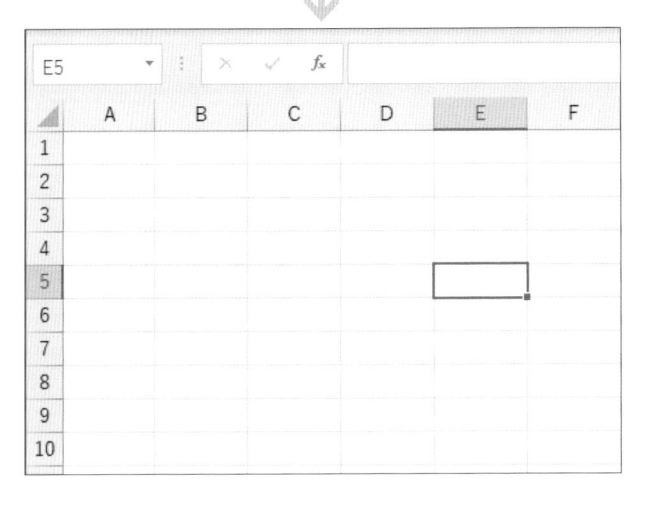

セル「C3」の選択が解除されて、セル「E5」が選択されます。

ヒント カーソルキーで選択したセルを変更する

セルを選択した状態でキーボードのカーソルキーを押すと、押した方向にセルの選択が移動します。

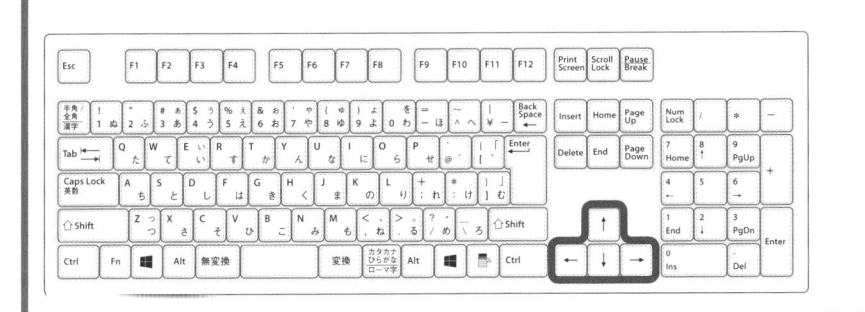

終わり ✔

 データを入力しましょう

セルの選択ができたら実際にデータを入力してみましょう。セルには数値だけでなく、日本語や記号も入力できます。

ここでの操作 ⇒  クリック → P.18   右クリック → P.19  入力 → P.20

1 数値を入力する

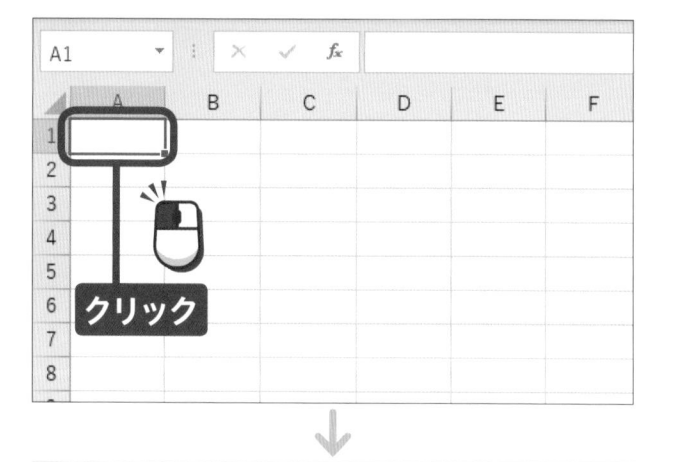

ここではセル「A1」に入力します。

入力したいセルを  クリックして選択します。

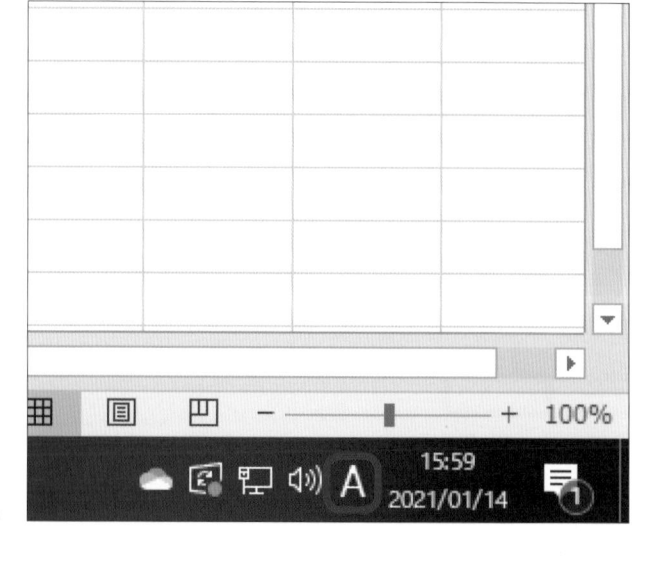

キーボードの
半角／全角 を押して、
入力モードを
A にしておきます。

●アドバイス●

Windowsのタスクバーで、現在の入力モードが確認できます。
A は日本語入力がオフになっている状態です。

キーボードから
①②③を押して、
数値を[Iあ]入力します。

入力中はセル内に縦棒のカーソルが表示されます。

キーボードの
Enterを押して、
入力を確定します。

Enterで確定すると、1つ下のセルに選択が移動します。

ヒント 記号を入力する

セルには記号も入力することができます。「@」や「[]」といった記号も入力できるので、メールアドレスを入力したり、[]で強調させたりできます。なお、「+」や「-」といった計算記号はエラーが出る場合があります。計算記号の入力については、P.234を参照してください。

次のページへ ➡

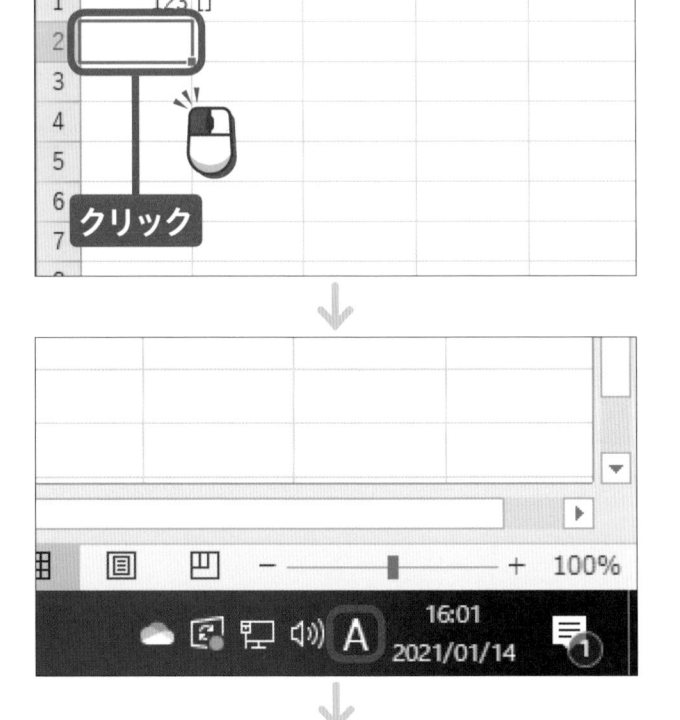

ここではセル「A2」に入力
します。

入力したいセルを
クリックして
選択します。

キーボードの
半角/全角を押して、
入力モードを
Aにしておきます。

キーボードから
A B C D Eを押して、
アルファベットを
あ入力します。

●●●●●●●●●●●● ●アドバイス● ●●●●●●●●●●●●

上記では半角小文字で入力さ
れます。大文字(「A」など)
を入力する場合は、Shiftを押
しながら英字キーを押しま
しょう。

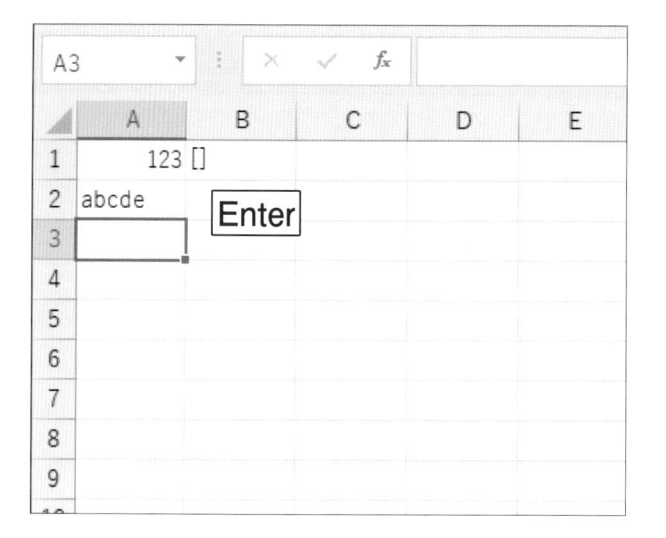

キーボードの
Enterを押して、
入力を確定します。

●アドバイス●

文字の入力は「ローマ字入力」
と「かな入力」の2種類があ
り、タスクバーから切り替え
ができます（P.67参照）。

ヒント 全角と半角の切り替え

通常ではアルファベットは半角文字で入力しますが、全角文字で入力したい
場合もあります。その場合は、全角入力に切り替えましょう。全角入力に切
り替えるには、日本語入力をオンにした状態でキーボードのShift＋無変換を押
します。そうすると、全角で英語を入力できるようになります。なお、再度
キーボードのShift＋無変換を押すと、半角入力に戻ります。

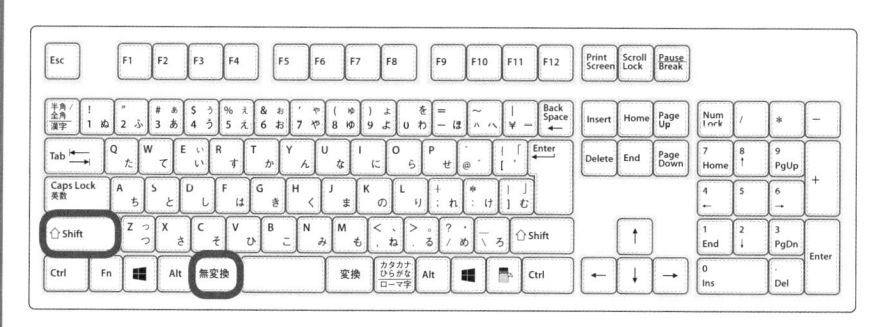

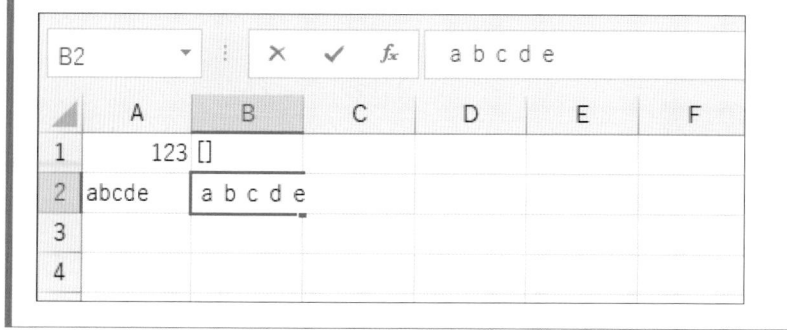

次のページへ ➡

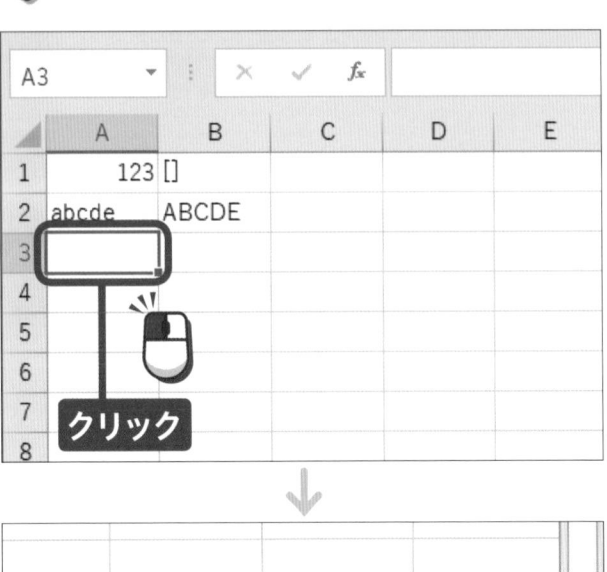

ここではセル「A3」に入力
します。

入力したいセルを
クリックして
選択します。

キーボードの
[半角/全角]を押して、
入力モードを
あにしておきます。

●アドバイス●

あは日本語入力がオンになっ
ている状態です。

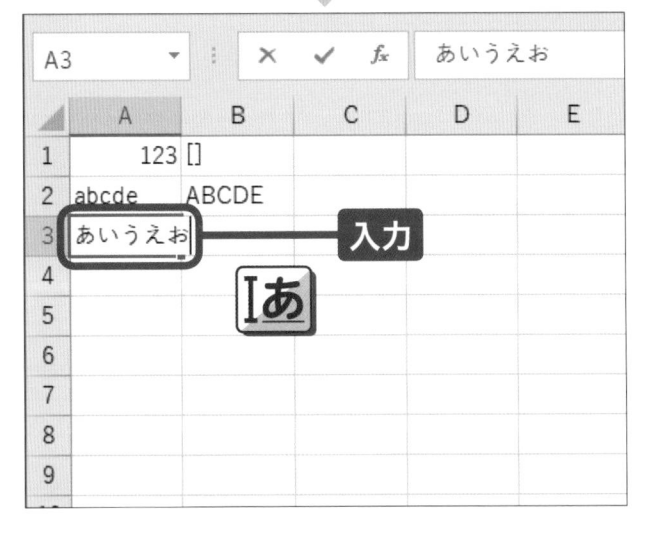

キーボードから
[あ][い][う][え][お]を押して、
日本語を
[あ]入力します。

●アドバイス●

かな入力では「あ」「い」「う」
「え」「お」、ローマ字入力では
「A」「I」「U」「E」「O」と入力し
ます。

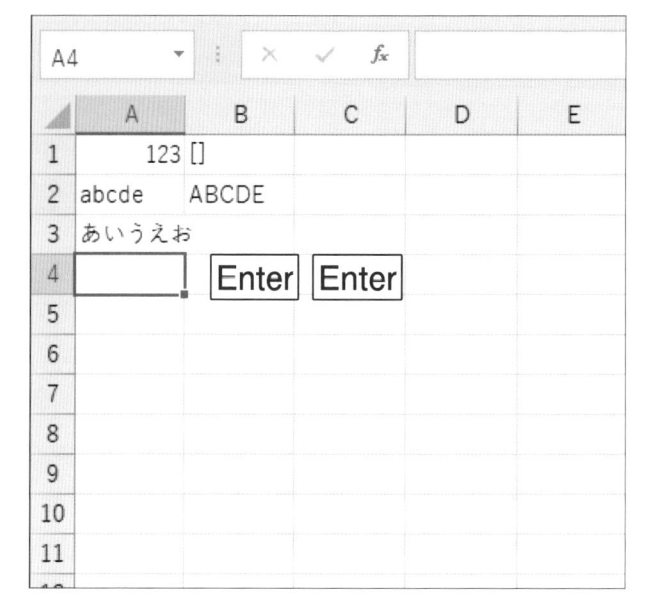

キーボードの
Enter を2回押して、
入力を確定します。

━━━━●アドバイス●━━━━

Enter の1回目で変換の確定、
2回目で入力の確定をします。

━━━━●アドバイス●━━━━

入力した日本語は漢字に変換
することもできます。

3章 データの入力と編集の方法を学びましょう

ヒント 同じデータや連続するデータを簡単に入力する

同じ列に同じ文字を入力する場合、入力途中で以前に入力した文字が入力候補に表示される「オートコンプリート」が便利です。たとえば「東京都」と同じ列に入力していた場合、次に入力する際は「と」と入力した段階で、変換候補に「東京都」と表示されます。あとは変換候補から選択するだけで残りの文字もすべて自動で入力されます。なお、この機能は同じ列に入力する場合のみ対応しており、同じ行に入力する場合には対応していません。

オートコンプリートを無効にしたい場合は、「ファイル」タブから「オプション」→「詳細設定」をクリックして、「オートコンプリートを使用する」のチェックを外しましょう。

	A	B	C	D	E	F	G	H	I	J	K
1											
2		東京都									
3		東京都									
4		神奈川県									
5		千葉県									
6		と東京都									
7		東京都									
8		と									
9		登録									
10											

次のページへ ➡

181

4 入力を元に戻す

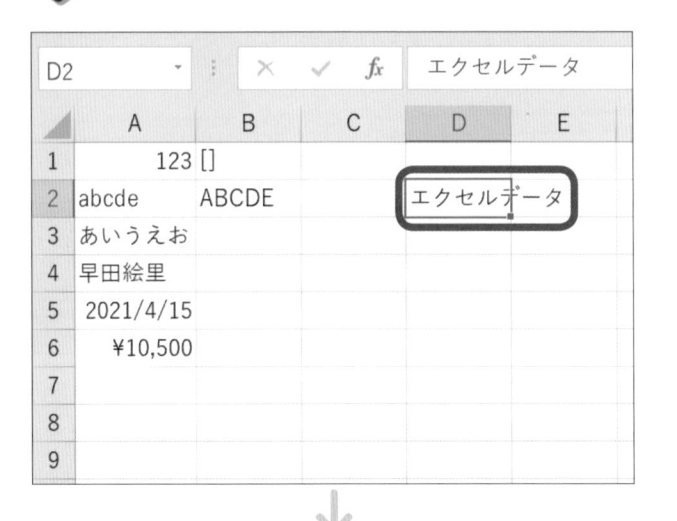

入力したデータに間違いが
あったので、入力前の状態
に戻します。

●アドバイス●

「元に戻す」とは、直前の操作
を取り消す操作のことです。

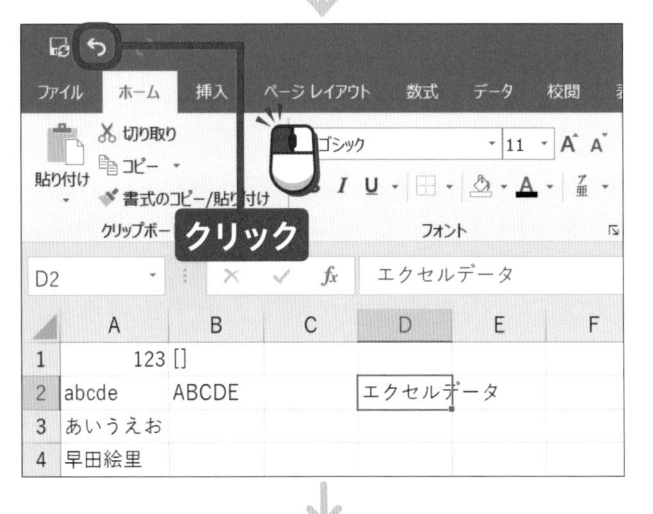

クイックアクセス
ツールバーの🔙を
クリックします。

●アドバイス●

キーボードのCtrl + Zを押す
ことでも、元に戻すことがで
きます。

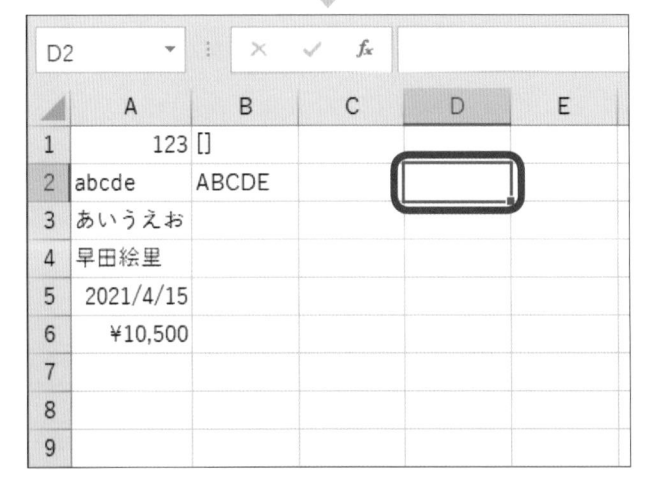

入力前の状態に戻ります。

●アドバイス●

「元に戻す」操作を繰り返し行
うと、操作をどんどんさかの
ぼって取り消していくことが
できます。

5 入力をやり直す

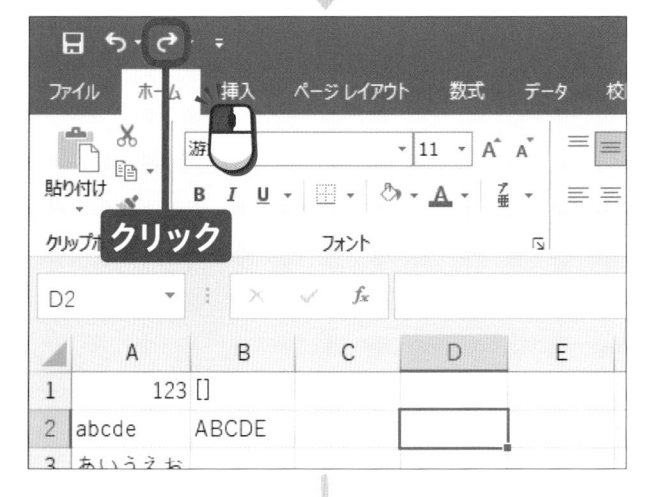

元に戻したデータを、戻す前の状態にやり直します。

「やり直す」とは、直前の「元に戻す」操作を取り消す操作のことです。

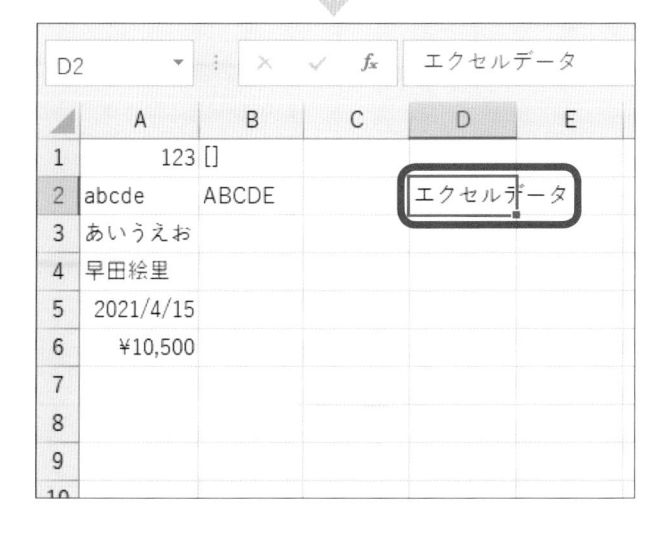

クリック

クイックアクセスツールバーの ↻ を クリックします。

キーボードの Ctrl + Y を押すことでも、やり直すことができます。

元に戻す前の状態に戻ります。

「元に戻す」操作を繰り返し行うと、直前の「元に戻す」操作からどんどんさかのぼってやり直していくことができます。

終わり✓

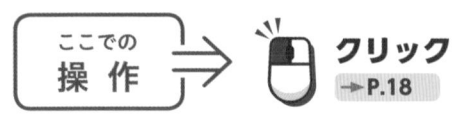

レッスン 12 データを消去しましょう

不要になったセルのデータを消去しましょう。セルを選択してからキーボードのキーを押すだけで簡単に消去できます。

ここでの
操作 → 🖱 クリック
→ P.18

1 データを消去する

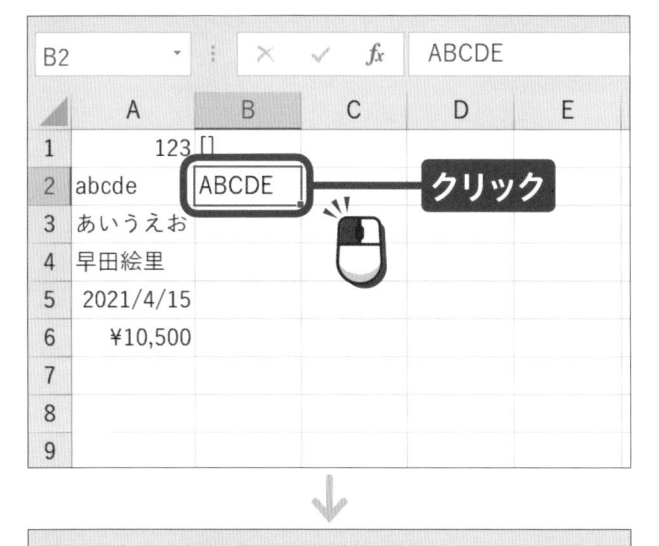

ここではセル「B2」のデータを消去します。

データを消去したい
セルを 🖱 クリックして
選択します。

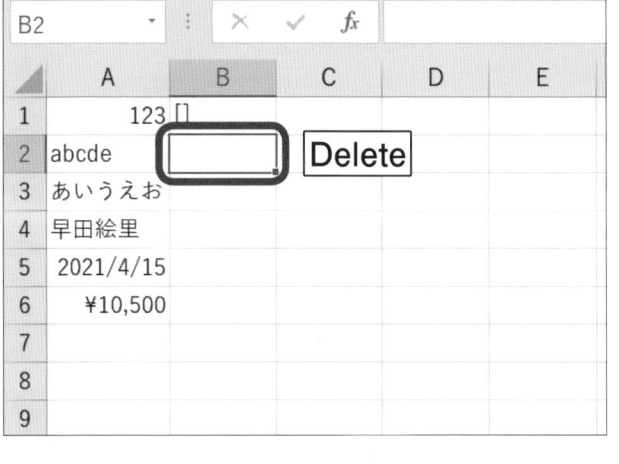

キーボードの Delete または
BackSpace を押すと、
データを消去できます。

ヒント 複数のセルのデータをまとめて消去する

ドラッグ操作で複数のセルを選択した状態で Delete を押すと、選択した範囲内のセルのデータをまとめて消去できます。この方法では、BackSpace ではまとめて消去できないので注意しましょう。

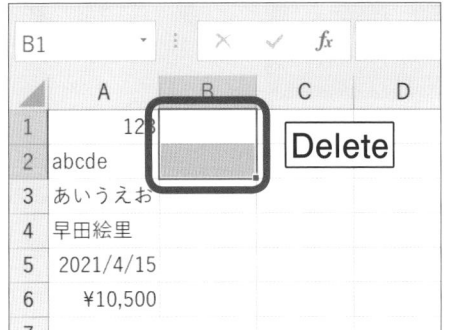

ヒント セルに書式が設定されている場合

書式設定されているセルのデータを消去する場合、Delete または BackSpace を押すとデータは消去されますが、セルの書式設定は消去されずにそのまま残ります。書式設定もすべて消去したい場合は、セルを選択した後に、「ホーム」タブの「クリア」をクリックすると表示されるメニューから、「すべてクリア」をクリックします。なお、書式設定については、P.194を参照してください。

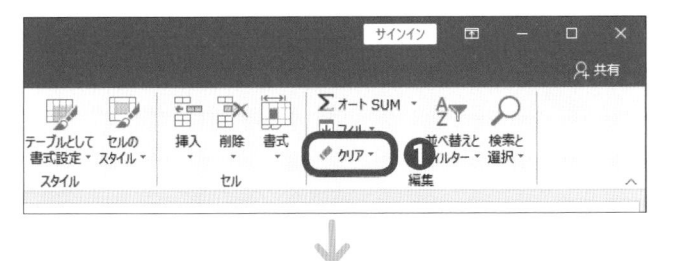

「ホーム」タブの「編集」グループの「クリア」❶をクリックします。

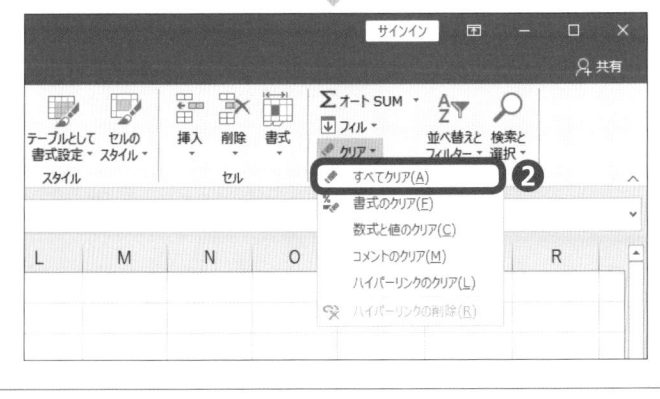

「すべてクリア」❷をクリックすると、データと書式設定を一気に消去できます。なお、「書式のクリア」をクリックすると、データは消去せずに書式設定のみ初期状態に戻すことができます。

終わり ✓ 185

レッスン 13 データを編集しましょう

セルのデータは、後から修正することができます。セルをダブルクリックすることでデータの編集を行いましょう。

ここでの操作 ⇒

🖱 **クリック** → P.18 🖱 **ダブルクリック** → P.18 🖱 **右クリック** → P.19 [Ⅰあ] **入力** → P.20

1 データを編集する

A6	⌄ ⋮	×	✓	fx	10500	
	A	B	C	D	E	
1	123					
2	abcde					
3	あいうえお					
4	早田絵里					
5	2021/4/15					
6	¥10,500					
7						
8						
9						
10						

ダブルクリック

ここではセル「A6」のデータを編集します。

データを編集したいセルを🖱**ダブルクリック**して、編集できる状態にします。

●アドバイス●

キーボードの[F2]でも同様の操作ができます。

↓

A6	⌄ ⋮	×	✓	fx	10500	
	A	B	C	D	E	
1	123					
2	abcde					
3	あいうえお					
4	早田絵里					
5	2021/4/15					
6	10500					
7						

クリック

データを入力し直したい部分を🖱**クリック**して、カーソルを移動させます。

●アドバイス●

キーボードのカーソルキーで移動することもできます。

186

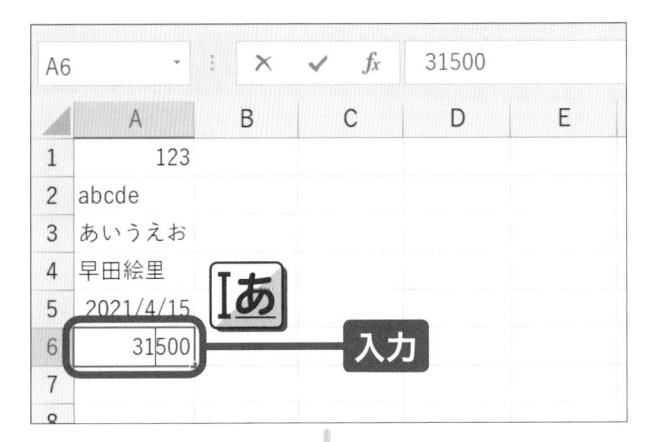

データを <u>あ</u> 入力し直します。

●アドバイス●

カーソルを合わせて、キーボードの Delete や BackSpace を押すと、不要な文字を削除できます。

キーボードの Enter を押して、入力を確定します。

●アドバイス●

ここではセルの表示形式が通貨に設定されているので、編集後のデータも通貨になります。セルの表示形式を解除する方法は次ページを参照してください。

ヒント クリックして編集した場合

セルをクリックして選択した状態でデータを編集しようとすると、前のデータがなくなり新たにデータを入力する状態になります。前のデータに上書きしたい場合は、この方法で行うとよいでしょう。ダブルクリックをして編集する方法は、データの一部を変更するときに活用しましょう。

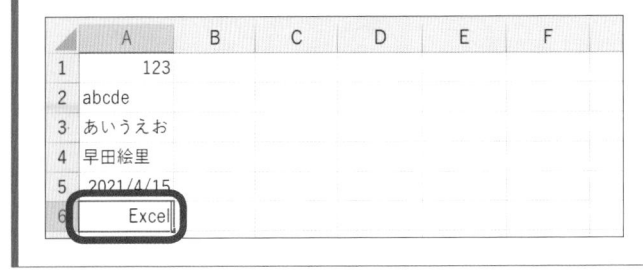

まったく別のデータに入力し直す場合は、セルをクリックして選択状態にし、新しいデータを入力しましょう。

次のページへ ➡

2 セルの表示形式を変更する

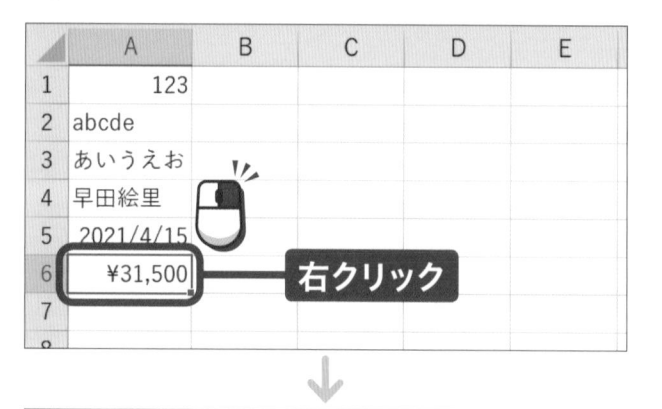

通貨表示になっているセル
「A6」の表示形式を変更し
ます。

表示形式を
変更するセルを
右クリックします。

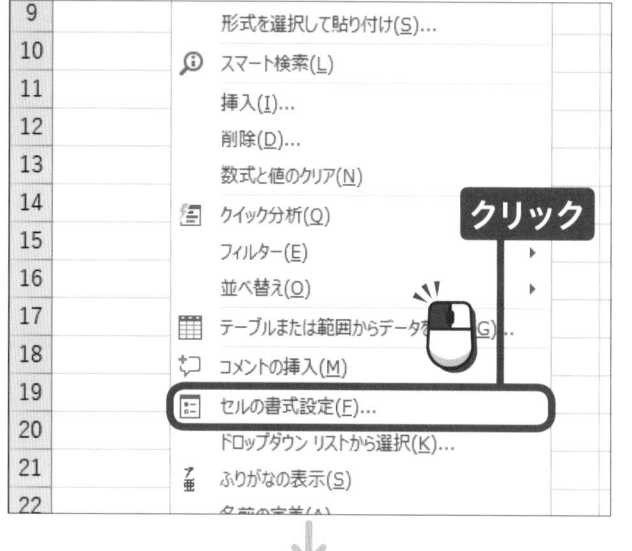

 セルの書式設定(E)...を
クリックします。

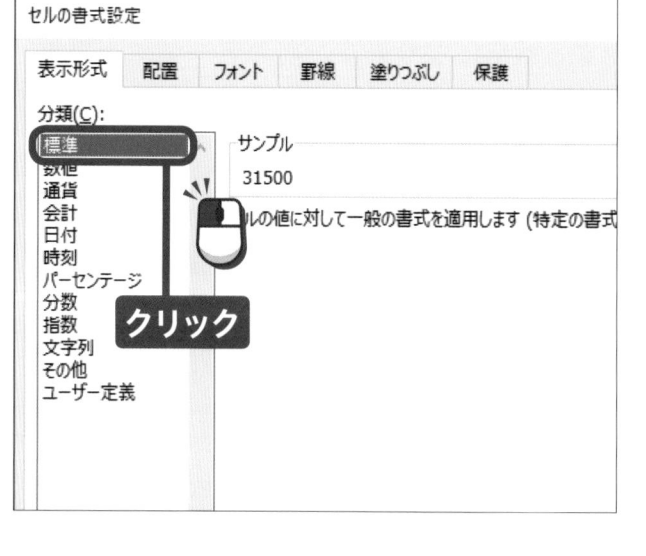

ここでは「標準」の表示形
式に変更します。

標準を
クリックします。

OK　を
クリックします。

通貨表示から標準の形式に
変更にされます。

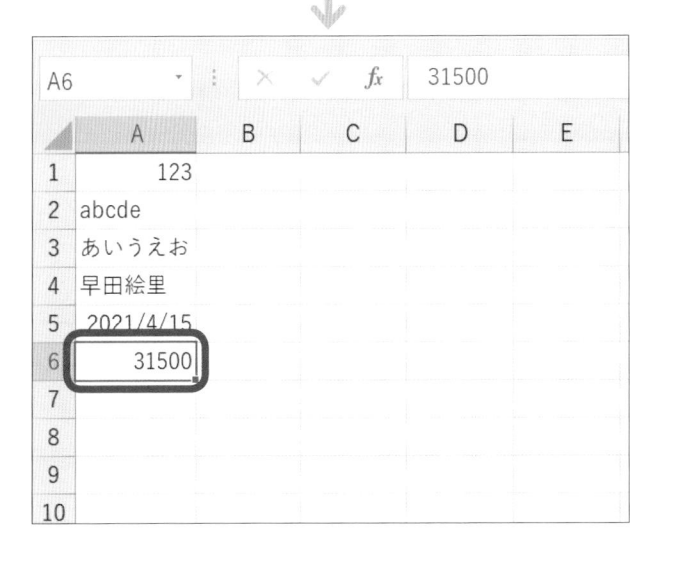

ヒント そのほかの表示形式

セルの表示形式には、「通貨」以
外にもさまざまな種類がありま
す。「時刻」に設定すると「14：
30」などと入力すると自動的に
「14時30分」と表示してくれま
す。また、「パーセンテージ」に
設定すると、数値を入力すると
「〇〇％」で表示してくれます。

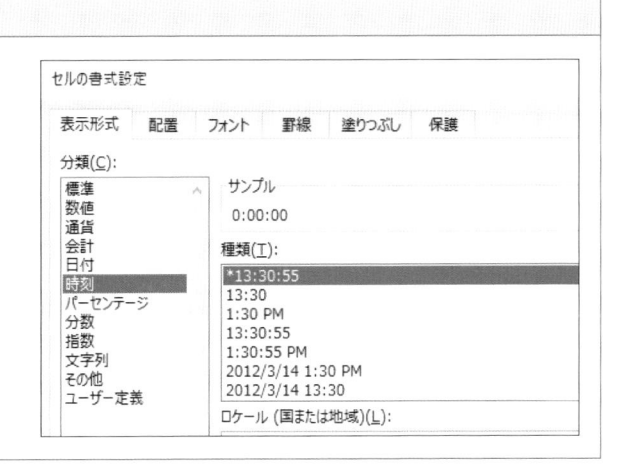

終わり ✔

189

データを
コピーしましょう

同じデータを何度も入力する場合、毎回データをキーボードから入力する
のは手間です。そういった場合はコピーを活用しましょう。

ここでの
操作 ⇒ **クリック** → P.18   **右クリック** → P.19

1 セルのデータをコピーする

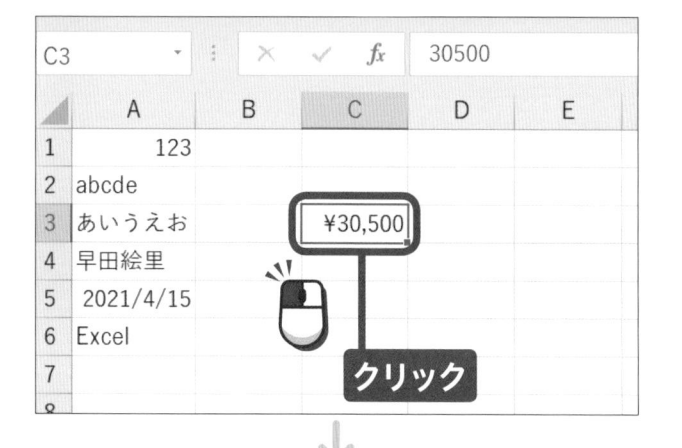

ここではセル「C3」のデータをコピーします。

コピーしたいセルを
🖱クリックして
選択します。

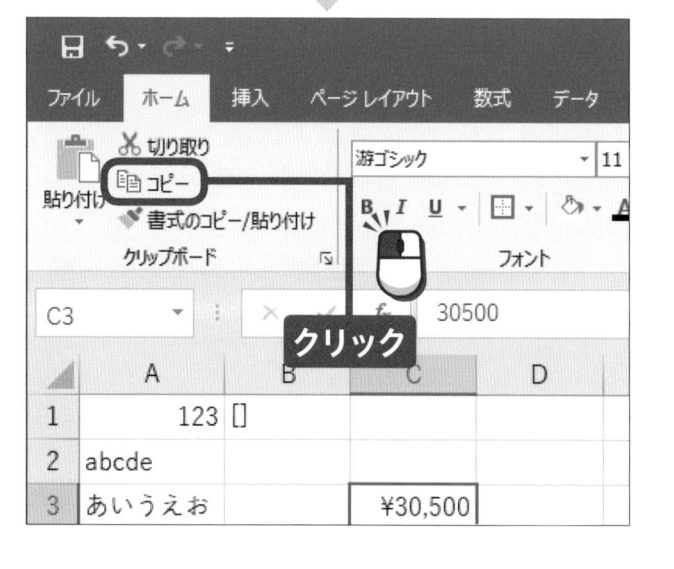

「ホーム」タブの
「クリップボード」
グループの
📋 コピーを
🖱クリックします。

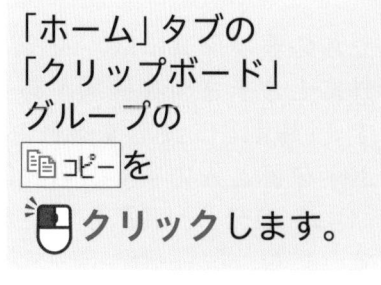

●アドバイス●

キーボードの Ctrl + C を押すことでも、コピーすることができます。

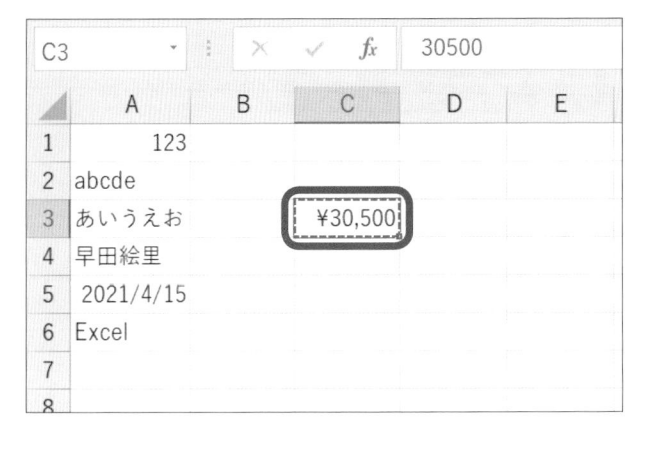

セルのコピーが完了します。

・アドバイス・

貼り付けについては、P.192を参照してください。

ヒント　セルを右クリックしてコピーする

セルを右クリックして表示されるメニューから「コピー」をクリックすることでも、セルをコピーすることができます。

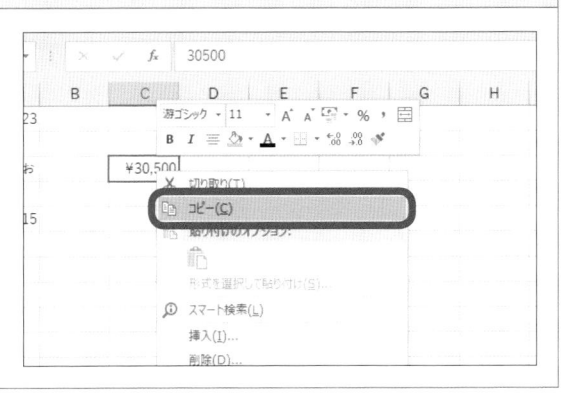

ヒント　連続するデータを簡単に入力する

「1,2,3,4,…」「月,火,水,…」のように連続するデータは、セルごとに1つずつ入力するのは非常に手間です。「オートフィル」機能を使うと、「1」「2」まで入力してから、両方のセルを選択し、右下の■をドラッグすると連続したデータを自動で入力してくれます。この機能は数式や関数（5章を参照）でも使うことができます。

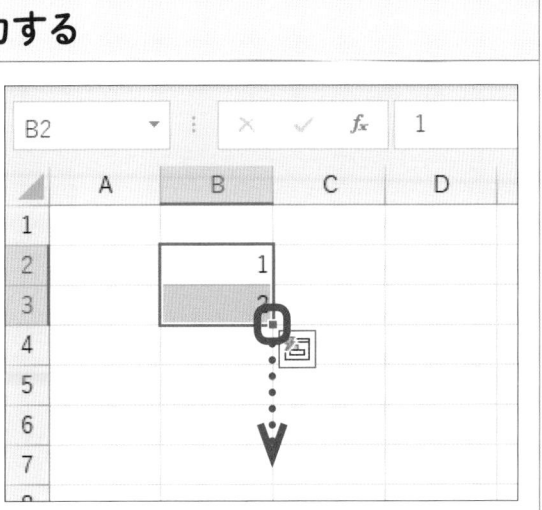

終わり ✔

レッスン 15 コピーしたセルを貼り付けましょう

セルをコピーしたら貼り付けを行いましょう。貼り付けはコピーされた状態であれば何度も行うことができます。

ここでの
操作 ⇒ 🖱 クリック
→ P.18

1 コピーしたセルを貼り付ける

| C3 | ▾ | ⋮ | × | ✓ | fx | 30500 |

	A	B	C	D	E
1	123				
2	abcde				
3	あいうえお		¥30,500		
4	早田絵里				
5	2021/4/15				
6	Excel				
7					
8					
9					

ここではセル「C3」のデータをセル「E3」に貼り付けます。

P.190を参考に、セルをコピーしている状態にします。

| E3 | ▾ | ⋮ | × | ✓ | fx | |

	A	B	C	D	E
1	123				
2	abcde				
3	あいうえお		¥30,500		
4	早田絵里				
5	2021/4/15				
6	Excel				
7					
8					
9					

クリック

貼り付けたいセルを 🖱クリックして選択します。

●アドバイス●

キーボードの Ctrl + V を押すことでも、貼り付けることができます。

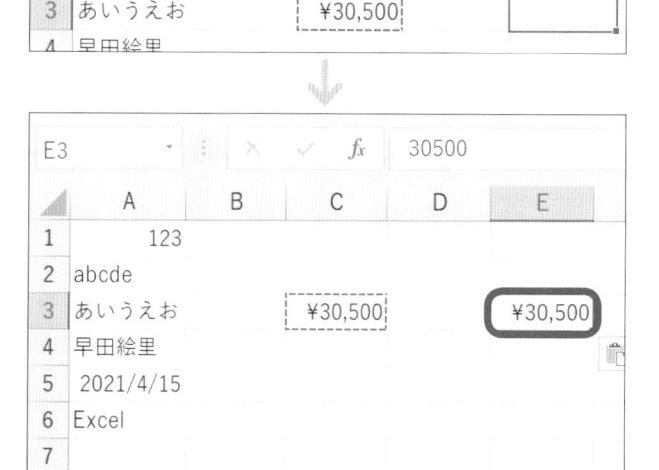

「ホーム」タブの
「クリップボード」
グループの
[貼り付け]を🖱クリック
します。

●アドバイス●

右クリックして表示されるメ
ニューからでも貼り付けるこ
とができます。

セルにデータが貼り付けら
れます。

●アドバイス●

セルがコピーされている状態
であれば、ほかのセルを選択
して貼り付けを何度も行うこ
とができます。

ヒント　セルの書式だけをコピーする

セルに設定した書式だけをコピーして、
別のセルのデータに反映させることが
できます。まずはコピー元のセルを選
択しておき❶、「ホーム」タブの「ク
リップボード」グループの「書式のコ
ピー／貼り付け」❷をクリックします。
続けて貼り付け先のセルをクリックす
ると、書式のみが貼り付けられます。

終わり ✔　193

ステップアップ

Q. セルの書式を変更するには？

A. 各種書式設定ボタンをクリックします。

エクセルでは表を見やすくするよう、セルの書式を変更することができます。太字や斜体、下線などを設定できるほか、フォントの書体や大きさ、色を変えることもできます。

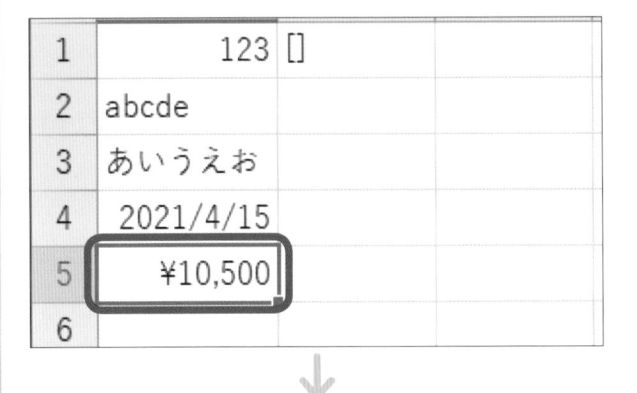

書式を変更したいセルをクリックして選択します。

「ホーム」タブの「フォント」グループから設定します。

❶書体の種類（フォント）を変更できます。

❷フォントの大きさを変更できます。

❸太字に設定できます。

❹斜体に設定できます。

❺下線を付けることができます。

❻セルに囲み線を設定することができます。

❼セルを指定の色で塗りつぶすことができます。

❽文字の色を指定の色に変えることができます。

エクセル

4章

表の作り方を学びましょう

レッスンをはじめる前に

エクセルで表を作成します

データの入力方法を学んだら、エクセルを本格的に活用するために、まずは表を作成してみましょう。エクセルにはセルごとに罫線を引くことができるので、罫線をうまく使った表を作成することができます。本書では例として、社員名簿を作成します。作成した表は、そのまま表として活用することもできますが、フィルターを使って必要な情報だけを表示させたり、データ順に並べ替えたりすることもできます。

> セルの結合や罫線、データの位置などを調整して、見やすい表を作成します。

セルを結合したり幅を変更したりします

表を作成する際に、1つの見出しの下に複数の項目を並べたいことがあります。複数のセルを罫線を使って1つに見せるといったことをしてしまいがちですが、そういう場合はセルを結合して、隣同士のセルを同じセルとして扱うことができます。また、長いデータを入力する場合、セルの幅が足りないといった場合は、セルの幅や高さを変更することもできます。

左の例では、「住所」の項目名が入力されたセルが右のセルと結合されています。

左の例では、「F」列の幅をドラッグ操作によって広げています。

197

16 表の作成に必要な情報を入力しましょう

4章では実際に表を作成していきます。ここでは例として社員名簿を作成しますので、まずは必要なデータの入力を行いましょう。

1 「社員No.」と「名前」を入力する

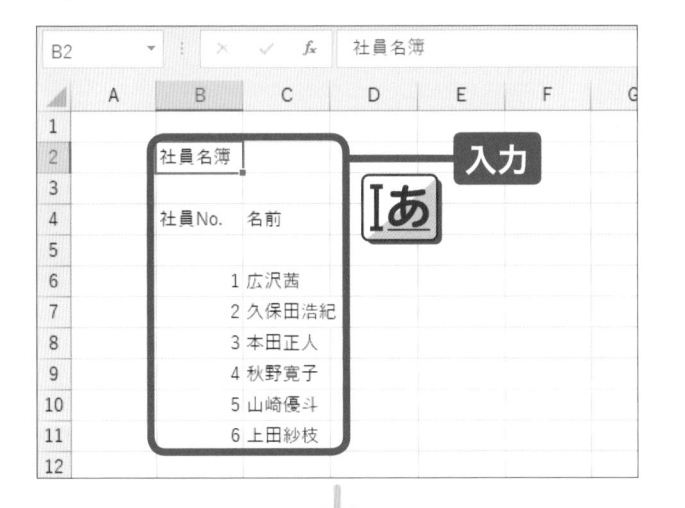

まずは名簿のタイトル（社員名簿）と「社員No.」「名前」を[あ]入力します。

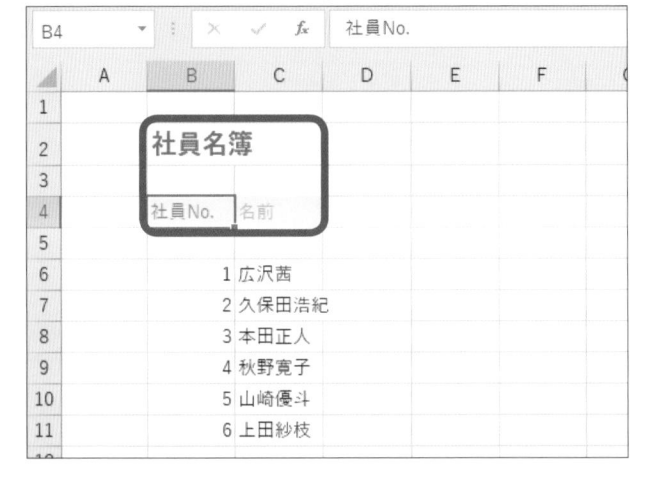

タイトルと項目名に書式を設定します。

●アドバイス●

ここでは「セルの塗りつぶし」「フォントサイズ」「フォントの色」を設定しています。書式の設定は3章を参照してください。

2 「住所」を入力する

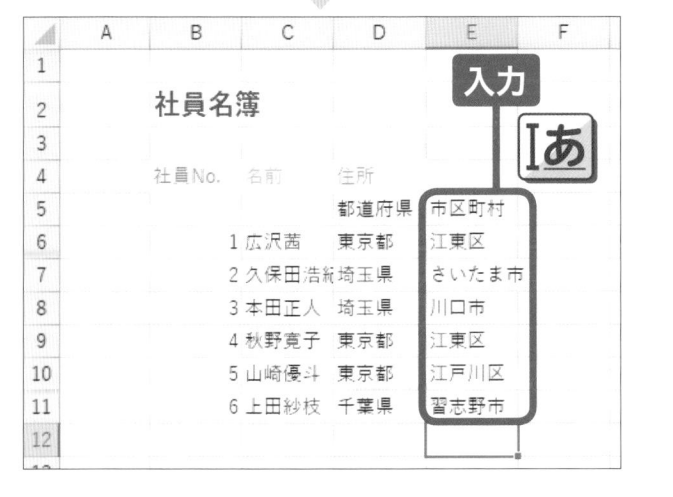

「住所」を入力します。
ここでは都道府県と市区町村を分けて作成するので、左の手順のようにセルを分けて入力します。

「住所」を
[あ]入力して、
書式を設定します。

D列に「都道府県」を
[あ]入力します。

E列に「市区町村」を
[あ]入力します。

次のページへ ➡

「電話番号」を入力します。

「電話番号」を
[あ]入力して、
書式を設定します。

電話番号のデータを
[あ]入力します。

●アドバイス●

「090」と入力すると「90」に
自動で変換されてしまう場合
があります。その場合はセル
の書式設定を「標準」から「文
字列」に変更しましょう。

ヒント セルからデータがはみ出てしまう場合

電話番号のように長いデータを入力する
と、セルからデータがはみ出てしまう場
合があります。その場合は、セルの幅を
調節する必要があります。セルの幅の調
節については、P.210を参照してくださ
い。

社員名簿				
社員No.	名前	住所		電話番号
		都道府県	市区町村	
1	広沢茜	東京都	江東区	090-0000-1111
2	久保田浩紀	埼玉県	さいたま	080-1111-2222
3	本田正人	埼玉県	川口市	090-5555-3333
4	秋野寛子	東京都	江東区	070-2222-3333
5	山崎優斗	東京都	江戸川区	090-8888-9999
6	上田紗枝	千葉県	習志野市	080-2222-7777

4 そのほかの情報を入力する

最後にそのほかの情報を入力します。
ここでは「部署」と「支社」を入力します。

「部署」と「支社」を
[Iあ]入力して、
書式を設定します。

部署のデータを
[Iあ]入力します。

支社のデータを
[Iあ]入力します。

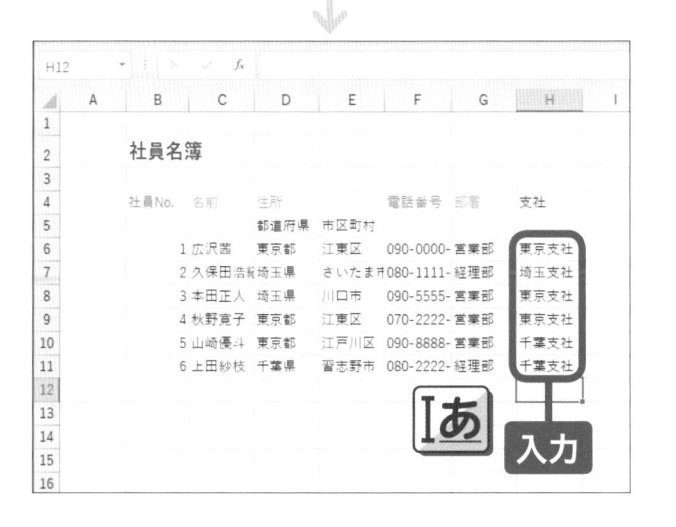

終わり ✓ 201

→ P.18　→ P.19

レッスン 17 罫線で表を作成しましょう

セルに罫線を引くと、印刷した際に周囲やマス目が線で囲まれた見栄えのよい表が完成します。ここでは罫線の引き方を解説します。

ここでの操作 ⇒ クリック　ドラッグ

1 セルに罫線を引く

罫線を引きたいセルを🖱クリックして選択します。

「ホーム」タブの「フォント」グループの の右にある▼を🖱クリックします。

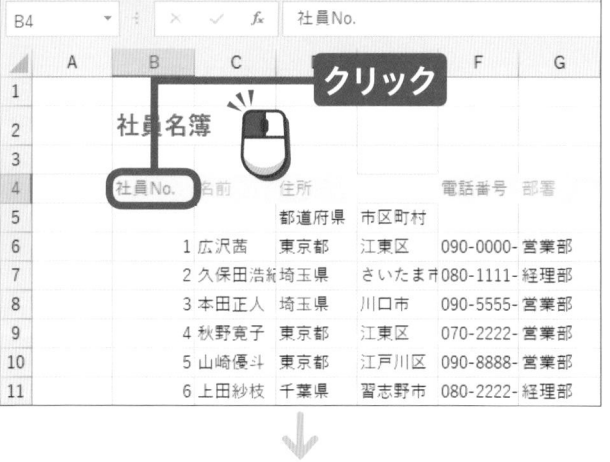

●アドバイス●

罫線のアイコンは以前に選択した罫線の種類によって変化します。

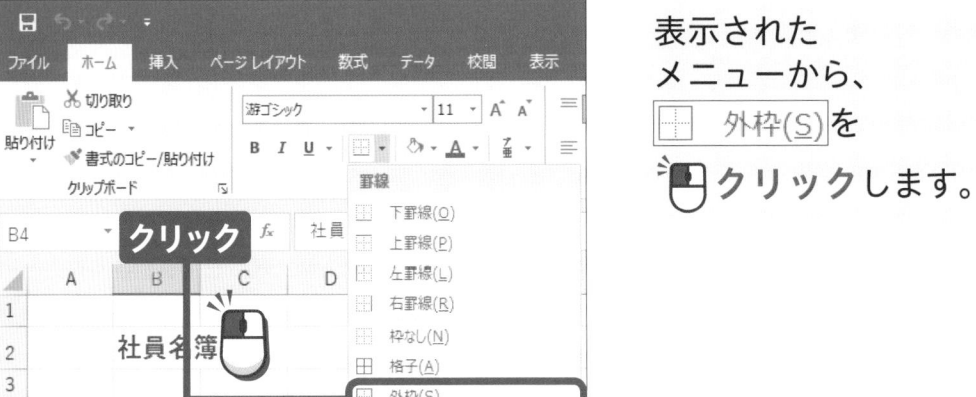

表示された
メニューから、
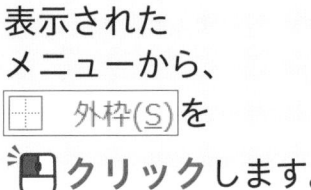 外枠(S)を
クリックします。

選択したセルを囲むように
罫線が引かれます。

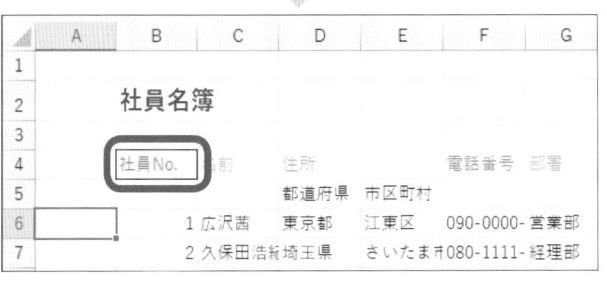

ヒント 罫線の種類を変更する

罫線の種類は、通常の線以外にも、点線や二重線、そのほかの線に変更することができます。罫線のメニューから、「線のスタイル」❶をクリックすることで、一覧❷から線の種類を変更できます。また、「線の色」を選択すると罫線の色を変更することもできます。

次のページへ ➡

2 複数のセルを一気に格子状にする

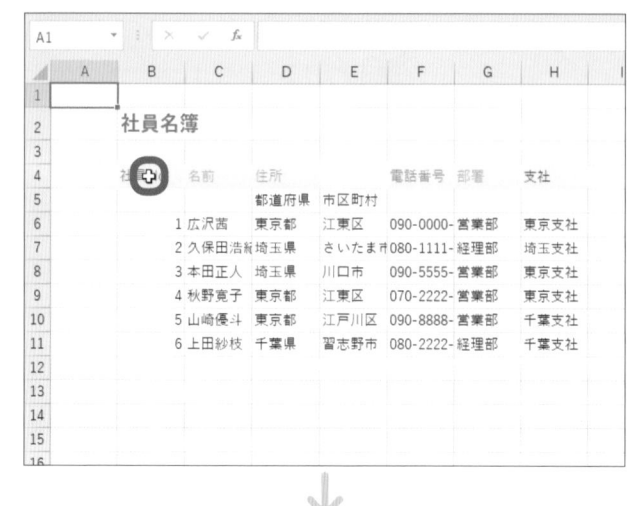

複数のセルに一気に罫線を
引いて格子状にすることも
できます。
ここではセル「B4」から
「H11」に格子を付けて表
にします。

セル「B4」にマウスの
カーソルを重ね合わせ
ます。

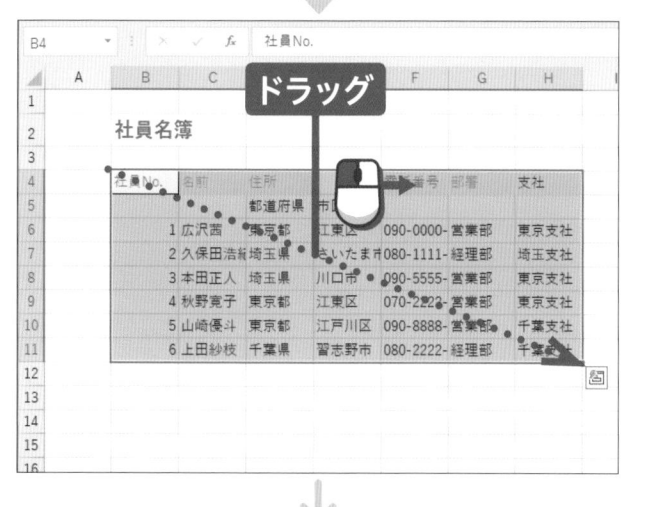

セル「H11」まで
🖱➡ドラッグして
複数のセルを
選択します。

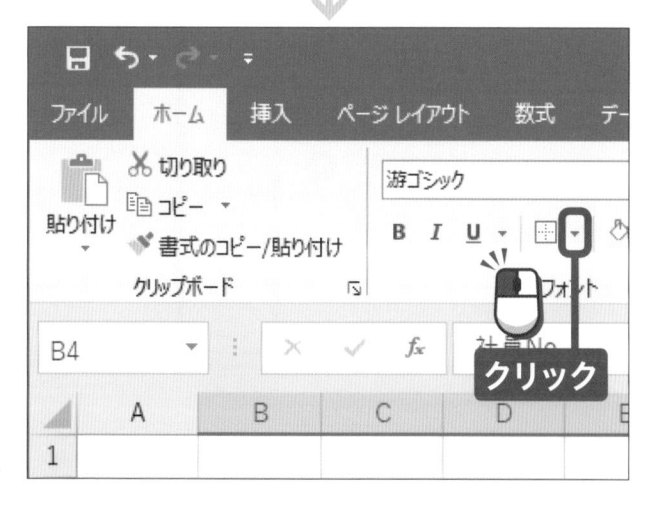

「ホーム」タブの
「フォント」の⊞の
右にある▼を
🖱クリックします。

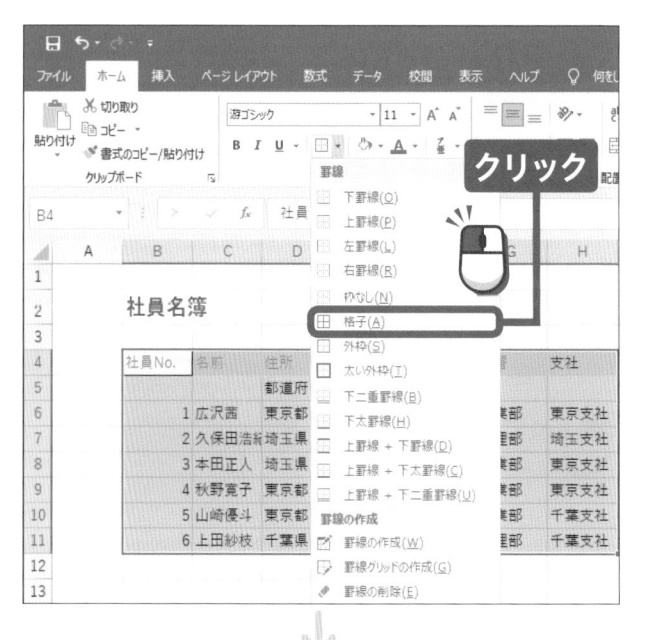

表示された
メニューから、
⊞ 格子(A)を
🖱クリックします。

罫線を消したい場合は、表示
されたメニューから「罫線の
削除」をクリックします。

選択した複数のセルに格子
状の罫線が引かれます。

ヒント 表の外枠を太線にする

表にする場合、一番外側にある外枠を太線
にすると、それらしくなります。外枠のみ
太線にするには、格子を付けた後に、もう
一度表全体を選択して、罫線のメニューか
ら「太い外枠」をクリックします。そうす
ると、外枠のみ太枠で囲まれて、より見栄
えのよい表になります。

社員名簿

社員No.	名前	住所	
		都道府県	市区町村
1	広沢茜	東京都	江東区
2	久保田浩紀	埼玉県	さいたま市
3	本田正人	埼玉県	川口市

終わり ✓

データの位置を調整しましょう

レッスン 18

セルにデータを入力すると、右揃えや左揃えに自動で配置されてしまいます。セル内のデータの位置を調整しましょう。

ここでの操作 → クリック ▶P.18　ドラッグ ▶P.19

1 中央揃えにする

社員No.	名前	住所		電話番号	部署
		都道府県	市区町村		
1	広沢茜	東京都	江東区	090-0000-	営業部
2	久保田浩紀	埼玉県	さいたま市	080-1111-	経理部
3	本田正人	埼玉県	川口市	090-5555-	営業部
4	秋野寛子	東京都	江東区	070-2222-	営業部
5	山崎優斗	東京都	江戸川区	090-8888-	営業部
6	上田紗枝	千葉県	習志野市	080-2222-	経理部

表の項目名を「中央揃え」にしてみましょう。
ここではセル「C4」の「名前」を中央揃えにします。

↓

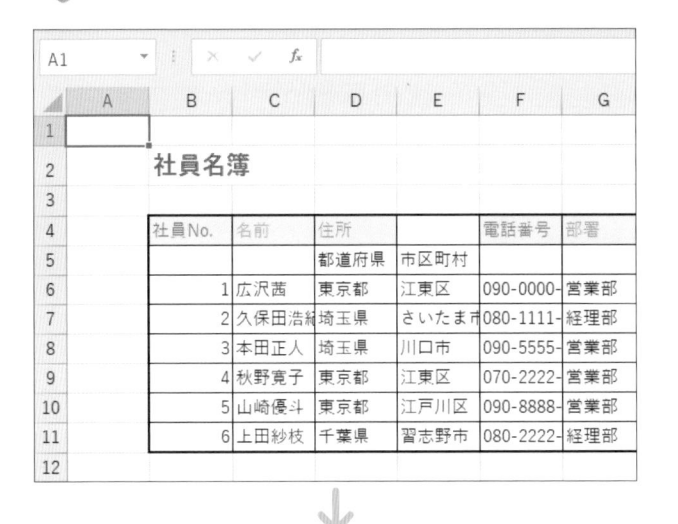

中央揃えにしたいセル（ここでは「C4」）をクリックして選択します。

●アドバイス●

「標準」の書式では、数値は右に、文字は左に揃えられています。

206

「ホーム」タブの
「配置」グループの≡を
クリックします。

選択したセルが中央揃えに
なります。

ヒント　左揃え・右揃えにする

セルを選択して、「ホーム」タブの「配置」グループの≡❶をクリックすると
左揃えに、≡❷をクリックすると右揃えになります。

▶ **左揃え**

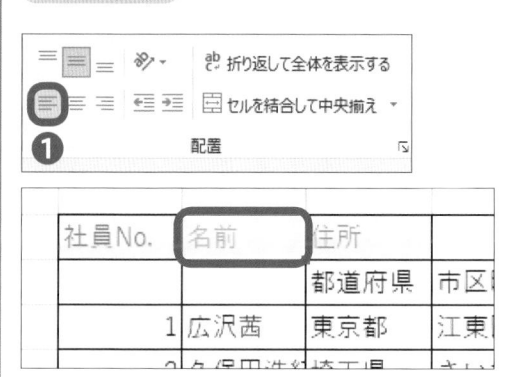

▶ **右揃え**

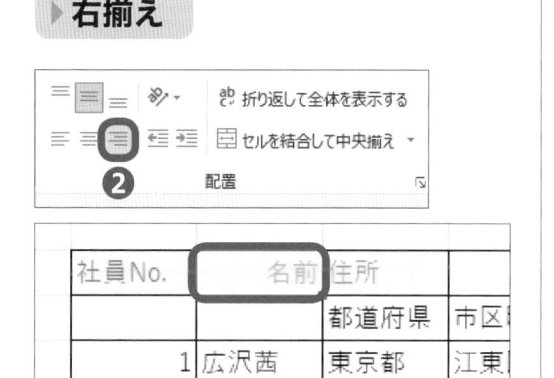

次のページへ ➡

複数のセルをまとめて中央揃えにしてみましょう。
ここではセル「B4」から「H4」を中央揃えにします。

セル「B4」にマウスのカーソルを重ね合わせます。

中央揃えにしたい
複数のセル（ここでは「B4」から「H4」）を
ドラッグして
選択します。

「ホーム」タブの
「配置」グループの 三 を
クリックします。

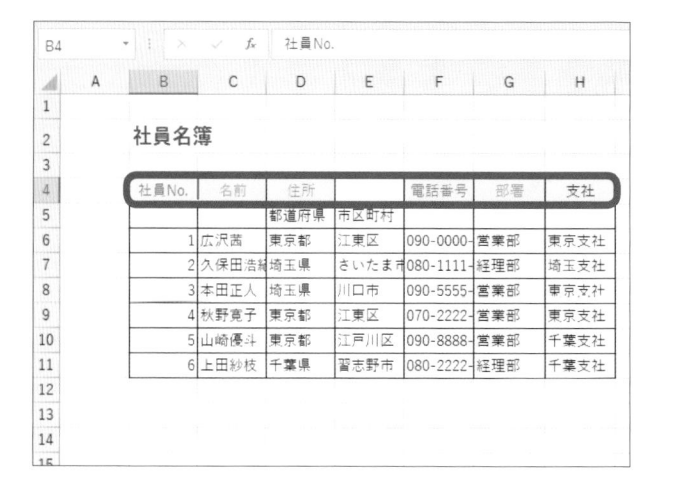

選択したセルが中央揃えになります。

ヒント　上揃え・下揃えにする

左右に揃えるほかにも上下に揃えることができます。左右の揃えのアイコンの上にある3つのアイコンで調整することができます。通常では中央揃えになっており、三をクリックすると上揃えに、三をクリックすると下揃えになります。

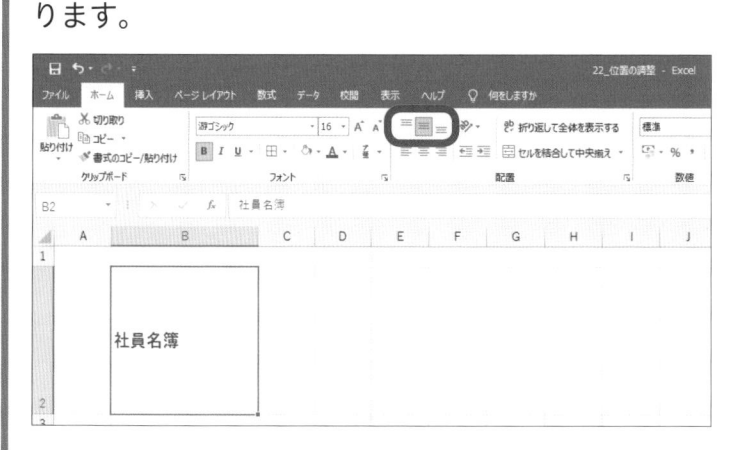

通常では中央揃えが選択された状態になっています。

▶ 上揃え

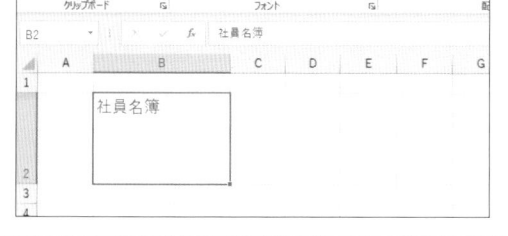

▶ 下揃え

終わり ✔

レッスン 19 枠の幅や高さを変更しましょう

長いデータを入力するとセルの幅が足りなくなります。ここではセルの幅と高さを調整しましょう。

ここでの操作 ⇒ クリック →P.18　ダブルクリック →P.18　ドラッグ →P.19

1 セルの幅を変更する

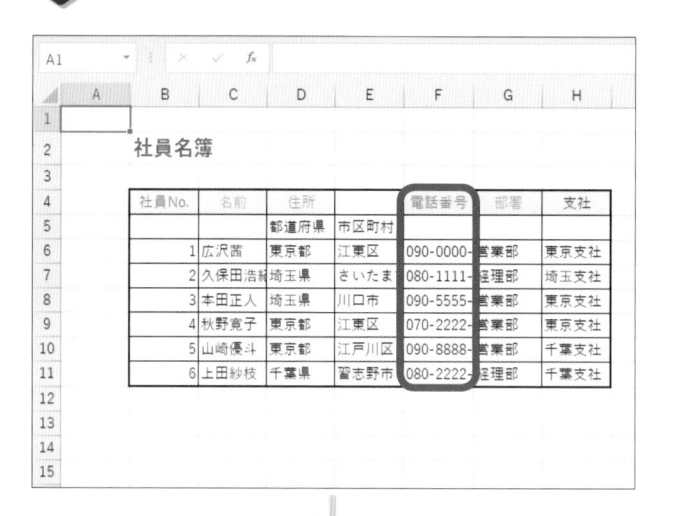

「電話番号」の部分の幅が足りていないので、セルの横幅を広げて調整します。

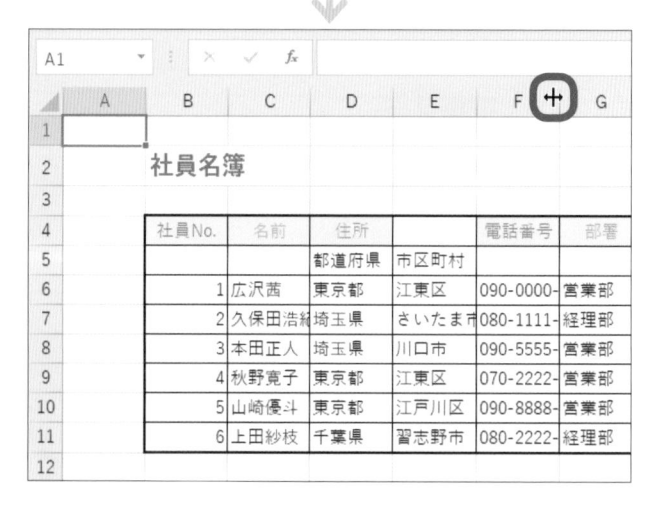

幅を調整する場合は、列を示すアルファベットの部分を左右にドラッグします。

幅を調整したい部分にマウスポインターを移動させます。マウスポインターが ✛ に変化します。

右方向に
ドラッグします。

社員名簿

社員No.	名前	住所		電話番号	部署	支社
		都道府県	市区町村			
1	広沢茜	東京都	江東区	090-0000-		社
2	久保田浩紀	埼玉県	さいたま市	080-1111-		社
3	本田正人	埼玉県	川口市	090-5555-	営業部	東京支社
4	秋野寛子	東京都	江東区	070-2222-	営業部	東京支社
5	山崎優斗	東京都	江戸川区	090-8888-	営業部	千葉支社
6	上田紗枝	千葉県	習志野市	080-2222-	経理部	千葉支社

●アドバイス●

左方向にドラッグすると、セルの幅が狭くなります。

「電話番号」のデータの幅に合わせてドラッグを完了すると、セルの横幅が調整されます。

社員名簿

社員No.	名前	住所		電話番号	部署	支社
		都道府県	市区町村			
1	広沢茜	東京都	江東区	090-0000-1111	営業部	東京支
2	久保田浩紀	埼玉県	さいたま市	080-1111-2222	経理部	埼玉支
3	本田正人	埼玉県	川口市	090-5555-3333	営業部	東京支
4	秋野寛子	東京都	江東区	070-2222-3333	営業部	東京支
5	山崎優斗	東京都	江戸川区	090-8888-9999	営業部	千葉支
6	上田紗枝	千葉県	習志野市	080-2222-7777	経理部	千葉支

●アドバイス●

列のアルファベットの部分を右クリックして表示されるメニューの「列の幅」では、数値を入力して幅を指定することができます。

「市区町村」の部分の横幅も同様の手順で調整します。

社員名簿

社員No.	名前	住所		電話番号	部署	支社
		都道府県	市区町村			
1	広沢茜	東京都	江東区	090-0000-1111	営業部	東京支
2	久保田浩紀	埼玉県	さいたま市	080-1111-2222	経理部	埼玉支
3	本田正人	埼玉県	川口市	090-5555-3333	営業部	東京支
4	秋野寛子	東京都	江東区	070-2222-3333	営業部	東京支
5	山崎優斗	東京都	江戸川区	090-8888-9999	営業部	千葉支
6	上田紗枝	千葉県	習志野市	080-2222-7777	経理部	千葉支

●アドバイス●

数値の長さよりセル幅を狭くすると、「＃＃」で表示されます。

次のページへ

211

項目名のセルの高さを調整します。

高さを調整する場合は、行を示す数字の部分を上下にドラッグします。

高さを調整したい部分にマウスポインターを移動させます。
マウスポインターが⬍に変化します。

下方向に🖱➡ドラッグします。

●アドバイス●

上方向にドラッグすると、セルの高さが狭くなります。

ドラッグを完了すると、セルの高さが調整されます。

●アドバイス●

行数の部分を右クリックして表示されるメニューの「行の高さ」では、数値を入力して高さを指定することができます。

ヒント ダブルクリックによって自動でセルの幅を調整する

ここではドラッグ操作によって、手動でセルの幅を調整する方法を紹介しましたが、自動で幅を調整することも可能です。幅を調整したい部分にマウスポインターを移動させて ✛ に変化させた後に、ダブルクリックをします。そうすると、入力されたデータの幅に合わせて自動でセルの幅を調整してくれます。文字量に合わせてセル幅を調整したい場合に活用するとよいでしょう。なお、この操作は行の高さで使うこともできます。

幅を調整したい部分に
マウスポインターを移動させて、
ダブルクリックをします。

セルに入力された
文字量に合わせて、セル幅が
調整されます。

終わり ✔

213

セルを結合しましょう

レッスン **20**

隣り合うセルを結合して、1つのセルとして扱うことができます。これを使うことで、より見栄えのよい表を作ることができます。

ここでの **操作** ⇒ 🖱️ **クリック** → P.18　🖱️ **ドラッグ** → P.19

1 セルを結合する

「住所」の隣のセルが空欄になっているので、結合しましょう。

結合したいセル
(ここでは「D4」から「E4」)を
🖱️→ドラッグして、
選択します。

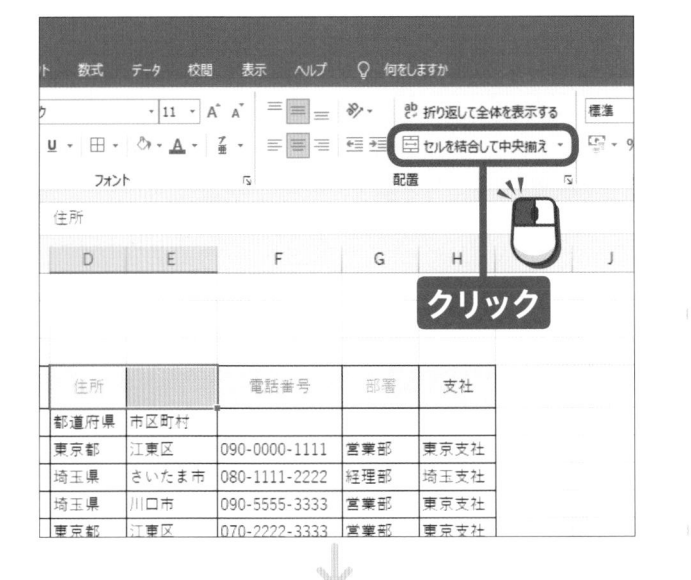

「ホーム」タブの
「配置」グループの
セルを結合して中央揃えを
クリックします。

━━━━━━━ ●アドバイス● ━━━━━━━

ウィンドウの大きさによって
は、「セルを結合して中央揃
え」の文字は表示されずに、
アイコンのみ表示されます。

選択したセルが結合され
て、データが中央揃えにな
ります。

同様の操作で、そのほかの
項目をそれぞれ縦に隣り合
うセルと結合させます。

次のページへ ➡

215

2 セルの結合を解除する

結合したセルの結合を解除
しましょう。
先ほど結合したセル「D4」
から「E4」を解除します。

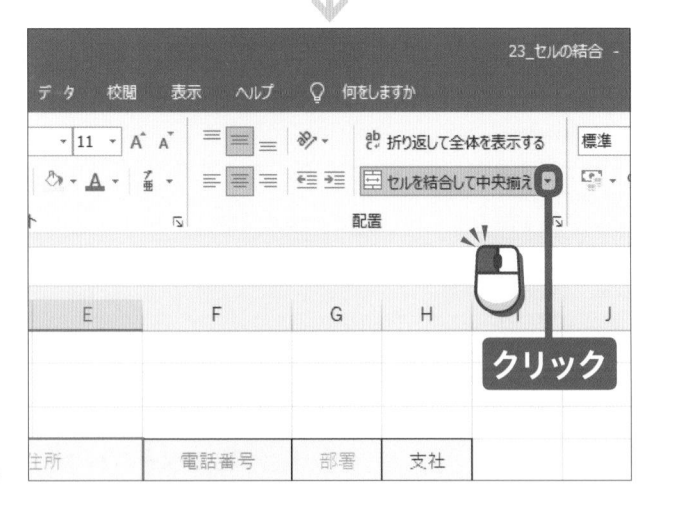

結合を解除したいセルを
クリックして
選択します。

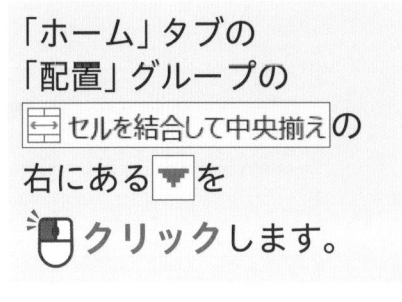

「ホーム」タブの
「配置」グループの
セルを結合して中央揃えの
右にあるを
クリックします。

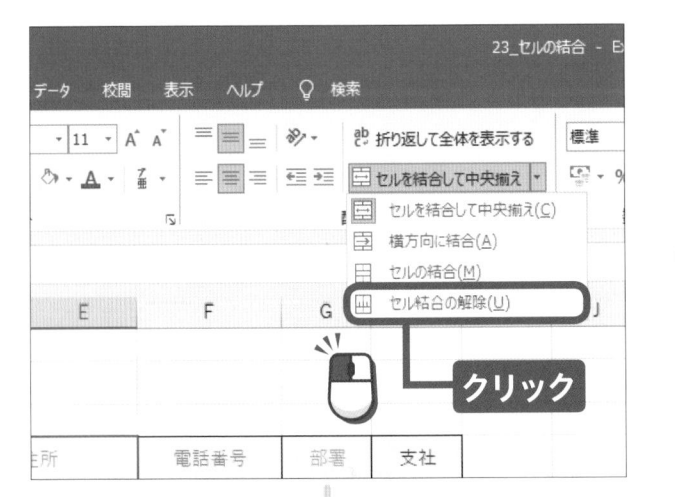

セル結合の解除(U)を
クリックします。

●アドバイス●

ウィンドウの大きさによって
は、「セルを結合して中央揃
え」の文字は表示されずに、
アイコンのみ表示されます。

選択したセルの結合が解除
されます。

社員No.	名前	住所		電話番号	部署
		都道府県	市区町村		
1	広沢茜	東京都	江東区	090-0000-1111	営業部
2	久保田浩紀	埼玉県	さいたま市	080-1111-2222	経理部
3	本田正人	埼玉県	川口市	090-5555-3333	営業部
4	秋野寛子	東京都	江東区	070-2222-3333	営業部
5	山崎優斗	東京都	江戸川区	090-8888-9999	営業部
6	上田紗枝	千葉県	習志野市	080-2222-7777	経理部

社員名簿

4章 表の作り方を学びましょう

ヒント 結合を解除したセルは書式設定がそのまま残る

セルを解除すると、解除されたすべ
てのセルの書式設定はそのまま残り
ます。そのため、上記の手順のよう
に、セルの塗りつぶし設定も残りま
す。

終わり ✔

レッスン 21 表の列や行を増やしましょう

表を作成しているうちに、セルを増やしたい場合があります。セルは簡単に増やすことができます。また、行単位や列単位で挿入することもできます。

ここでの 操 作 ➡ 🖱️ **クリック** ➡ P.18

1 1つのセルを挿入する

	A	B	C	D	E	F	G	H
1								
2		社員名簿						
3								
4		社員No.	名前	住所		電話番号	部署	支社
5				都道府県	市区町村			
6		1	広沢茜	東京都	江東区	090-0000-1111	営業部	東京支
7		2	久保田浩紀	埼玉県	さいたま市	080-1111-2222	経理部	埼玉支
8		3	本田正人	埼玉県	川口市	090-5555-3333	営業部	東京支
9		4	秋野寛子	東京都	江東区	070-2222-3333	営業部	東京支
10		5	山崎優斗	東京都	江戸川区	090-8888-9999	営業部	千葉支
11		6	上田紗枝	千葉県	習志野市	080-2222-7777	経理部	千葉支
12								
13								
14								
15								

ここではセル「E6」に新規でセルを挿入します。

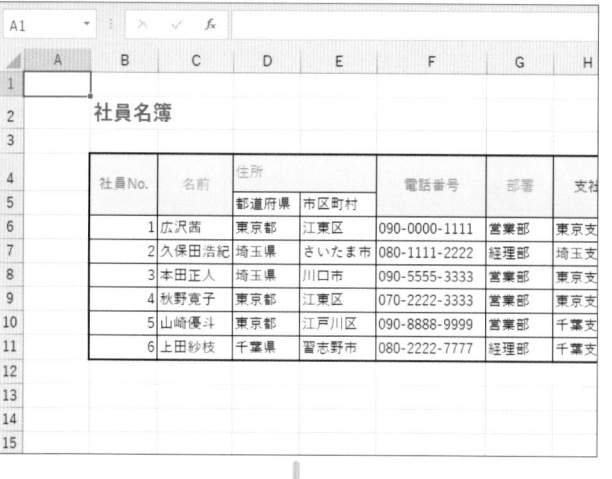

挿入したい部分のセルを 🖱️ **クリック**して選択します。

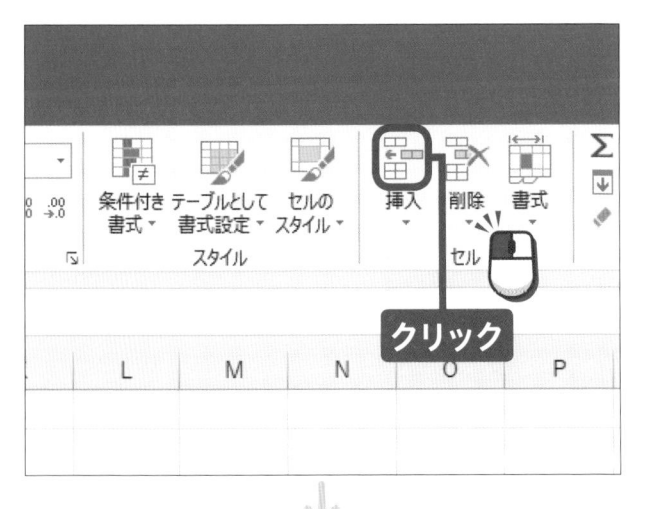

クリック

「ホーム」タブの
「セル」グループの 🔳 を
クリックします。

・アドバイス・

セルを右クリックして、「挿
入」をクリックすることでも、
セルを挿入できます。

選択した部分に新たなセル
が挿入され、選択していた
セルから下のデータが下に
1つずつ移動します。

	A	B	C	D	E	F
1						
2		社員名簿				
3						
4		社員No.	名前	住所		電話番号
5				都道府県	市区町村	
6		1	広沢茜	東京都		090-0000-1111
7		2	久保田浩紀	埼玉県	江東区	0-1111-2222
8		3	本田正人	埼玉県	さいたま市	090-5555-3333
9		4	秋野寛子	東京都	川口市	070-2222-3333
10		5	山崎優斗	東京都	江東区	090-8888-9999
11		6	上田紗枝	千葉県	江戸川区	080-2222-7777
12					習志野市	

4章 表の作り方を学びましょう

ヒント 挿入したセルのシフト方向を変更する

ここで紹介した方法では、元からあるセ
ルは下方向に移動（シフト）します。こ
のほかにも右方向にシフトしてセルを挿
入することができます。「挿入」の下の
🔽 をクリックして、「セルの挿入」をク
リックします。表示されたメニューから
「右方向にシフト」をクリックして選択
し、「OK」をクリックすると、セルが挿
入され、データが右に1つずつ移動しま
す。

セルの挿入　　？　×

挿入
● 右方向にシフト(I)
○ 下方向にシフト(D)
○ 行全体(R)
○ 列全体(C)

OK　　キャンセル

次のページへ ➡ 219

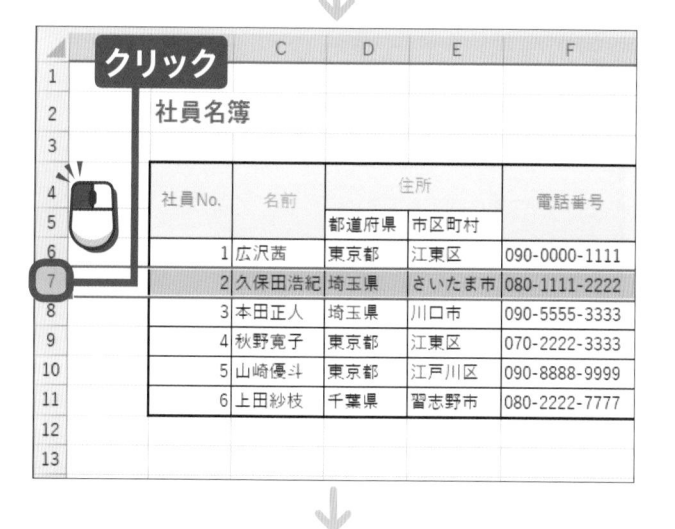

ここでは「7」の行に新規で
行を挿入します。

挿入したい行の数字部分
（ここでは 7 ）を
クリックして
選択します。

「7」の行全体が選択された
状態になります。

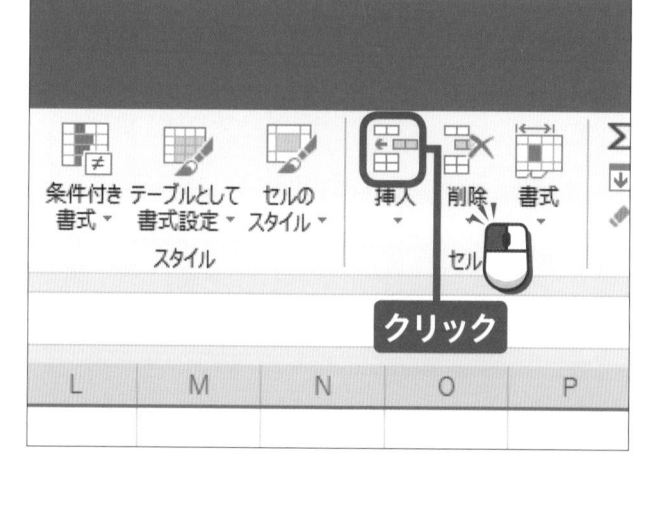

「ホーム」タブの
「セル」グループの □ を
クリックします。

●アドバイス●

数字部分を右クリックして、
「挿入」をクリックすることで
も、行を挿入できます。

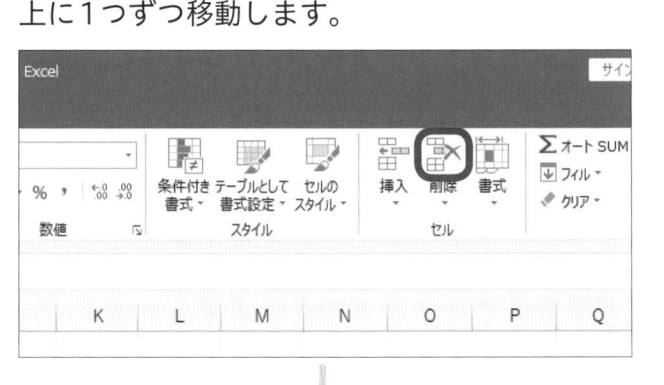

新たな行が挿入され、選択していた行から下のデータが下に1つずつ移動します。

ヒント **セルを削除する**

不要になったセルを削除する場合は、P.218の手順と同様に削除したいセルをクリックして選択し、「ホーム」タブの「セル」グループの[×]をクリックします。そうすると、選択したセルが削除選択していたセルから下のデータが上に1つずつ移動します。

セルを選択して、[×]をクリックします。

セルが削除されます。

次のページへ ➡

3 列を挿入する

ここでは「H」の列に新規
で列を挿入します。

	社員No.	名前	住所		電話番号	部署	支社
			都道府県	市区町村			
	1	広沢茜	東京都	江東区	090-0000-1111	営業部	東京支社
	2	久保田浩紀	埼玉県	さいたま市	080-1111-2222	経理部	埼玉支社
	3	本田正人	埼玉県	川口市	090-5555-3333	営業部	東京支社
	4	秋野寛子	東京都	江東区	070-2222-3333	営業部	東京支社
	5	山崎優斗	東京都	江戸川区	090-8888-9999	営業部	千葉支社
	6	上田紗枝	千葉県	習志野市	080-2222-7777	経理部	千葉支社

挿入したい列の
アルファベット部分
（ここでは H ）を
クリックして
選択します。

Hの列全体が選択された状
態になります。

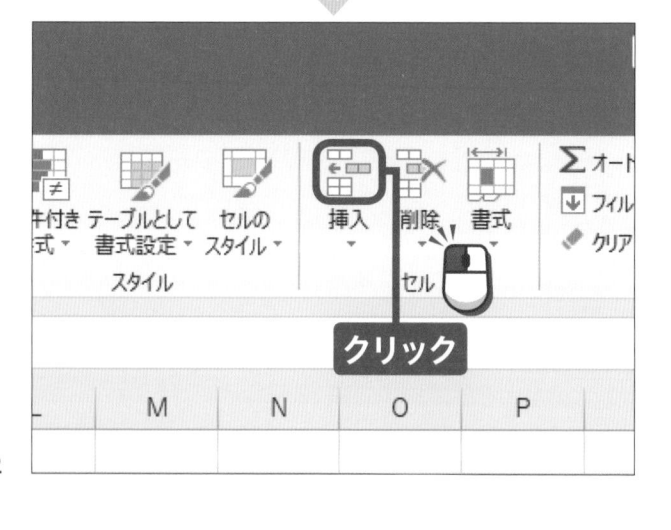

「ホーム」タブの
「セル」グループの を
クリックします。

	住所	電話番号	部署		支社
府県	市区町村				
３	江東区	090-0000-1111	営業部		東京支社
ま	さいたま市	080-1111-2222	経理部		埼玉支社
₹	川口市	090-5555-3333	営業部		東京支社
₹	江東区	070-2222-3333	営業部		東京支社
₹	江戸川区	090-8888-9999	営業部		千葉支社
₹	習志野市	080-2222-7777	経理部		千葉支社

新たな列が挿入され、選択していた列から右のデータが右に１つずつ移動します。

ヒント 行や列を削除する

不要になった行や列を削除する場合は、P.220の手順と同様に削除したい行の数字または列のアルファベットをクリックして選択し、「ホーム」タブの「セル」グループの▦をクリックします。そうすると、選択した行や列が削除され、選択していた行や列のデータが１つずつ移動します。下の例では行を削除しています。

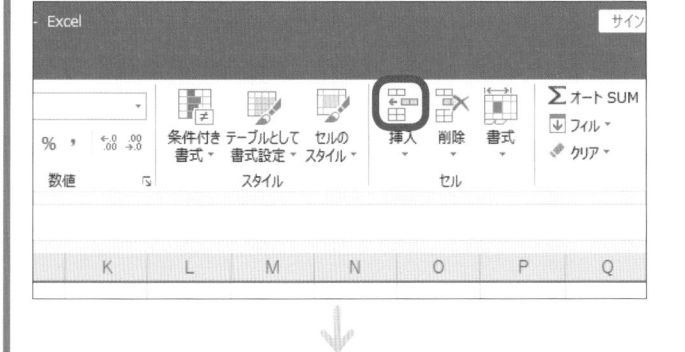

行を選択して、▦をクリックします。

行が削除されます。同様の操作で列の削除も行えます。

終わり 223

レッスン 22 表のデータを 並べ替えましょう

表のデータを大きい順や小さい順に並べ替えてみましょう。特定の項目を
基準にして並べ替えることもできます。

ここでの
操作 ⇒ クリック
→P.18　ドラッグ
→P.19

1 表のデータを並べ替える

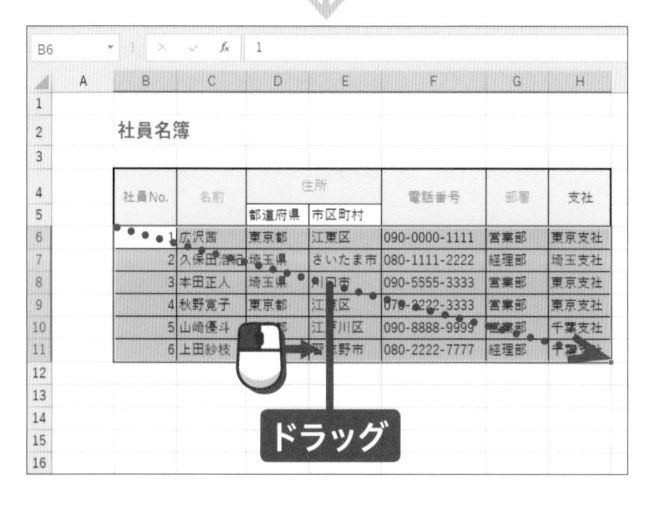

ここでは「社員No.」を「降
順」(大きい順) に並べ替え
ます。

●アドバイス●

並べ替えを行うと、表の行全
体が自動的に並べ替えられま
す。

並べ替えたい表の
データ部分を
ドラッグで
選択します。

●アドバイス●

項目名の部分を選択すると、
一緒に並べ替えられてしまう
ので注意しましょう。

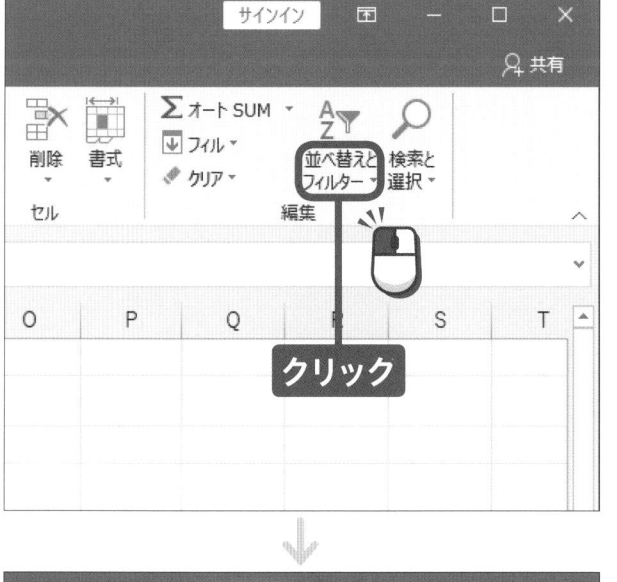

「ホーム」タブの
「編集」グループの [並べ替えと フィルター] を
クリックします。

●アドバイス●

選択したセルを右クリックして、「並べ替え」で表示されるメニューからでも並べ替えが行えます。

Z↓ 降順(O) を
クリックします。

●アドバイス●

「昇順」を選択すると、番号が小さい順に並び替えられます。

「社員No.」の数値が大きい順に並べ替えられます。

社員No.	名前	住所		電話番号	部署	支社
		都道府県	市区町村			
6	上田紗枝	千葉県	習志野市	080-2222-7777	経理部	千葉支社
5	山崎優斗	東京都	江戸川区	090-8888-9999	営業部	千葉支社
4	秋野寛子	東京都	江東区	070-2222-3333	営業部	東京支社
3	本田正人	埼玉県	川口市	090-5555-3333	営業部	東京支社
2	久保田浩紀	埼玉県	さいたま市	080-1111-2222	経理部	埼玉支社
1	広沢茜	東京都	江東区	090-0000-1111	営業部	東京支社

●アドバイス●

この方法では、一番左の列を基準に並べ替えが行われます。

次のページへ ➡

ここでは「住所」の「都道府県」を基準にして並べ替えます。

並べ替えたい表の
データ部分を
🖱️➡️ドラッグで
選択します。

ドラッグ

━━━━●アドバイス●━━━━

表の項目名は選択しなくても
大丈夫です。

「ホーム」タブの
「編集」グループの `並べ替えと フィルター ▼` を
🖱️クリックします。

クリック

`↕↓ ユーザー設定の並べ替え(U)...` を
🖱️クリックします。

昇順(S)
降順(O)
↕↓ ユーザー設定の並べ替え(U)...
フィルター(F)
クリア(C)
再適用(Y)

クリック

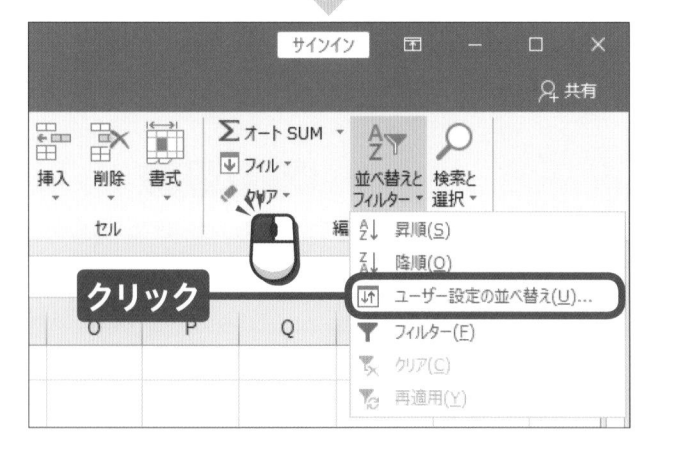

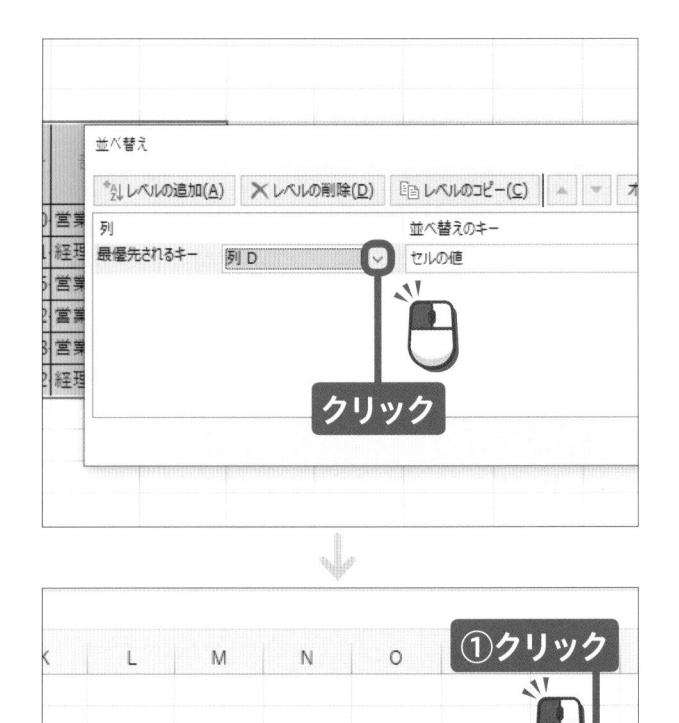

「並べ替え」ダイアログ
ボックスが表示されます。
ここでは「住所」の「都道
府県」（D列）を基準にして
並べ替えます。

「列」の「最優先される
キー」の右の∨を
クリックして、
「列D」を選択します。

「順序」の∨を
クリックして、
「昇順」を選択します。

●アドバイス●

「降順」を選択すると、「ん」
からの順番で表示されます。

OK を
クリックします。

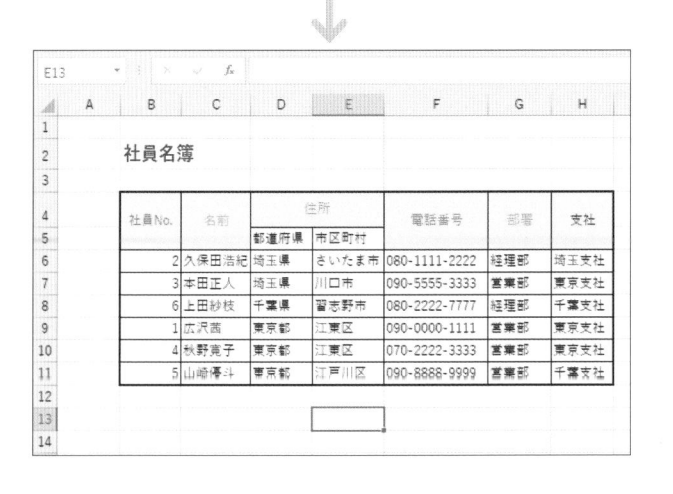

「住所」の「都道府県」があ
いうえお順に並び替えられ
ます。

社員No.	名前	住所		電話番号	部署	支社
		都道府県	市区町村			
2	久保田浩紀	埼玉県	さいたま市	080-1111-2222	経理部	埼玉支社
3	本田正人	埼玉県	川口市	090-5555-3333	営業部	東京支社
6	上田紗枝	千葉県	習志野市	080-2222-7777	経理部	千葉支社
1	広沢茜	東京都	江東区	090-0000-1111	営業部	東京支社
4	秋野寛子	東京都	江東区	070-2222-3333	営業部	東京支社
5	山崎博斗	東京都	江戸川区	090-8888-9999	営業部	千葉支社

終わり✔

レッスン 23 フィルターで必要な情報だけを表示しましょう

フィルターを使うと、表の中で必要な情報だけを抜き取ることができます。ここではその方法を紹介します。

1 フィルターとは

フィルターとは、表の中から自分が見たい情報だけを抜き取って表示させることができる機能です。たとえば、表の中から東京都出身の人だけを抜き出したい場合、フィルター設定で「東京都」だけにチェックを入れてフィルターを反映させると、東京都出身の人だけが表示される仕組みです。それでは、次のページから実際に設定を行ってみましょう。

社員No	名前	都道府県	市区町村	電話番号	部署	支社
1	広沢茜	東京都	江東区	090-0000-1111	営業部	東京支社
2	久保田浩紀	埼玉県	さいたま市	080-1111-2222	経理部	埼玉支社
3	本田正人	埼玉県	川口市	090-5555-3333	営業部	東京支社
4	秋野寛子	東京都	江東区	070-2222-3333	営業部	東京支社
5	山崎優斗	東京都	江戸川区	090-8888-9999	営業部	千葉支社
6	上田紗枝	千葉県	習志野市	080-2222-7777	経理部	千葉支社

表にフィルターを設定すると、指定したデータが入力されたデータのみ抜き取ることができます。

社員名簿

社員No	名前	住所		電話番号	部署	支社
1	広沢茜	東京都	江東区	090-0000-1111	営業部	東京支社
4	秋野寛子	東京都	江東区	070-2222-3333	営業部	東京支社
5	山崎優斗	東京都	江戸川区	090-8888-9999	営業部	千葉支社

2 表にフィルターを設定する

フィルターを
設定したい表の
いずれかのセルを
🖱クリックして
選択します。

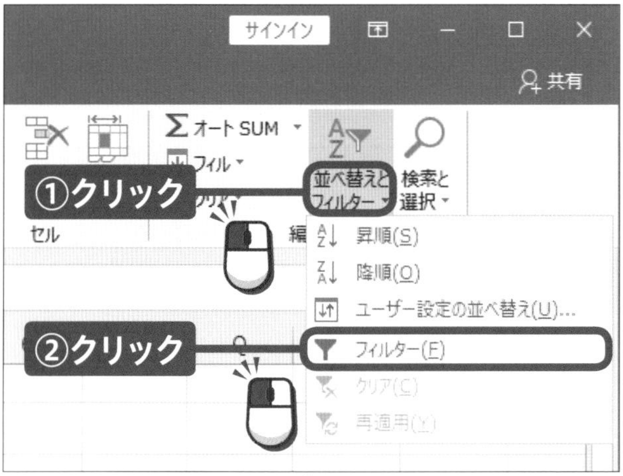

「ホーム」タブの
「編集」グループの並べ替えとフィルターを
🖱クリックします。

▽ フィルター(F)を
🖱クリックします。

表にフィルターが設定され
ます。

●アドバイス●

フィルターが設置された表
は、見出しの項目部分に▼の
アイコンが表示されます。

次のページへ ➡

229

今回は名簿から「住所」が「東京都」の社員のみを表示します。

「住所」の ▼ を 🖱クリックします。

「東京都」のみに 🖱クリックをしてチェックを入れます。

OK を 🖱クリックします。

「住所」が「東京都」の社員のみが表示されます。

●アドバイス●

フィルターを解除するには、フィルターを設定した表のいずれかのセルをクリックして選択し、「ホーム」タブの「編集グループ」の「並べ替えとフィルター」をクリックして、「フィルター」をクリックします。

終わり ✔

エクセル

5章

エクセルで計算を行いましょう

レッスンをはじめる前に

エクセルで四則計算が行えます

エクセルでは足し算や引き算などの四則計算を行うことができます。エクセルで行う計算はセル内で数値で計算をするのではなく、数式に値を入力したセルを指定して行います。たとえば、セルの数値と別のセルの数値を足した数を割り出すことができます。この場合、セルの数値を変更すると自動的に計算にも反映されます。

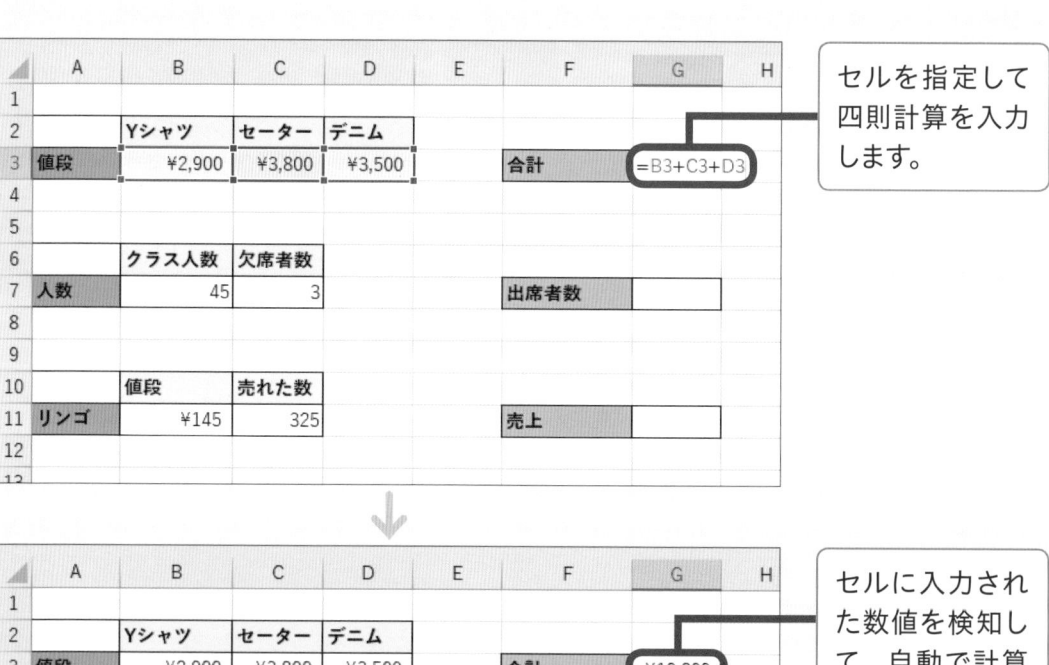

セルを指定して四則計算を入力します。

セルに入力された数値を検知して、自動で計算結果を割り出します。

関数を利用した計算が行えます

エクセルには関数という便利な機能があります。関数を使うと、指定された複数のセルの合計の値や平均値を簡単に割り出すことなどができます。売上データの合計やテストの平均点を出すときに使うとよいでしょう。

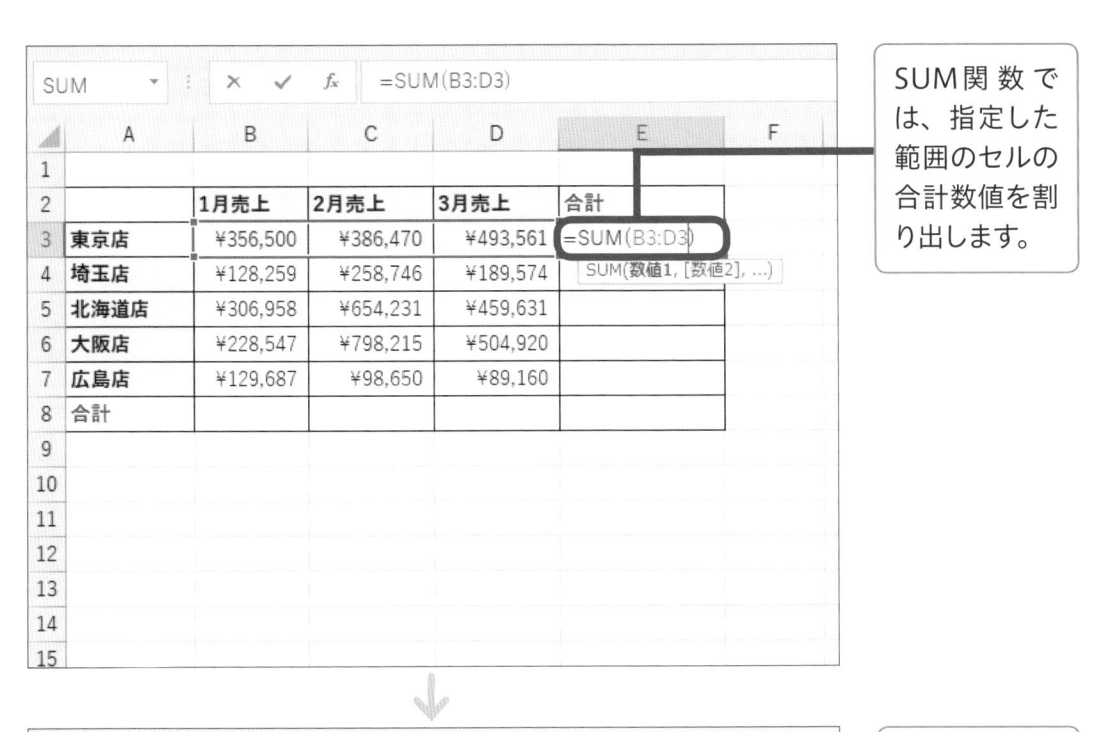

SUM関数では、指定した範囲のセルの合計数値を割り出します。

大きい金額を扱うデータなどで活用できます。

レッスン 24 数式を入力して計算を行いましょう

セルに数式を入力して計算を行います。ここでは基本となる四則計算を学んでいきましょう。

ここでの操作 → クリック →P.18　入力 →P.20

1 セルに数式を入力する

	A	B	C	D	E	F	G	H
1								
2		Yシャツ	セーター	デニム				
3	値段	¥2,900	¥3,800	¥3,500		合計		
4								
5								
6		クラス人数	欠席者数					
7	人数	45	3			出席者数		
8								
9								
10		値段	売れた数					
11	リンゴ	¥145	325			売上		
12								
13								
14		数量	人数					
15	クッキー	45	9			1人当たりの数		
16								
17								

クリック

ここではセル「G3」に、「B3」と「C3」と「D3」のデータを足し算した数値が反映されるように数式を入力します。

数式を入力するセル（ここでは「G3」）をクリックして、選択します。

↓

C	D	E	F	G
セーター	デニム			
¥3,800	¥3,500		合計	=
欠席者数				
3			出席者数	
売れた数				
325			売上	

入力

キーボードから「=」を入力します。

●アドバイス●

最初に「=」を入力しないと数式として認識されないので、絶対に入力てください。

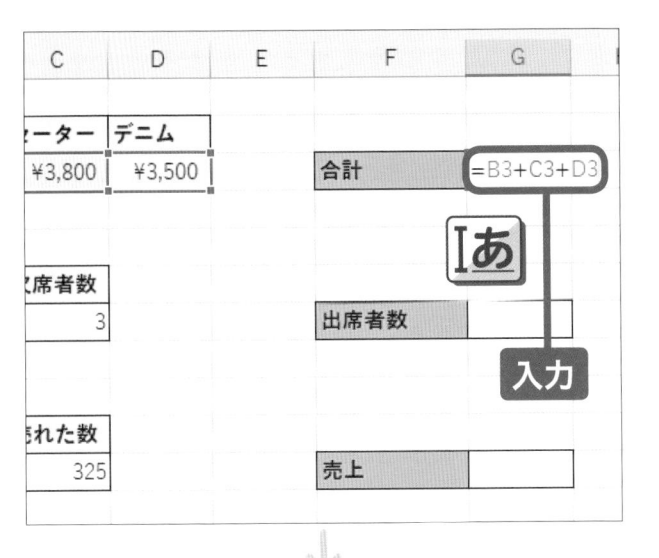

続けてキーボードから
「B3+C3+D3」を
[あ]入力します。

●アドバイス●

数式は半角で入力します。全角では数式として認識されないので注意しましょう。

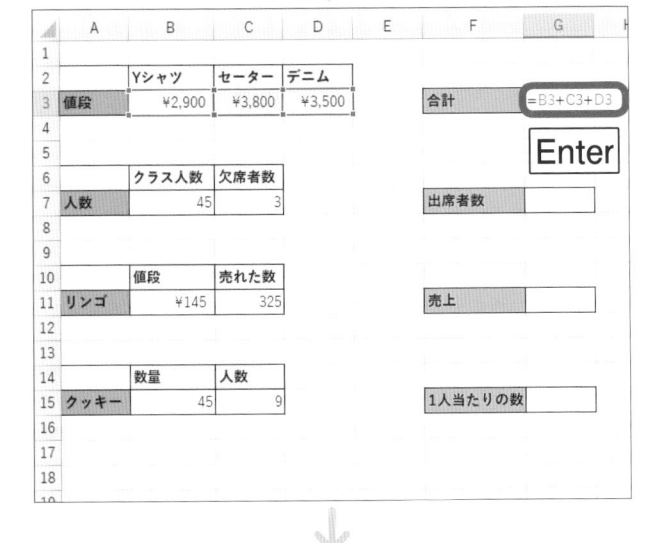

数式の入力が
完了したら、
キーボードのEnterを
押して確定させます。

●アドバイス●

数式に入力したセルはそれぞれ色分けされた状態になっています。

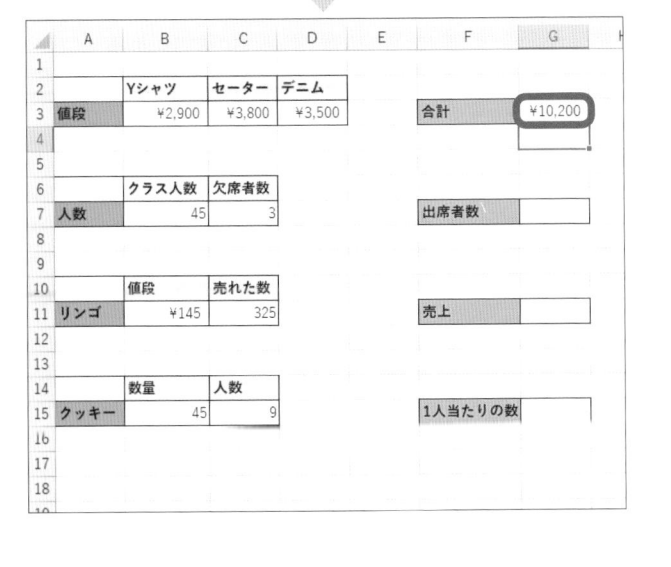

数式が反映され、セル「B3」と「C3」と「D3」のデータを足した数値が表示されます。

次のページへ ➡

2 数式の種類

▶ 足し算

	C	D	E	F	G	H
	ーター	デニム				
	¥3,800	¥3,500		合計	=B3+C3+D3	
席者数						

数式の足し算では、「+」(プラス)を使って計算を行います。合計金額を出すときなどに使うとよいでしょう。なお、「+」は全角でも半角でも認識をしてくれます。

	A	B	C	D	E	F	G	H
1								
2		Yシャツ	セーター	デニム				
3	値段	¥2,900	¥3,800	¥3,500		合計	¥10,200	
4								
5								
6		クラス人数	欠席者数					
7	人数	45	3			出席者数		
8								
9								
10		値段	売れた数					

▶ 引き算

席者数						
3				出席者数	=B7-C7	
れた数						
325				売上		

数式の引き算では、「-」(マイナス)を使って計算を行います。残りの数を計算するときなどに使うとよいでしょう。なお、「-」は全角でも半角でも認識をしてくれます。

	A	B	C	D	E	F	G
1							
2		Yシャツ	セーター	デニム			
3	値段	¥2,900	¥3,800	¥3,500		合計	¥10,200
4							
5							
6		クラス人数	欠席者数				
7	人数	45	3			出席者数	42
8							
9							
10		値段	売れた数				
11	リンゴ	¥145	325			売上	
12							

▶掛け算

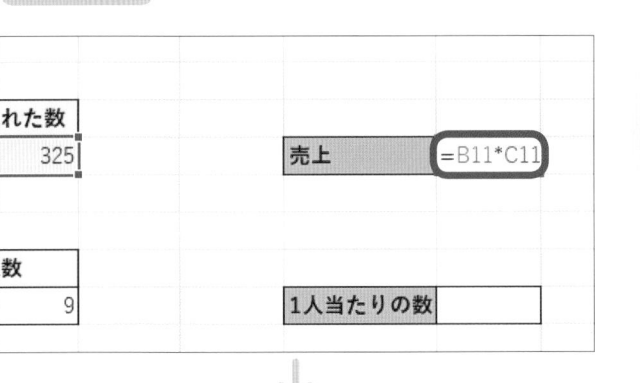

数式の掛け算では、「*」（アスタリスク）を使って計算を行います。金額と売れた個数から金額を出すときなどに使うとよいでしょう。なお、「*」は全角でも半角でも認識をしてくれます。

▶割り算

数式の割り算では、「/」（スラッシュ）を使って計算を行います。一人当たりの数を計算するときなどに使うとよいでしょう。なお、「/」は全角でも半角でも認識をしてくれます。

終わり ✔

数値の合計を計算しましょう

エクセルでは関数という、表に入力した数値の合計などを簡単に割り出せる機能があります。ここでは合計を行うSUM関数を学びましょう。

ここでの **操作** ⇒ 🖱 **クリック** →P.18　Ⅰあ **入力** →P.20

1 SUM関数を入力する

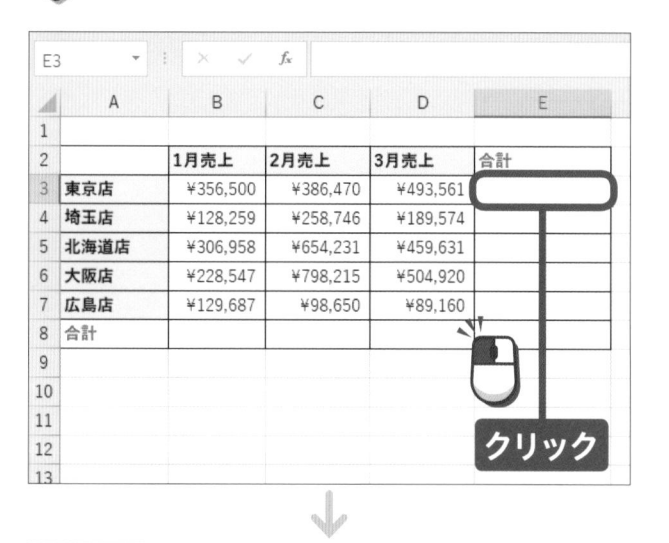

SUM関数を使って、東京店の1月から3月までの売上の合計を割り出します。

関数を入力するセル（ここでは「E3」）を🖱クリックして、選択します。

最初に「=」をⅠあ入力します。

●アドバイス●

数式と同様に、最初に「=」を入力しないと関数として認識されないので、絶対に入力してください。

	A	B	C	D	E
	SUM		× ✓ fx	=SUM()	
1					
2		1月売上	2月売上	3月売上	合計
3	東京店	¥356,500	¥386,470	¥493,561	=SUM()
4	埼玉店	¥128,259	¥258,746	¥189,574	
5	北海道店	¥306,958	¥654,231	¥459,631	
6	大阪店	¥228,547	¥798,215	¥504,920	
7	広島店	¥129,687	¥98,650	¥89,160	
8	合計				

【あ】入力

「=」の後ろに「SUM ()」を【あ】入力します。

●アドバイス●

関数は「()」を入力しないと認識されないので注意しましょう。

	A	B	C	D	E
	SUM		× ✓ fx	=SUM(B3:D3)	
2		1月売上	2月売上	3月売上	合計
3	東京店	¥356,500	¥386,470	¥493,561	=SUM(B3:D3)
4	埼玉店	¥128,259	¥258,746	¥189,574	SUM(数値1, [数値2],
5	北海道店	¥306,958	¥654,231	¥459,631	
6	大阪店	¥228,547	¥798,215	¥504,920	
7	広島店	¥129,687	¥98,650	¥89,160	
8	合計				

【あ】入力

「()」の中に合計を出したいセルの範囲（ここでは「B3」から「D3」）を【あ】入力します。

●アドバイス●

「〇から〇」の「から」は「：」で表します。そのため、ここでは「B3：D3」と入力しています。

	A	B	C	D	E
2		1月売上	2月売上	3月売上	合計
3	東京店	¥356,500	¥386,470	¥493,561	¥1,236,531
4	埼玉店	¥128,259	¥258,746	¥189,574	
5	北海道店	¥306,958	¥654,231	¥459,631	Enter
6	大阪店	¥228,547	¥798,215	¥504,920	
7	広島店	¥129,687	¥98,650	¥89,160	
8	合計				

関数の入力が完了したら、キーボードのEnterを押して確定させます。

関数が反映され、セル「B3」から「D3」の合計の数値が表示されます。

次のページへ ➡

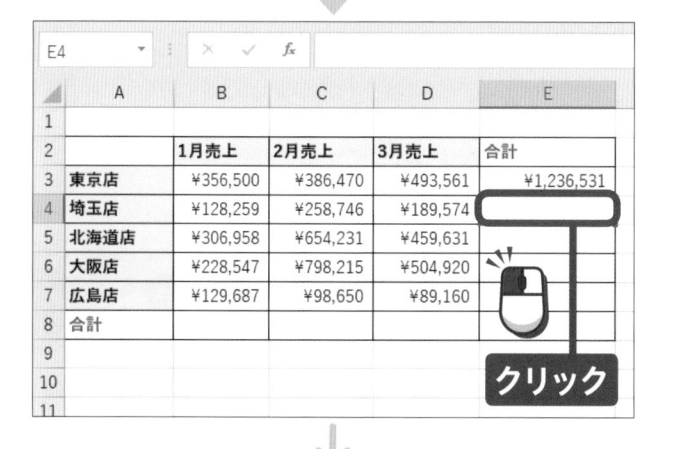

SUM関数は手入力するほかにも、自動で入力してくれる機能があります。埼玉店の1月から3月までの売上の合計を自動で割り出します。

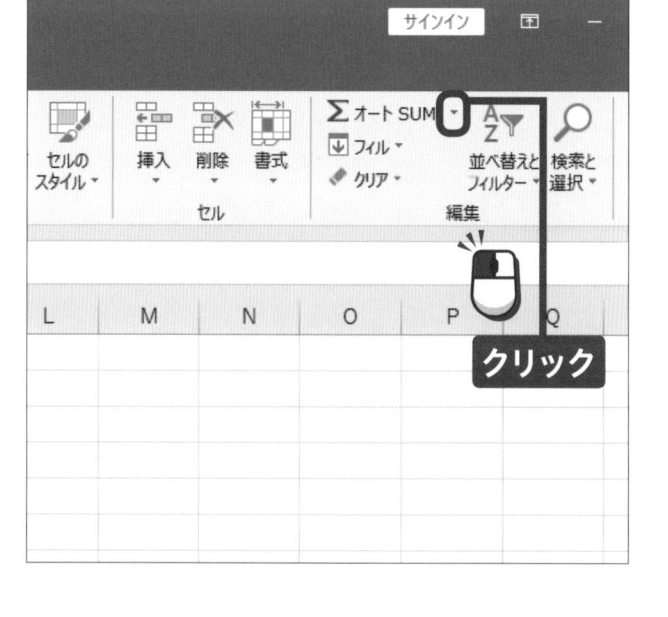

関数を入力するセル（ここでは「E4」）を🖱クリックして、選択します。

「ホーム」タブの「編集」グループの **∑オートSUM** の右にある ▼ を🖱クリックします。

$\sum$ 合計(S) を
クリックします。

SUM関数が入力されます。

合計を出す範囲を
確認して、
問題がないようであれば
キーボードのEnterを
押して確定させます。

●アドバイス●

合計を出す範囲が異なっている場合は、セル範囲を入力し直してから、Enterを押します。

関数が反映され、セル「B4」から「D4」合計の数値が表示されます。

終わり ✔

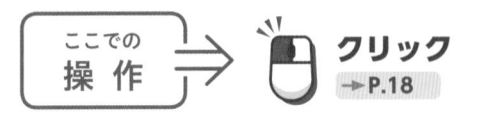

レッスン 26 数値の平均を計算しましょう

次に関数を使って数値の平均を求めてみましょう。ここでは、テストの点数の平均を割り出してみます。

ここでの
操 作 → クリック
→ P.18

1 AVERAGE関数を自動で入力する

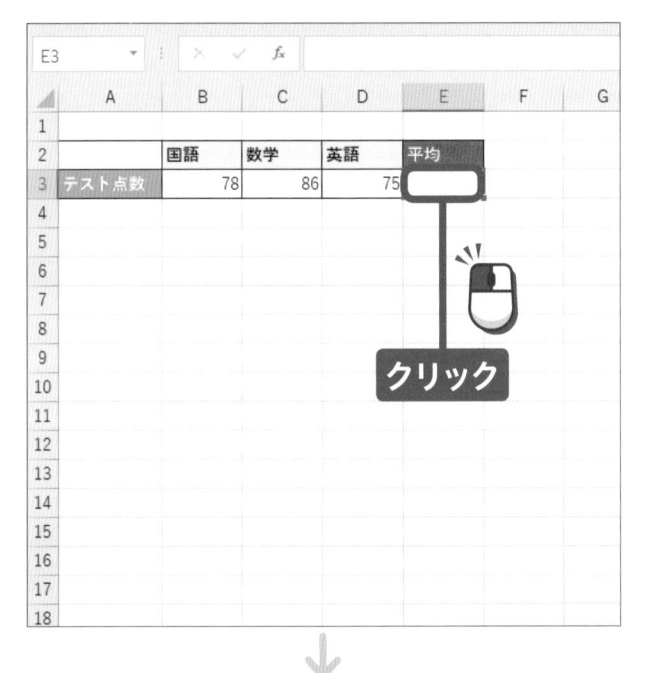

平均を入力するAVERAGE関数を自動で入力する方法で、平均を割り出します。

関数を入力するセル（ここでは「E3」）を クリックして、選択します。

●アドバイス●

平均はP.234を参考に数式を使って求めることもできます。

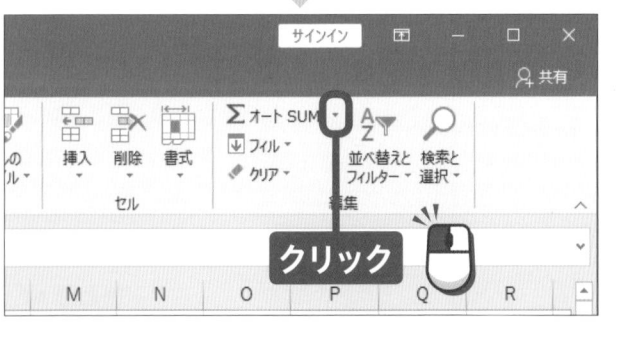

「ホーム」タブの「編集」グループの Σオート SUM の右にある ▼ を クリックします。

242

平均(A)を
クリックします。

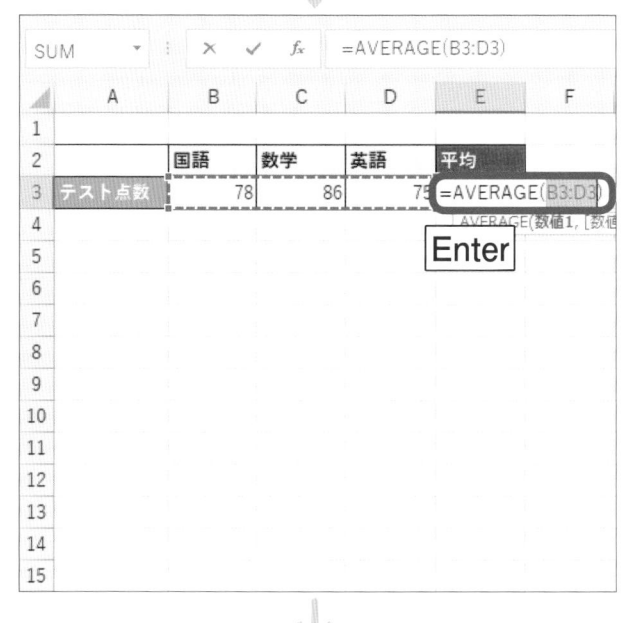

AVERAGE関数が入力され
ます。

平均を出す範囲を
確認して、
問題がないようであれば
キーボードのEnterを
押して確定させます。

●アドバイス●

平均を出す範囲が異なってい
る場合は、セル範囲を入力し
直してから、Enterを押します。

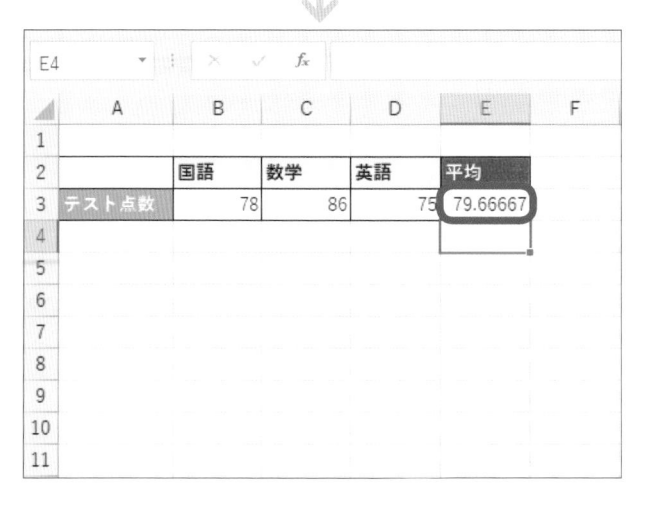

関数が反映され、セル
「B3」から「D3」の平均の
数値が表示されます。

終わり ✔

レッスン 27 計算に使用する数値を変更しましょう

関数に指定したセル範囲を変更して、計算に使用する数値を変更しましょう。範囲は入力かドラッグの2種類で操作できます。

| ここでの 操作 | → | 🖱️ ダブルクリック →P.18 | 🖱️ ドラッグ →P.19 | [あ] 入力 →P.20 |

1 関数の範囲を入力して変更する

A1	▼	:	×	✓	fx	
	A	B	C	D	E	F
1						
2		1月売上	2月売上	3月売上	合計	
3	東京店	¥356,500	¥386,470	¥493,561	¥1,236,531	
4	埼玉店	¥128,259	¥258,746	¥189,574	¥576,579	
5	北海道店	¥306,958	¥654,231	¥459,631		
6	大阪店	¥228,547	¥798,215	¥504,920		
7	広島店	¥129,687	¥98,650	¥89,160		
8	合計					
9						
10						
11						
12						
13						

埼玉店の合計を、1月から3月ではなく、2月から3月までに変更します。

↓

SUM	▼	:	×	✓	fx	=SUM(B4:D4)
	A	B	C	D	E	F
1						
2		1月売上	2月売上	3月売上	合計	
3	東京店	¥356,500	¥386,470	¥493,561	¥1,236,531	
4	埼玉店	¥128,259	¥258,746	¥189,574	=SUM(B4:D4)	
5	北海道店	¥306,958	¥654,231	¥459,631	SUM(数値1, [数値2], ...)	
6	大阪店	¥228,547	¥798,215	¥504,920		
7	広島店	¥129,687	¥98,650	¥89,160		
8	合計					
9						
10						
11						
12			ダブルクリック			
13						

関数を変更したいセル（ここでは「E4」）を🖱️ダブルクリックします。

セルのデータが編集できる状態になります。

244

セルの範囲を
あ 入力し直します。
ここでは「C4：D4」に
変更しています。

SUM		× ✓ fx	=SUM(C4:D4)		
	A	B	C	D	E
1					
2		1月売上	2月売上	3月売上	合計
3	東京店	¥356,500	¥386,470	¥493,561	¥1,236,531
4	埼玉店	¥128,259	¥258,746	¥189,574	=SUM(C4:D4)
5	北海道店	¥306,958	¥654,231	¥459,631	
6	大阪店	¥228,547	¥798,215	¥504,920	あ
7	広島店	¥129,687	¥98,650	¥89,160	
8	合計				入力
9					
10					
11					
12					

関数の入力が
完了したら、
キーボードの Enter を
押して確定させます。

変更が確定して、埼玉店の
合計が2月から3月までに
変更されます。

E5		× ✓ fx			
	A	B	C	D	E
1					
2		1月売上	2月売上	3月売上	合計
3	東京店	¥356,500	¥386,470	¥493,561	¥1,236,531
4	埼玉店	¥128,259	¥258,746	¥189,574	¥448,320
5	北海道店	¥306,958	¥654,231	¥459,631	
6	大阪店	¥228,547	¥798,215	¥504,920	Enter
7	広島店	¥129,687	¥98,650	¥89,160	
8	合計				
9					
10					

ヒント 最大値と最小値を割り出す

関数を使えば、表内の数値の最大値または最小値を割り出して表示させることもできます。最大値を割り出すときは「MAX関数」を、最小値を割り出すときは「MIN関数」を使います。

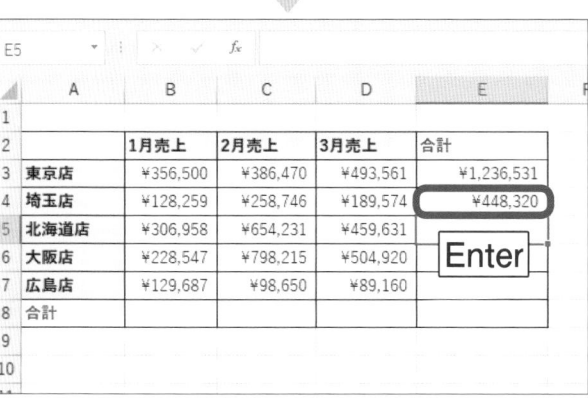

次のページへ ➡

2 関数の範囲をドラッグで変更する

A1	▼	:	× ✓	fx	
	A	B	C	D	E	F

	A	B	C	D	E
1					
2		1月売上	2月売上	3月売上	合計
3	東京店	¥356,500	¥386,470	¥493,561	¥1,236,531
4	埼玉店	¥128,259	¥258,746	¥189,574	¥448,320
5	北海道店	¥306,958	¥654,231	¥459,631	
6	大阪店	¥228,547	¥798,215	¥504,920	
7	広島店	¥129,687	¥98,650	¥89,160	
8	合計				
9					
10					
11					
12					
13					

ドラッグ操作で範囲を変更します。ここではセル「E3」の合計を東京店と埼玉店の1月から3月の売上の合計に変更します。

SUM	▼	:	× ✓	fx	=SUM(B3:D3)

	A	B	C	D	E
1					
2		1月売上	2月売上	3月売上	合計
3	東京店	¥356,500	¥386,470	¥493,561	=SUM(B3:D3)
4	埼玉店	¥128,259	¥258,746	¥189,574	SUM(数値1, [数値2], …)
5	北海道店	¥306,958	¥654,231	¥459,631	
6	大阪店	¥228,547	¥798,215	¥504,920	
7	広島店	¥129,687	¥98,650	¥89,160	
8	合計				
9					
10					
11					
12					
13					

ダブルクリック

関数を変更したいセル（ここでは「E3」）を
🖱ダブルクリックします。

セルのデータが編集できる状態になります。

B	C	D	E	F
1月売上	2月売上	3月売上	合計	
¥356,500	¥386,470	¥493,561	=SUM(B3:D4)	
¥128,259	¥258,746	¥189,574	SUM(数値1, [数値2], …)	
¥306,958	¥654,231	¥459,631		
¥228,547	¥798,215	¥504,920		
¥129,687	¥98,650	¥89,160		

ドラッグ

関数の範囲に
選択されているセルの
四隅の■を
🖱ドラッグして、
範囲を変更します。

関数の範囲を
確認したら、
キーボードの[Enter]を
押して確定させます。

変更が確定して、東京店と
埼玉店の1月から3月まで
合計に変更されます。

ヒント 平均の関数でも範囲を変更できる

合計以外にも、P.242の平均の
AVERAGE関数でも関数の範囲
を変更できます。操作はP.244
の入力の方法と、P.246のド
ラッグの方法、どちらでも可
能です。

SUM		×	✓	fx	=AVERAGE(B3:C3)	
	A	B	C	D	E	F
1						
2		国語	数学	英語	平均	
3	テスト点数	78	86	75	=AVERAGE(B3:C3)	
4					AVERAGE(数値1, [数値	
5						
6						
7						
8						

終わり ✔ 247

ここでの
操　作　⇒ 🖱️ クリック
→ P.18
🖱️ ドラッグ
→ P.19

レッスン 28 数式をコピーして簡単に入力しましょう

数式をコピーして貼り付けを行うと、同じような計算を行いたいセルに簡単に数式を入力することができます。

1 数式をコピーする

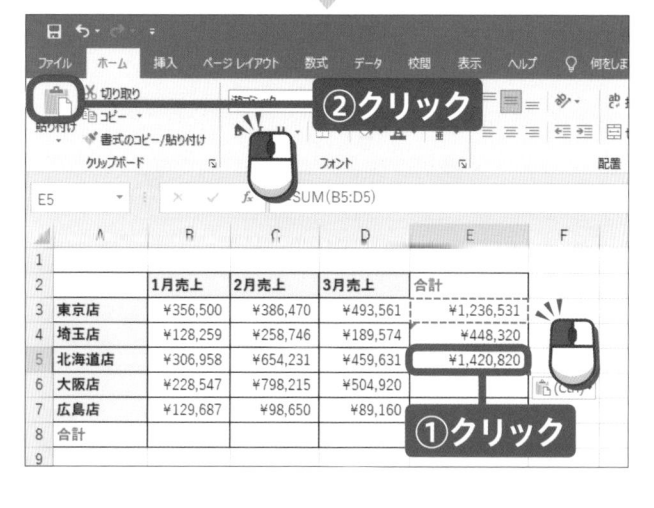

コピーしたいセル
（ここでは「E3」）を
🖱️クリックして、
選択します。

「ホーム」タブの 📋コピー を
🖱️クリックします。

貼り付けたいセル
（ここでは「E5」）を
🖱️クリックして、
選択します。

「ホーム」タブの 📋 を
🖱️クリックします。

248

2 数式をオートフィルでコピーする

	A	B	C	D	E	F
	A1	▼	× ✓ fx			
1						
2		1月売上	2月売上	3月売上	合計	
3	東京店	¥356,500	¥386,470	¥493,561	¥1,236,531	
4	埼玉店	¥128,259	¥258,746	¥189,574	¥448,320	
5	北海道店	¥306,958	¥654,231	¥459,631	¥1,420,820	
6	大阪店	¥228,547	¥798,215	¥504,920		
7	広島店	¥129,687	¥98,650	¥89,160		
8	合計					
9						
10						
11						
12						
13						

セル「E4」〜「E7」に合計の関数をオートフィルで入力します。

●アドバイス●

オートフィルについては、P.193を参照してください。

	A	B	C	D	E	F
	E3	▼	× ✓ fx	=SUM(B3:D3)		
1						
2		1月売上	2月売上	3月売上	合計	
3	東京店	¥356,500	¥386,470	¥493,561	¥1,236,531	
4	埼玉店	¥128,259	¥258,746	¥189,574	¥448,320	
5	北海道店	¥306,958	¥654,231	¥459,631	¥1,420,820	
6	大阪店	¥228,547	¥798,215	¥504,920		
7	広島店	¥129,687	¥98,650	¥89,160		
8	合計					
9						
10						
11						
12						
13						

クリック

コピーしたいセル（ここでは「E3」）をクリックして、選択します。

	A	B	C	D	E	F
	E3	▼	× ✓ fx	=SUM(B3:D3)		
1						
2		1月売上	2月売上	3月売上	合計	
3	東京店	¥356,500	¥386,470	¥493,561	¥1,236,531	
4	埼玉店	¥128,259	¥258,746	¥189,574	¥448,320	
5	北海道店	¥306,958	¥654,231	¥459,631	¥1,420,820	
6	大阪店	¥228,547	¥798,215	¥504,920		
7	広島店	¥129,687	¥98,650	¥89,160		
8	合計					
9						
10						
11						
12						
13						

選択したセルの右下の■にマウスポインターを重ね合わせます。

マウスポインターが✚に変化します。

次のページへ ➡

ドラッグが完了すると、オートフィルでの関数のコピーが完了します。

ヒント

コピーしてもエラーになる場合

数式をコピーして貼り付けをしても、エラーになってしまう場合があります。たとえば横軸の合計を出しているセルの関数をコピーして、縦軸の合計を出すセルに貼り付けするとエラーになります。関数のコピーは隣り合うセルなど、似たような合計を割り出すときに使いましょう。

	A	B	C	D	
1					
2		1月売上	2月売上	3月売上	合計
3	東京店	¥356,500	¥386,470	¥493,561	
4	埼玉店	¥128,259	¥258,746	¥189,574	
5	北海道店	¥306,958	¥654,231	¥459,631	
6	大阪店	¥228,547	¥798,215	¥504,920	
7	広島店	¥129,687	¥98,650	¥89,160	
8	合計	#REF!			
9		(Ctrl)			
10					
11					

終わり ✔

エクセル

6章

表の印刷と出力を行いましょう

レッスンをはじめる前に

作成したデータは印刷できます

エクセルで作成したデータは実際に紙に印刷することができます。書類として残しておくときに活用しましょう。また、印刷するだけではなく、PDFデータとして出力することもできます。テレワークなどで書類をほかの社員にメールで送付する必要がある場合は、PDFに出力するとよいでしょう。

印刷画面では、印刷範囲や枚数、紙の大きさ、印刷方向など、さまざまな設定を詳細に行うことができます。また、プレビュー画面を表示して、実際に印刷されるイメージを確認することができます。

252

印刷設定は変更できます

印刷時にヘッダーやフッターを追加したり、上下左右の余白を追加したり、印刷方向の向きを変えたりなど、設定を変更することができます。ヘッダーやフッターにページ番号やタイトルを入力すると、わかりやすい表やグラフとして提出することができます。

ヘッダーやフッターにはページ番号や、表やグラフのタイトルを挿入することができます。

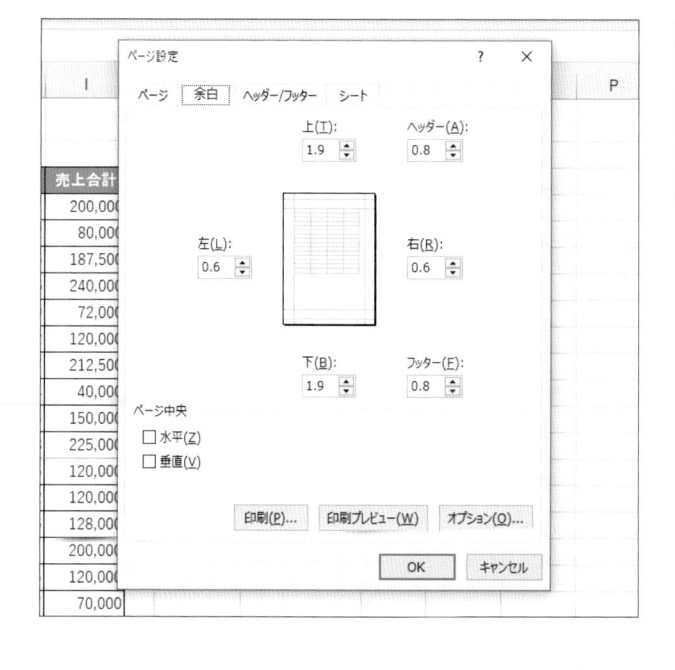

印刷時の上下左右の余白を設定することができます。余白は詰めすぎないで、多少余裕を持たせておくとよいでしょう。

レッスン
29 プレビューでデータを 確認しましょう

完成した表やグラフを印刷しましょう。まずは印刷する前にプレビューで どのように印刷されるか確認します。

ここでの
操 作 ⇒ クリック
→ P.18

1 プレビューを表示する

エクセルで作成したデータ を印刷します。ここでは例 として表を印刷します。

ファイルを
クリックします。

印刷を
クリックします。

254

「印刷」画面が表示されます。

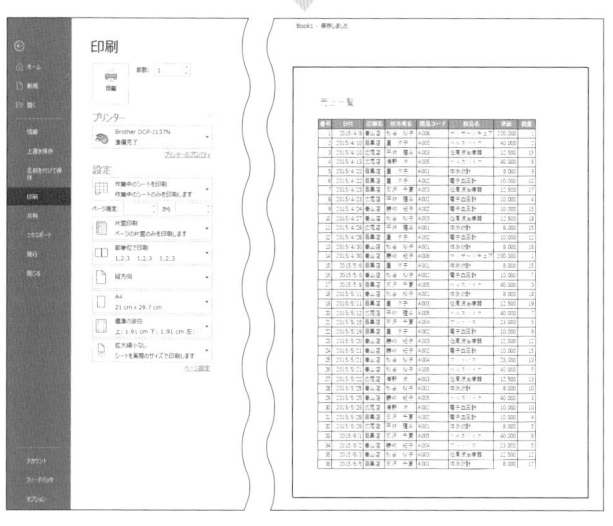

画面の右側に印刷プレビューが表示されています。

ヒント　プレビューと印刷結果が異なることがある

プレビューに表示されている画面と印刷結果が必ずしも同じになるわけではありません。設定した用紙やプリンターの元々の設定などによって異なる場合があります。最初に1枚だけ試し刷りをするとよいでしょう。

終わり ✔

練習用ファイル ▶ E30_ヘッダーとフッター.xlsx

ヘッダーやフッターを追加しましょう

ヘッダーやフッターが印刷されるように設定しましょう。ここではヘッダーにページ数を入力する方法を解説します。

ここでの操作 ⇒ 🖱 **クリック** → P.18

1 ヘッダーを挿入する

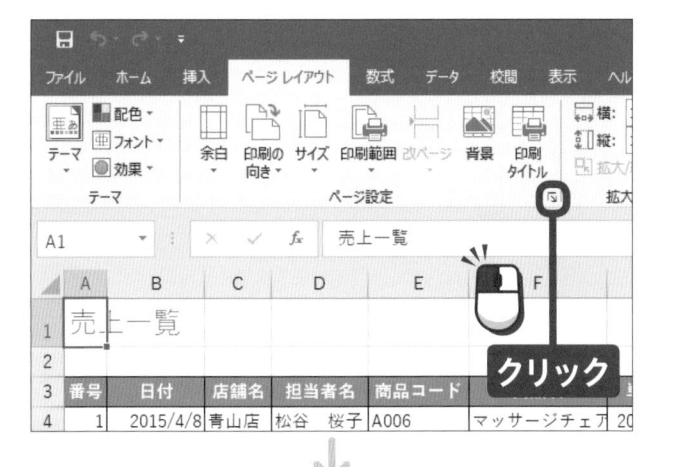

「ページレイアウト」タブの「ページ設定」グループから右下にある 🖫 を🖱クリックします。

「ページ設定」ダイアログボックスが表示されます。

ヘッダー/フッター を
🖱クリックします。

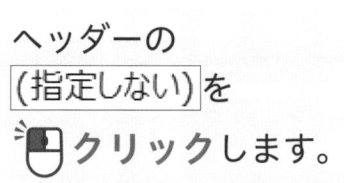

ヘッダーの
(指定しない)を
クリックします。

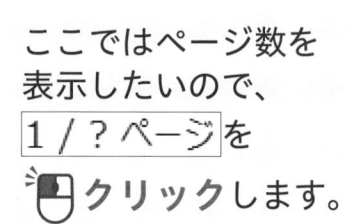

ここではページ数を
表示したいので、
1 / ? ページを
クリックします。

OK を
クリックします。

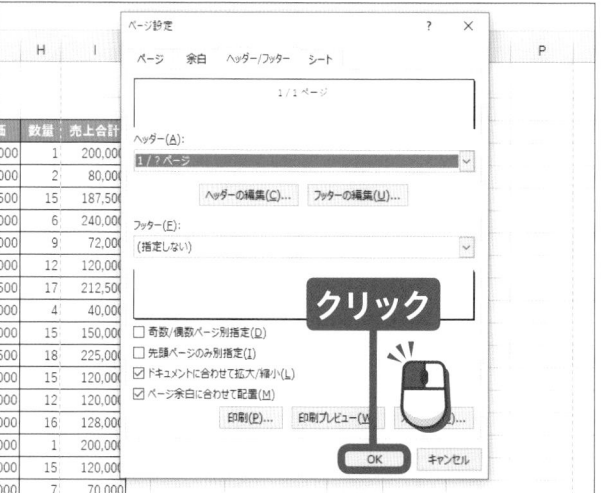

・アドバイス・

ヘッダーはページ中央に設定
されます。

6章

表の印刷と出力を行いましょう

ヒント フッターを挿入する

フッターを挿入するには、上の画面
で「フッターの編集」をクリックし、
「フッター」ダイアログボックスか
ら編集を行います。タイトルなどを
入れるとよいでしょう。

終わり ✔

印刷の用紙を設定しましょう

初期設定では、A4の用紙で印刷されるように設定されています。紙にはさまざまなサイズがあるので、印刷したい用紙の設定を行いましょう。

クリック
→ P.18

1 印刷の用紙を変更する

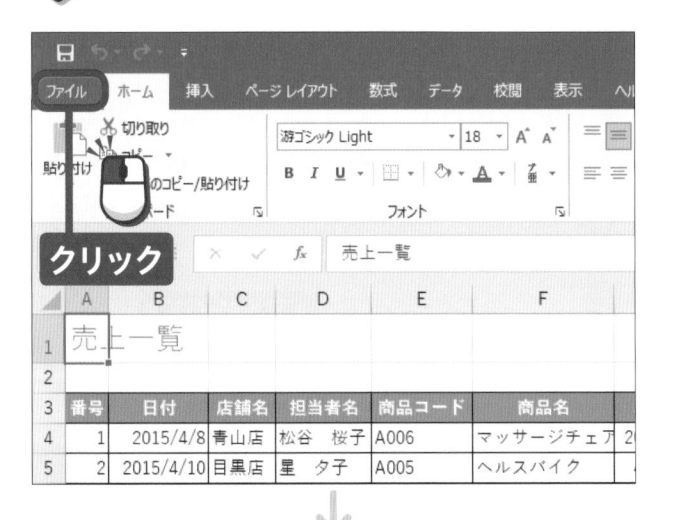

ファイルを
クリックします。

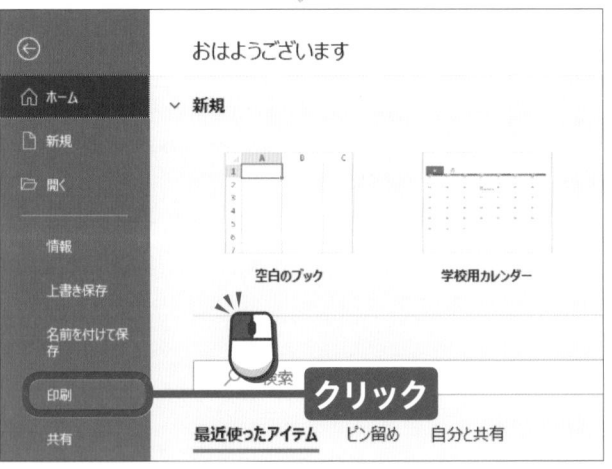
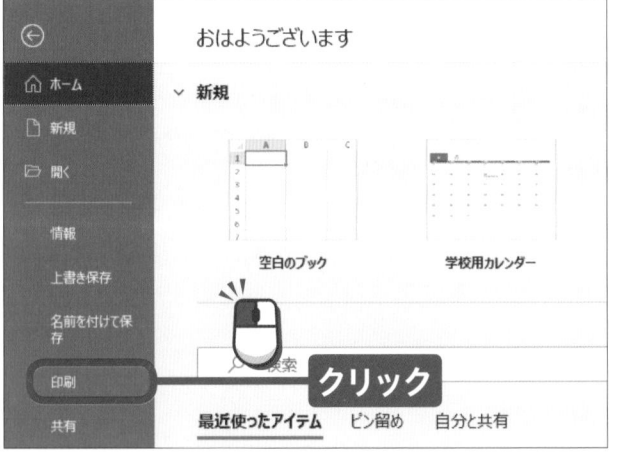

印刷を
クリックします。

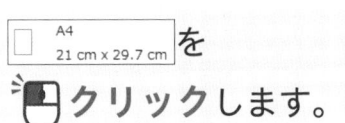 を
クリックします。

●アドバイス●

「拡大表示なし」をクリックすると拡大率を、「狭い余白」をクリックすると用紙の上下左右の余白の幅を変更することができます。

任意の用紙のサイズ
（ここでは A3 29.7 cm x 42 cm）
を クリックします。

印刷の用紙が変更されます。

終わり ✔

レッスン 32 完成した表を印刷しましょう

設定が完了したら実際に印刷を行いましょう。印刷する際は、プリンターの設定も忘れずに行いましょう。

ここでの
操作 ⇒ 🖱 クリック
→ P.18

1 データを印刷する

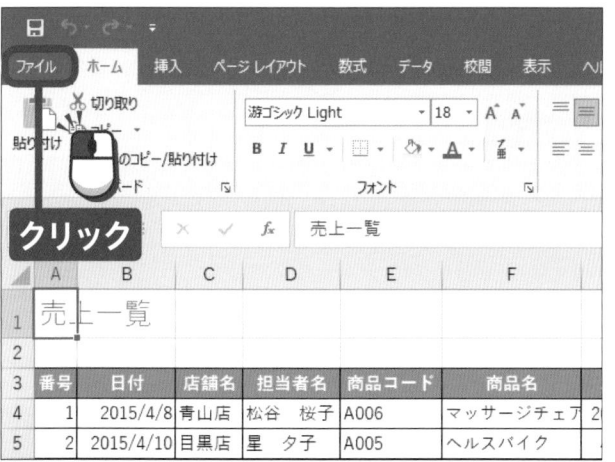

ファイルを
🖱クリックします。

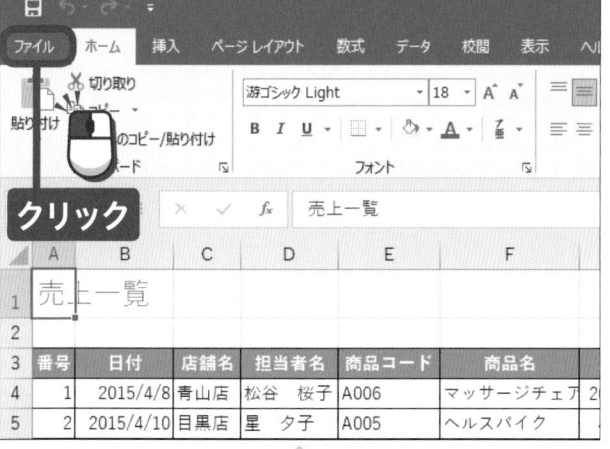

印刷を
🖱クリックします。

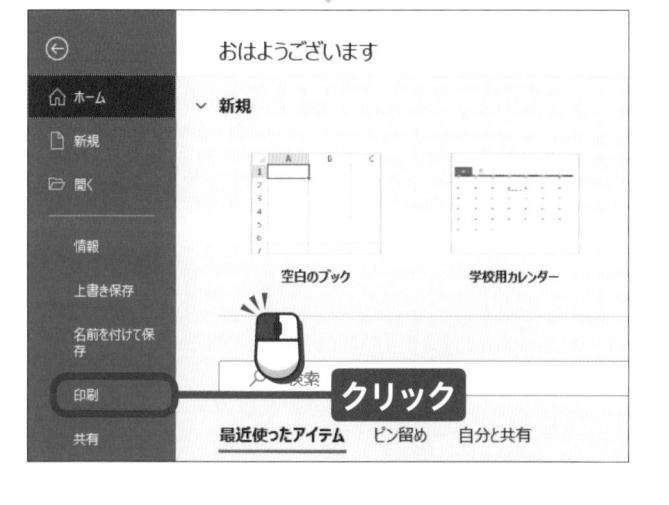

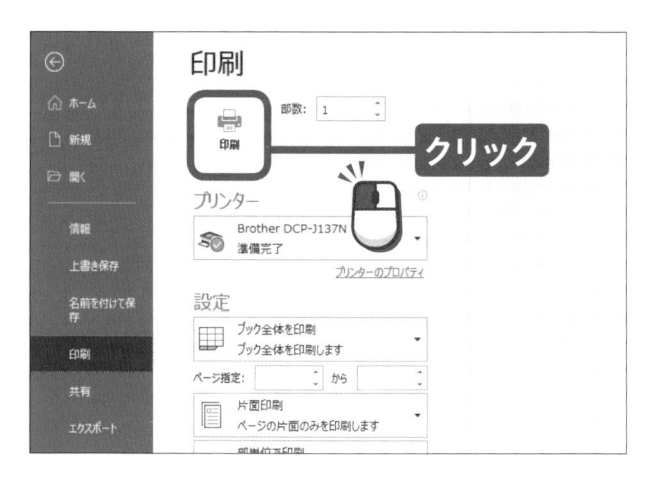

クリックします。

プリンターが起動して印刷
が開始されます。

ヒント プリンターの設定

「印刷」をクリックする前に、下
にある「プリンター」を確認しま
しょう。表示されているプリン
ターで実際に印刷されます。
プリンターを変更したい場合はプ
リンター名をクリックをして、印
刷を行いたいプリンターを指定し
ます。

ヒント 印刷枚数の設定

印刷枚数を設定すると、何回も印
刷ボタンをクリックしなくても、
指定した枚数分印刷されます。
「印刷」の右にある「部数」に印刷
したい枚数を設定してから印刷し
ましょう。

6章

表の印刷と出力を行いましょう

終わり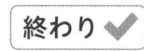

261

表をPDFに出力しましょう

紙に印刷する以外にも、PDFファイルとして出力することができます。
PDFファイルなら、メールに添付して送信することもできます。

ここでの
操作 ⇒ クリック
→P.18

入力
→P.20

1 PDFに出力する

ファイルを
クリックします。

エクスポートを
クリックします。

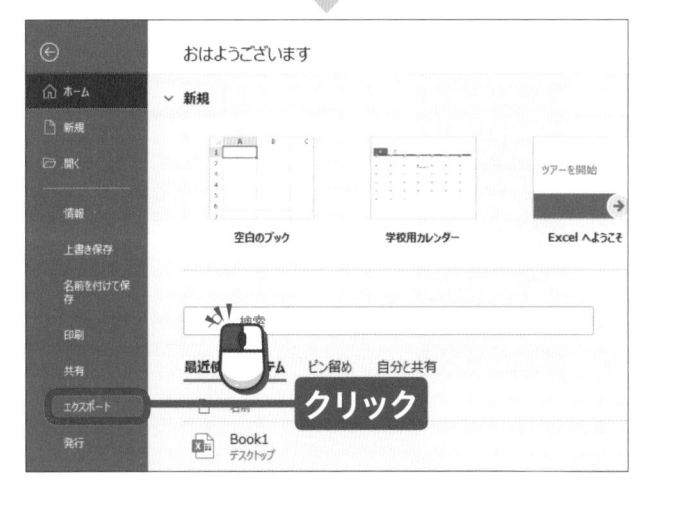

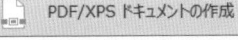
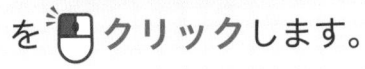

をクリックします。

を
クリックします。

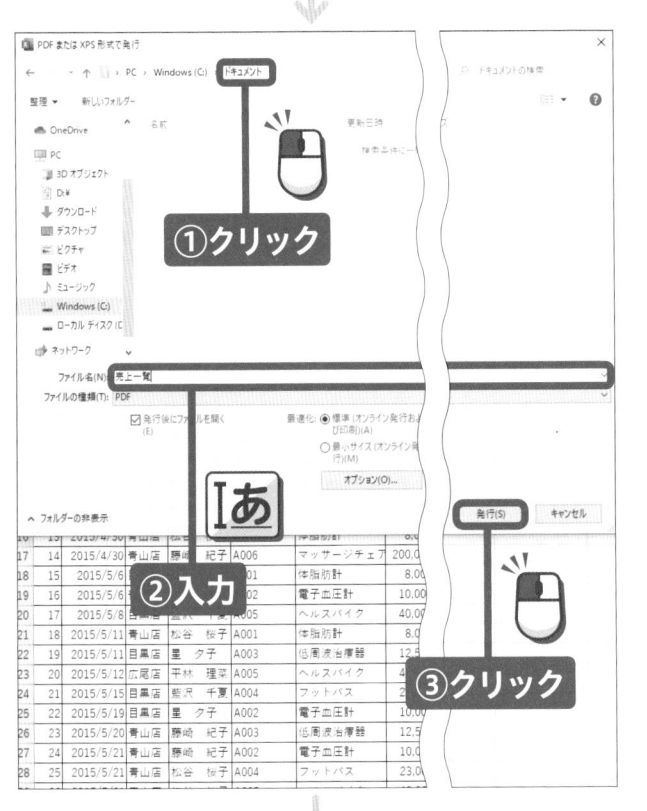

ここでは「ドキュメント」
フォルダーに保存します。

保存先のフォルダーを
クリックして
指定します。

ファイル名を
[あ]入力します。

発行(S) を
クリックします。

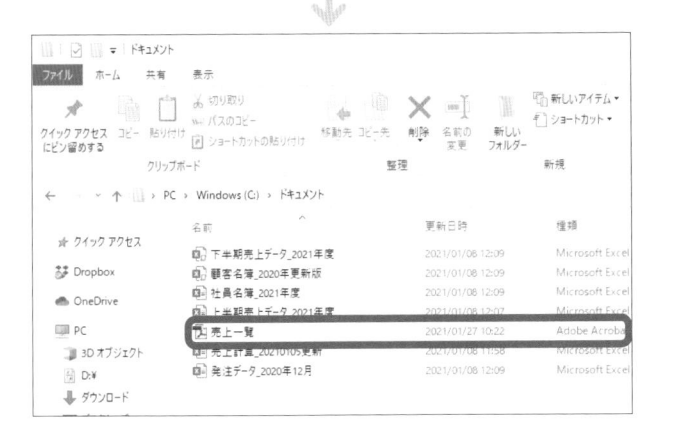

PDFファイルが保存されま
す。

●アドバイス●

発行が完了すると、自動的に
PDFソフトが起動してファイ
ルが開く場合があります。

終わり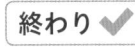

ワード＆エクセルで使える ショートカットキー

▶共通

キー	説明
Ctrl + F12	「ファイルを開く」ダイアログボックスを表示する
Ctrl + O	「開く」画面を表示する
Ctrl + N	新しい文書／ブックを作成する
Ctrl + S	ファイルを上書きで保存する
F12	「名前を付けて保存」ダイアログボックスを表示する
Ctrl + Z	直前の操作を元に戻す
F4	直前の操作を繰り返す
Ctrl + Y	元に戻した操作をやり直す
Esc	操作中の操作を取り消す

Ctrl + A	文書全体／全セルを選択する（エクセルの表内で行うと表のセルを全選択する）
Ctrl + C	選択した内容をコピーする
Ctrl + V	コピーした内容を貼り付ける
Ctrl + X	選択した内容を切り取る
Ctrl + P	「印刷」画面を表示する
Ctrl + W	文書／ブックを閉じる
Ctrl + F1	リボンの表示／非表示
Ctrl + B	太字の書式設定
Ctrl + I	斜体の書式設定
Ctrl + U	下線の書式設定
Ctrl + 5	取り消し線の書式設定
Alt + F4	アプリを終了する

Home	カーソル位置を今ある行の行頭に移動する
End	カーソル位置を今ある行の行末に移動する
Page Up	1画面上にスクロールする
Page Down	1画面下にスクロールする
Ctrl + Home	文書の先頭に移動する
Ctrl + End	文書の末尾に移動する
Ctrl + Page Up	前ページの先頭に移動する
Ctrl + Page Down	次ページの先頭に移動する
⇧ Shift + F5	前の編集箇所に移動する
Ctrl + ⇧ Shift + Home	カーソル位置から文書の先頭までを選択する
Ctrl + ⇧ Shift + End	カーソル位置から文書の末尾までを選択する
⇧ Shift + ↑ ↓ ← →	選択範囲を上下左右に拡大・縮小する

▶エクセル

ショートカットキー	説明
Ctrl + -	セルを削除する
Ctrl + ⇧Shift + +	空白のセルを挿入する
Ctrl + Page Up	前のワークシートを表示する
Ctrl + Page Down	次のワークシートを表示する
Ctrl + ↑ ↓ ← →	セルの行や列などの端まで ジャンプする
Alt + Enter	セル内で文字を改行する
Ctrl + ⇧Shift + Home	ワークシートの先頭セルま で選択する
Ctrl + ⇧Shift + End	選択中のセルからデータが 入力されているセルまでを 選択する
Ctrl + ⇧Shift + ^	標準の表示形式を設設定する
Ctrl + ⇧Shift + $	通貨の表示形式を設定する
Ctrl + ⇧Shift + #	日付の表示形式を設定する
Ctrl + ⇧Shift + !	桁区切りの表示形式を設定 する

索引 ワード編

索引 エクセル編

本書の注意事項

・本書に掲載されている情報は、2021年3月現在のものです。本書の発行後にワードならびにエクセルの機能や操作方法、画面が変更された場合は、本書の手順どおりに操作できなくなる可能性があります。

・本書に掲載されている画面や手順は一例であり、すべての環境で同様に動作することを保証するものではありません。利用環境によって、紙面とは異なる画面、異なる手順となる場合があります。

・読者固有の環境についてのお問い合わせ、本書の発行後に変更された項目についてのお問い合わせにはお答えできない場合があります。あらかじめご了承ください。

・本書に掲載されている手順以外についてのご質問は受け付けておりません。

・本書の内容に関するお問い合わせに際して、お電話によるお問い合わせはご遠慮ください。

著者紹介

早田 絵里（そうだ・えり）

東京都出身。大学卒業後、外資系企業の総務課でエクセルを使ったデータ入力業務を担当。大学在学時にはMOSのエキスパート資格取得。現在では、学校で使うテキストの監修なども担当している。

大石 賢治（おおいし・けんじ）

神奈川県出身。大学卒業後、技術系出版社の勤務を経て、フリーのITライターとして独立。現在はパソコンスクールのインストラクターをしながらWeb、書籍を問わずパソコンやガジェットに関する記事の執筆を中心に活動中。

・**本書へのご意見・ご感想をお寄せください。**
URL：https://isbn2.sbcr.jp/08958/

いちばんやさしい
ワード&エクセル超入門

2021年 4月20日 初版第1刷発行

著者 .... 早田 絵里、大石 賢治

発行者 .... 小川 淳

発行所 .... SBクリエイティブ株式会社

　　　　　　　　　　 〒106-0032 東京都港区六本木 2-4-5

　　　　　　　　　　 https://www.sbcr.jp/

印刷・製本 .... 株式会社シナノ

カバーデザイン .... 西垂水 敦・松山 千尋（krran）

カバーイラスト .... 土居 香桜里

落丁本、乱丁本は小社営業部（03-5549-1201）にてお取り替えいたします。

Printed in Japan ISBN 978-4-8156-0895-8